그리고 이제, 이란이다

브누아 브레빌 | 〈르몽드 디플로마티크〉 프랑스어판 발행인

가자지구, 요르단강 서안, 레바논, 시리아, 예멘에 이어 이번에는 이란이다. 2025년, 이스라엘이 폭격하지 않은 중동 국가와 지역을 나열하는 편이 더 빠를 지경이다. 이번 공습 역시 이스라엘은 어김없이 '자위권'을 내세워 정당화했고, 서방 지도자들도 예외 없이 이를 추종했다. "이스라엘이 자위권을 행사할 권리가 있다는 점을 확인하며, 이스라엘의 안보에 대한 지지를 재확인한다"(1)는 G7 정상들의 공동성명은 그 전형적인 반응이었다.

하지만 사태의 경과는 이를 반박한다. 6월 13일, 이스라엘이 선제적으로, 아무런 경고 없이 공격을 개시했다. 주거지역을 포함한 민간 목표물이 타격을 받았고, 수많은 민간인이 희생됐다. 이 모든 것은 미국의 묵인이 있었기에 가능했다. 당시 워싱턴은 이란과 외교 협상을 진행 중이었다. 언론인 데이비드 허스트는 "미국 특사들이 테헤란에서 협상을 벌이던 바로 그 시점에, 이란을 폭격하도록 네타냐후 총리에게 허용한 것은, 미국 대통령의 신뢰도를 알 카포네나 '엘 차포' 구스만 수준으로 떨어뜨린 셈"이라고 비판했다.(2)

이스라엘은 이란의 '임박한 공격'을 막기 위한 불가피한 선제 조치였다고 주장하지만, 국제법학자 마르코 밀라노비치는 이를 정면으로 반박한다. "이란이 핵무기를 보유하지도 않았는데, 이스라엘을 공격하려 했다고 주장하는 것은 전혀 설득력이 없다"(3)는 것이다. 이스라엘은 무력을 사용하기에 앞서 충분히 외교적, 법적 수단을 사용할 수 있었다. 마지막 수단으로는 유엔 안보리에 무력 사용 승인을 요청할 수도 있었다. 그런 점에서 6월 13일의 공습은 국제법상 명백한 침략 행위에 해당한다.

이는 6월 21일 미국이 이란의 핵시설 세 곳을 폭격한 사건도 마찬가지다. 네타냐후는 30년에 가까운 세월 동안 미국이 이란과 전면전으로 나서길 바라왔고, 마침내 그 뜻을 관철시켰다. 그것도 '끝없는 전쟁'을 반대하며 당선된 대통령에게서 말이다. 그는 불법 공습을 지시하기 불과 사흘 전, 자신이 노벨평화상을 받지 못한 것에 불만을 토로한 바 있다. 중동에서 미국의 전략은 이제 '워싱턴이 어디까지 나아갈 것인가'가 아니라 '텔아비브가 어디까지 몰고 갈 것인가'라는 질문으로 바뀌고 있다. 실제로 트럼프는 작전 개시 발표에서 "신이 중동을 축복하길, 신이 이스라엘을 축복하길, 신이 미국을 축복하길"이라며 세 나라의 운명을 하나로 묶어버렸다.

유럽연합의 행보는 그보다 나을 게 없다. 마피아적 초강대국의 하수인 노릇을 자처하고, 그 초강대국은 다시 식민주의 국가에 종속돼 있다. 유럽은 자신들이 다른 지역에서는 그토록 강조하는 국제법의 원칙이 이란 문제에서는 무력하게 무시되는 것을 비난하기는커녕, 오히려 이를 정당화했다. 독일 총리는 "이스라엘이 인류 전체를 위해 더러운 일을 대신 수행하고 있다"고 발언했으며, 이는 곧 미국의 행동까지 포괄하는 논리였다.

불과 20여 년 전, 프랑스는 전 세계 다수의 지지를 받았다. 2003년 미국이 '이라크의 대량살상무기'라는 조작된 명분으로 불법적인 '예방 전쟁'을 벌이려 할 때, 프랑스는 독일·벨기에·그리스·룩셈부르크 등과 함께 이를 반대했다. 그러나 에마뉘엘 마크롱 대통령의 프랑스는 그 독립적인 목소리를 마침내 잃었다. 오늘날 프랑스는 미국과 이스라엘이라는 두 권위주의 국가의 뒤를 맹목적으로 따르며, 중동을 그들의 의지에 복속시키려는 기획에 참여하고 있다. 그리고 그 길을 가로막는 이들을 굶주림과 폭탄으로 짓밟는 데 동조하고 있다. **ID**

글 · 브누아 브레빌 Benoît Bréville
〈르몽드 디플로마티크〉 프랑스어판 발행인

(1) 독일, 캐나다, 미국, 프랑스, 이탈리아, 일본, 영국. 2025년 6월 17일자 G7 정상 공동 성명.
(2) David Hearst, 「By allowing Israel to bomb Iran, Trump is pushing Tehran to go nuclear」, 2025년 6월 15일, Middle East Eye.
(3) Marko Milanović, 「Is Israel's use of force against Iran justified by self-defence?」, Blog of the European Journal of International Law, 2025년 6월 13일, www.ejiltalk.org

Le Monde *diplomatique*

Vol. 202   Juillet 2025

커버스토리

그럼에도 전쟁 시계는 계속 작동한다

글 · 아크람 벨카이드
| 〈르몽드 디플로마티크〉 프랑스어판 편집장

이스라엘의 가자지구 폭격과 교전이 휴전국면에 들어섰으나 인도주의적 상황은 바닥을 치닫고 있다. 6월 21일, 미국은 이란 핵 시설 세곳을 집중 공습함으로써 사실상 전쟁에 개입했다가 목표 달성후 휴전에 들어갔으나 전쟁중단을 속단하기 힘들다. 이스라엘의 공습과 미국의 정당성없는 무력개입이 뿌린 증오와 분노가 이란과 그 동맹국에 넘쳐나기 때문이다.

10면 계속▶

이달의 칼럼

특집

15

28

48

KB273182

포커스

경제

생태

54

지구촌

문화

58

한반도

94

보수여! 빛바랜 군복을 벗고 십자가를 놓아라

성일권 | 〈르몽드 디플로마티크〉 한국어판 발행인

대선에서 패배한 제1야당 국민의힘이 쇄신을 이유로 새로 구성한 지도부 면면을 보면, 미안하지만 '그밥에 그나물'이라는 생각이 든다. 보수가 스스로 보수이기를 포기한 극우 파시즘의 악취가 진동한다. 대통령 선거 기간 중 유세 현장에 예비역 해병대, 특전사, 육사, 해사, 공사 및 군출신들을 도열시켜 공포심을 자아내고, 경선에 나선 당시 후보들마다 하느님에게 조차 쌍욕을 해대는 '목사'의 눈도장을 받기 위해 그 앞에 머리를 조아리는 꼴이란 아무래도 정상적이라 할 수 없다. 상식적으로, 군복을 입은 자들과 십자가를 든 자들이 정치 광장에서 특정 정치세력의 편에서 증오심과 폭력을 자극하는 것은 온당치 못하다.

끊임없는 혁명과 반혁명으로 피의 학살을 경험해온 프랑스 등 유럽 국가들이 교회와 군의 정치 개입을 금지한 것은 민주주의의 근간을 지키기 위해서다. 굳이 예비역 군인들과 목사들이 광장에 나와서 정치행위를 하려면 군복을 벗고, 십자가를 던지고 자신들이 지지하는 정치세력에 환호하면 될 일이다. 비가 오나 눈이 오나, 예측불가의 적으로부터 밤새워 국민의 안전을 지키는 많은 일선 군인들과 성령 충만한 신앙생활 속에 섬김의 삶을 살고 있는 대다수 목회자들은 자신들의 군복과 십자가가 특정 세력의 정치적 도구로 악용되는 데 분노의 한숨을 내쉬었을 것이다.

제1 야당은 자신들이 왜 선거에 패배했는지에 대한 자성의 목소리조차 내지 않는다. 회복 불가능할 정도로 몰락했는데도, 당 지도부에게서 보수정당으로서의 책임감은 찾아보기 어렵고, 오히려 헌정 질서를 유린한 윤석열을 두둔하며 민주주의의 회복이라는 국민적 열망이 탄생시킨 이재명 정권에 태클을 거느라 바쁘다.

8년 전 '박근혜 탄핵' 당시와 비교하면 지금의 분위기는 너무나 다르다. 당시 탄핵을 찬성했던 비박계는 새누리당을 탈당해 '바른정당'을 창당했고, 새누리당은 '자유한국당'으로 이름을 바꾸는 등, 최소한의 쇄신 시도라도 있었다. 자유한국당 또한 박근혜와 거리를 뒀고, 대선 이후에는 출당까지 시켰다. 그러나 지금의 제1야당은 탄핵 인용 이후에도 달라지지 않았다. 심지어 권영세 비상대책위원장은 탄핵 인용 이후에 "국민 여러분께 사과드린다"라고 하면서도, "민주당이 국회를 장악한 상황에서 반복되는 의회 폭주와 정치적 폭거를 제대로 막아내지 못한 점도 반성한다"라며 교묘히 남 탓을 하며 탄핵의 본질을 흐렸다. 더 황당한 것은 파면 당일, 당 지도부가 윤석열을 찾아간 일이었다. '내란 우두머리' 혐의 피의자인 그에게 "대선 준비 잘해서 꼭 승리하길 바란다"는 말을 들었다고 자랑스럽게 전하기까지 했다. 지난 몇 달 동안 이어진 국민의힘의 '윤석열 감싸기'는 스스로가 사실상 '위헌 정당'으로 남겠다는 선택처럼 보인다. 극우 세력 또는 윤석열 강성 지지층의 눈치를 보거나, 이들의 정치적 화력을 등에 업으려는 속셈에 연연하여 '헌정 질서 수호'라는 정당의 기본적인 의무마저 저버린 모습이다. 이쯤 되면 위헌정당해산심판으로 해산해야 할지도 모를 일이다. 국민의힘은 지난 20년간 세 명의 대통령을 탄생시켰고, 그들 중 두 명이 파면되었으며 한 명은 비리·횡령으로 17년 형을 선고받았다.

공당, 그것도 한때 집권 세력이었던 정당이 국민의 편이 아니라 오히려 국민에게 끊임없이 걱정과 불안을 끼치는 문제집단이 되어 있는 것이다. 이에 대한 근본적인 성찰은커녕, 모든 책임을 남에게 돌리는 비겁함으로 어떻게든 연명해보려는 상황에는 막장 드라마인줄 알면서도 눈을

떼지 못하게 만드는 묘한 아이러니가 담겨있다.

'무능의 화신'으로 전락한 윤석열과 보수정당을 지향한 국민의힘 지도부는 입으로는 '자유'를 말했지만, 그 자유는 책임이 제거된 시장의 자유였고, 공동체를 해체하는 능력주의의 자유였으며, 마침내 타인을 혐오할 권리로 변질된 자유였다. 보수란 무엇인가. 낡은 것을 무턱대고 지키는 것이 아니며, 진보의 반대말도 아니다. 보수는 공동체를 이루는 근본 가치, 즉 가족, 전통, 윤리, 연대를 지키되, 시대의 흐름과 조화를 모색하는 태도다. 역사를 이끌기보다는, 사회의 균형을 견인하는 인내의 정치다.

그러나 그들이 소리 높여 외친 보수는 그게 아닌 그들만의 보수였다. 질서를 외치며 폭력을 정당화했고, 자유를 말하면서 불평등을 확산시켰으며, 전통을 운운하며 기억을 조작했고, 공동체를 말하면서 경쟁과 분열을 부추겼다. 이쯤 되면 우리는 되묻지 않을 수 없다. 지금의 보수는 과연 무엇을 보수(保守)하고 있는가? 그리고 그들이 지키고자 하는 질서는 누구에게 유익하며, 누구를 파괴하는가?

보수가 회복해야 할 것은 공동체의 양식

한국 보수는 지금 극우 포퓰리즘이라는 회오리 속에서 방향을 잃고 있다. 이념보다 감정이, 정책보다 혐오가, 대안보다 적개심이 보수의 언어를 점령하고 있다. 이 감정의 정치는 일시적으로 권력을 쥘 수 있을지는 몰라도, 보수라는 집의 기초를 안으로부터 무너뜨리는 자가(自家)파괴다. 더구나 이러한 언어는 보수를 단지 기득권의 전술로 소비하는 정치공학자들과 유튜버들에 의해 더욱 부추겨지고 있다.

지금 한국 보수에게 필요한 것은 단순한 재구성이나 재편이 아니다. 오직 혁명적 전환만이 살길이다. 보수는 이제 스스로의 기원을 의심하고, 스스로의 언어를 해체하며, 스스로의 계보로부터 탈주해야 한다. 다시 말해, 보수가 참된 보수로 거듭나기 위해서는 스스로를 철저히 해체하고 재건하는 자기부정의 과정을 거쳐야 한다. 이는 몇몇 인물

의 교체나 정책의 미세조정, 중도층의 영입 따위로는 도달할 수 없는 존재론적 전환이다. 보수는 이제 다시 묻고, 다시 시작해야 한다. 지켜야 할 것은 무엇인가? 그것은 더 이상 낡은 국가주의도, 해체된 가족주의도, 신자유주의적 경쟁 질서도 아니다. 보수가 '혁명'을 말할 수 있을까? 이 물음은 역설처럼 보이지만, 그렇지 않다. 진정한 보수는 변화 그 자체를 두려워하지 않는다. 오히려 변화가 불러올 혼란 속에서도 질서를 재정립하고, 공동체의 균형을 되찾으려는 힘이기 때문이다.

프랑스의 철학자 레몽 아롱은 말했다.

"보수주의는 고정된 사상이 아니라, 변화 속에서 파괴되지 않으려는 공동체의 양식이다."

오늘날 한국 보수가 회복해야 할 것은 바로 이 공동체의 양식이다. 그리고 이를 위해선, 다음과 같은 혁명적 전환의 다섯 가지 조건이 필요하다.

'진정한 보수 재건'을 위한 전환의 과제

첫째, 기억의 전환이다. 친일, 독재, 분단의 과거를 은폐하거나 미화하지 말고, 그 어두운 기억을 정면으로 바라보고 성찰해야 한다. 역사 앞에서 부끄러워할 줄 아는 보수. 그 지점에서 비로소 다시 시작할 수 있다.

둘째, 언어의 전환이다. 더 이상 '반(反)진보', '반공', '반이재명'과 같은 부정의 언어가 아니라, '함께 살아갈 내일'

을 설계하는 창조의 언어로 정치에 참여해야 한다.

셋째, 사회 상상력의 전환이다. 공동체, 농촌, 돌봄, 생태, 가족 해체, 지방 소멸…. 진보가 놓치고 있는 삶의 틈새를 보수가 품을 수 있어야 한다.

넷째, 윤리의 전환이다. 승자독식의 게임에서 벗어나, 약자를 먼저 살피는 도덕적 보수주의로 나아가야 한다. 윤리는 도덕적 품성의 문제가 아니라, 구조에 대한 책임의 문제다.

마지막으로, 세대 감수성의 전환이다. 청년, 여성, 돌봄 노동자, 이주민, 성소수자 등 다양한 존재들의 삶을 보수가 다루기 시작할 때, 비로소 보수는 기득권의 정치가 아니라 시대의 정당이 될 수 있다.

보수는 다시 태어날 수 있을까? 그것은 단순히 정권을 잡느냐의 문제가 아니다. 공동체를 지키는 정치로 복귀할 수 있을 때, 보수는 시민들의 마음 안에서 비로소 다시 태어난다. 공포가 아니라 연대의 언어로, 혐오가 아니라 품격으로, 기득권이 아니라 책임으로 말이다.

이것이 보수가 감당해야 할 자기혁명의 과제다. 그 혁명을 끝내 외면한다면, 한국 보수에 미래는 없다. 그들은 또다시 극우의 속삭임에 빠져 스스로를 파괴하며 사라질 뿐이다.

한국 보수여, 당신들이 쥐고 흔든 성조기의 나라, 미국의 추락을 똑똑히 지켜보라! 미 정부의 유사 민주주의에 저항하는 시민들의 긴 행렬은 얼마 전 한국에서 쫓겨난 윤석열이 극찬을 아끼지 않았던 바로 그 정치인 트럼프 정치의 현주소다. 한국의 트럼프보다 더 미국적인 윤석열은 이제 감옥에 가야 할 운명이고, 국제 정치에서 인기가 사라진 트럼프는 이스라엘을 부추겨 이란과의 비극적 전쟁을 촉발함으로써 자국 내 정치적 비난을 덮으려 한다.

이는 윤석열의 북풍 시도를 연상케 하는 저질 정치의 전형이다. 오늘 한국 보수는, 이 어둠의 거울을 앞에 두고 마지막 질문 앞에 서 있다. '과연 우리는 또 한 번의 트럼프, 또 한 번의 윤석열을 감당할 것인가. 혹은, 새로운 보수의 길을 열어젖힐 것인가.' ⅬⅮ

성일권
〈르몽드 디플로마티크〉 한국어판 발행인

Manière de voir

지금 정기구독을 신청하시면 편리하게
Manière de voir를 만나실 수 있습니다.

   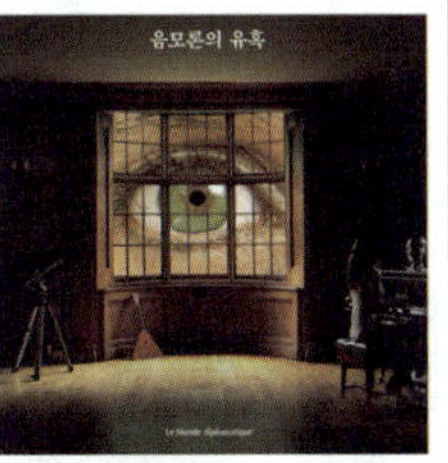 
 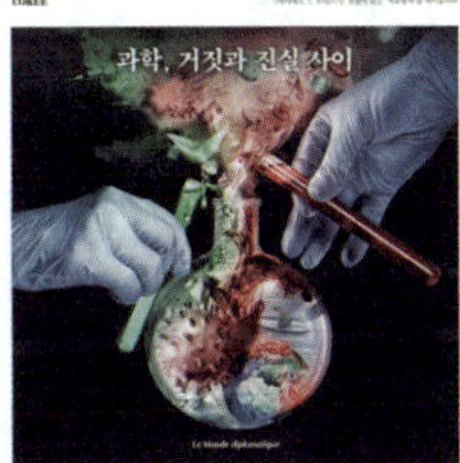   

정기구독 문의

① 홈페이지
www.ilemonde.com

② 이메일
info@ilemonde.com

③ 페이스북·인스타그램
ilemondekorea
lediplo.kr

④ 전화
02-777-2003

**정기구독을 원하시는 분들은
다음 사항을 기입해주십시오**

이름	
주소	
휴대전화	
이메일	
구독기간	vol. 호부터 년간

정기구독료

1년 65,000원
(낱권 18,000원·연 4회 발행)

입금 계좌번호
신한은행 110-034-216204
(주)르몽드코리아

■ 양식을 작성하여 이메일로 보내주세요. 전화로도 신청·문의 가능합니다.

중동의 지정학적 갈등과 혼란이 극에 달한다. 이스라엘-하마스 간의 전쟁에 이어, 이스라엘과 이란의 충돌, 공습과 보복의 악순환, 그리고 미국의 개입까지, 점차 확대되는 전면전의 위험이 공포심을 자극한다. '전범' 네타냐후와 '힘이 곧 정의'라 말하는 트럼프가 이란 국민을 상대로 실현 불가능한 전쟁 목표를 세우고, 국제법과 인도주의 원칙을 유린해도 유럽과 아시아, 중국과 러시아는 자국의 안위만을 생각할 뿐이다. 특집 기사들은 중동 전쟁의 실체, 국제사회의 무기력에 대한 우려를 깊이 있게 다루며, 독자들에게 불편한 진실을 직면할 용기를 요구한다.

〈관련기사 : 10~33페이지〉

모하메드 아부살 –「고립된 삶」, 2014

이스라엘–이란 전쟁은 어디로

끝없는 공습과 보복, 그리고 미국의 개입까지

중동의 전쟁 시계가 움직이다

이스라엘의 가자지구 폭격과 교전이 계속되고 인도주의적 상황은 날로 바닥을 치닫고 있다. 이런 가운데 나름의 절제와 인내 속에서도 텔아비브와 테헤란은, 결국 대규모 군사적 충돌로 맞섰다. 그리고 6월 21일, 미국은 이란 핵 시설 3곳을 공습함으로써 사실상 전쟁에 개입했다. 한 치 앞도 내다볼 수 없는 상황에서 분명한 한 가지는 현재 무력 충돌을 멈추게 할 힘은 그 어디에도 보이지 않는다는 점이다.

아크람 벨카이드 | 언론인, 〈르몽드 디플로마티크〉 프랑스어판 편집장

6월 21일 미국의 이란 핵 시설 공습 이전, 6월 13일 이스라엘의 이란 공습 이전, 지난 4월 1일로 돌아가자. 이스라엘이 다마스쿠스 주재 이란 영사관 부속 건물을 폭격한 사건은 늘 잠재되어 온 양국 간 갈등에서 터진 것이다. 이로써 촉발된 양국의 무력 충돌에는 공습과 보복의 모습을 보이면서도 최소한의 행동 원칙이 작용하는 듯 했다. "너무 큰 피해를 주지는 않으면서도 보복은 하겠다는" 것이었다.

4월 1일, 이스라엘의 공격으로 테헤란의 중동 내 우방 세력들에게 군사 및 물자 지원을 담당하던 혁명수비대원 여러 명이 목숨을 잃었다. 그로부터 2주도 채 지나지 않은 4월 13일 밤에서 14일 사이, 이란은 '정직한 약속'이라는 이름의 작전을 개시하며 드론과 미사일 300기를 발사했다. 이 가운데 대부분은 미국, 프랑스, 영국의 지원을 받은 이스라엘의 대공 방어망에 의해 요격되었다. 이를 놓고, 이스라엘과 서방은 '완전한 실패'로 평가했지만, 실제로 이란의 대응은 개시 몇 시간 전부터 예고되어 있었다. 이란 외교당국이 미국에 사전 통보했고, 이는 곧 이스라엘에게도 전달됐다.

작전은 도시나 경제 중심지를 표적으로 삼지 않았으며, 이란은 민간인 희생을 원치 않는다는 뜻과 함께 '사태는 종료되었다'는 메시지를 분명히 했다. 그러나 이란의 예고되었던 드론 공격을 무시할 수 없었던 이스라엘은 4월 18일 금요일 새벽, 이란 이스파한 인근 공군기지를 드론으로 타격했다. 물리적 피해는 거의 없었지만, 이 공격은 매우 상징적이었다. 이 지역은 이란의 우라늄 농축 프로그램의 핵심 시설인 나탄즈 핵시설이 위치한 곳이기 때문이다. 프랑스 출신 전직 장교이자 작가인 기욤 앙셀은 이를 "긴장 완화를 위한 보복"이라고 평가했다.(1)

1948년 이후 이스라엘은 이웃 국가들과 일곱 차례 전쟁을 치렀다. 가장 최근, 2006년에 레바논에서 전투를 벌였던 (2) 이스라엘군은, 이제 여덟 번째 전쟁에 들어섰다. 이번에는 그 상대가 이란이다. 이 예정된 충돌의 서막은 2000년대 후반으로 거슬러 올라간다. 당시 이란의 핵 개발 프로그램에 관여한 과학자들과, 시리아에서 바샤르 알 아사드 정권을 지원하거나 레바논에서 헤즈볼라 무장조직을 후원하기 위해 파견된 이란 혁명수비대원들이 암살되기 시작했다.

4월에 전개된 비정상적인 세 단계 충돌에 이어, 6월 이스라엘의 이란 공습으로 시작된 전쟁의 불길은 점점 걷잡을 수 없는 국면으로 치달아 이제 중동 전역을 넘어서 국제 사회 전체를 전쟁의 불안으로 몰아넣고 있다.

조용한 대립에서 이제는 예측불허의 국제 전쟁으로

팔레스타인 무장정파 하마스가 지난해 10월 7일 가자

지구 인근 이스라엘 영토에서 '알악사 대홍수 작전'
을 기습적으로 펼쳐 이스라엘 측에 1,160명 사망과
7,500명 부상, 250명의 인질 납치의 결과를 낳았다.
이에 맞서 이스라엘은 이후 조직적인 파괴로 대응했다.
팔레스타인 가자지구 주택의 70% 이상이 파괴되었고
(3), 4월 22일 기준 가자 보건부가 발표한 집계에 따르
면 가자 주민 중 3만 4,000명이 사망하고 7만 5,000명
이 부상했으며, 실종자는 집계조차 되지 않고 있다.

밤낮으로 폭격이 멈추지 않고, 인공지능(AI)의
도움을 받아(4) 정밀 타격이 자행되기도 한다. 또한 민간인
을 조준한 공격이 다반사로 이루어지고, 강제 이주를 당한
주민들은 이집트 국경 근처에 밀집해 있다. 거의 모든 병원
이 파괴되고, 텔아비브가 부과한 봉쇄 조치로 인해 인도적
지원도 차단되어, 민간인들은 그야말로 생지옥과도 같은
고통을 겪고 있다. 1월 31일 열린 기자회견에서 세계보건
기구(WHO) 비상대응국장 마이클 라이언은, "굶주림과 절
망의 절벽 끝으로 내몰린 사람들에게 이것은 '대재앙'"이라
고 경고했다.

이러한 절망적인 상황 속에서도 한 가지 의미 있는 외
교적 결과 중 하나는 팔레스타인 문제가 다시 부각되었다
는 점이다. 서방은 2020년 아브라함 협정 체결 이후 팔레
스타인 문제를 사실상 외면해 왔으며, 이 협정으로 이스라
엘은 아랍에미리트(UAE), 바레인, 모로코, 수단과 차례로
국교를 정상화했고, 사우디아라비아와의 관계 개선도 추진
중이었다. 과거에는 팔레스타인 영토 반환을 이스라엘과의
평화협정 체결 조건으로 내세우는 아랍 국가들의 압박이
있었지만, 그 목소리가 점차 약화되면서 팔레스타인 국가
수립의 긴급성 또한 뒤로 밀려난 듯했다.

하지만 가자 전쟁은 이스라엘과의 외교 정상화가 평화
를 가져올 것이라는 기대가 얼마나 무의미한 것이었는지
를 드러냈다. 물론 해당 국가들 가운데 어느 나라도 이스라
엘과의 정상화 자체를 철회하지는 않았다. 사우디아라비아
는 공식적으로 텔아비브와의 협상 중단을 선언했지만, 모
하메드 빈 살만(MBS) 왕세자 측근들의 말에 따르면 이는
어디까지나 '일시적인 중단'일 뿐이었다.(5)

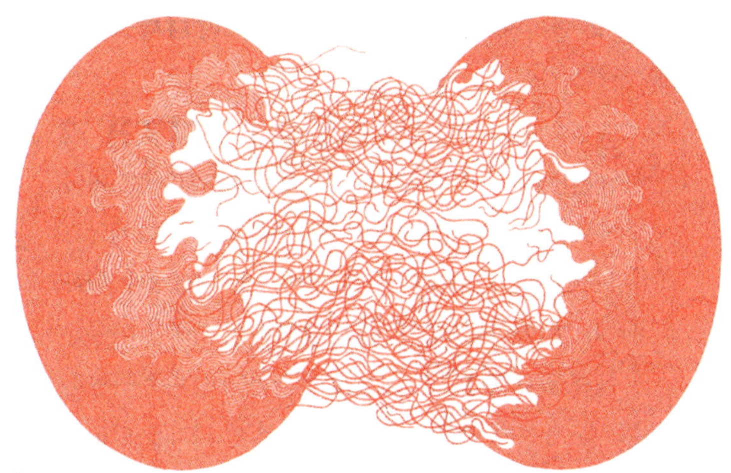

와카스 칸-「폭발」, 2022

그러나 이제 이스라엘은 팔레스타인인의 처지에 대한
국제적 관심의 재점화라는 새로운 현실에 직면하고 있다.
전 세계 곳곳에서 가자지구에서 자행된 이스라엘의 전쟁
범죄에 항의하는 대규모 민중 시위가 이어지는 가운데(「가
자와 함께하는 거리, 이스라엘을 지지하는 엘리트들」, 〈르
몽드 디플로마티크〉 2024년 5월), 법적·외교적 전선에서
는 격렬한 전투가 진행 중이다. 지난해 12월 29일, 남아프리
카공화국은 수많은 비서방 국가들의 지지에 힘입어 국제사
법재판소(ICJ)에 가자 주민 보호를 위한 '보전 조치'(mesure
conservatoire)를 명령해줄 것을 청구했다. 남아프리카 정
부는 이 청구를 "이스라엘이 팔레스타인인에게 가한 75년간
의 아파르트헤이트, 56년간의 점령, 그리고 16년간의 가자
봉쇄"라는 보다 넓은 맥락 속에 위치시켰다.

그로부터 채 한 달도 지나지 않아, ICJ는 이스라엘에 대
해, "모든 형태의 집단학살 행위를 즉각 멈추고, 인도주의
적 지원이 가자지구로 원활히 들어갈 수 있도록 허용하라"
고 명령했다. 이 결정은 가자지구 학살에 관여한 이스라
엘 고위 인사들, 즉 전범의 혐의자를 상대로 한 국제적 기
소 가능성을 열어주었다. 한편, 4월 19일 이스라엘의 〈채널
12〉 방송은, 가자지구에서의 국제법 위반 혐의로 네타냐후
총리와 다른 정치·군사 고위 인사들에게 국제형사재판소
(ICC, 헤이그 소재)가 체포영장을 발부할 수 있다는 우려
가 이들 내부에서 제기되고 있다고 보도했다.

이전과 달라진 이란의 대응, 신속한 반격에 나서

유엔 안전보장이사회는 4월 18일, 알제리가 제출한 팔레스타인 유엔 가입 결의안을 검토했다. 이 결의안은 미국의 거부권 행사에도 불구하고 프랑스를 포함한 12개국의 찬성으로 통과되었으며, 영국과 스위스는 기권했다. 텔아비브와 그 지지자들의 반대에도 불구하고, 스페인, 아일랜드, 몰타, 슬로베니아 등 여러 유럽 국가들이 '지속 가능한 평화'와 '중동의 안정을 위해' 팔레스타인 국가를 인정할 준비가 되어 있다고 밝혔다. 팔레스타인 문제는 다시금 국제기구의 핵심 의제로 부상하고 있다.

이 사안과 관련해 미국이 점점 더 외교적으로 고립되고 있다는 인식을 의식한 듯, 미국 대표부의 로버트 우드 대사는 자국의 거부권 행사가 팔레스타인 국가의 존재 자체를 반대한다는 뜻은 아니며, 그러한 인정은 "당사자 간 협상을 통해" 이루어져야 한다고 해명했다. 즉, 팔레스타인인은 이른바 '두 국가 해법'에 거의 전면적으로 반대하는 이스라엘 정치권이 입장을 바꿀 때까지 기다려야 한다는 뜻이었다.(6)

팔레스타인 국가 승인에 대한 국제적 압력, 전범 재판 가능성, 그리고 텔아비브가 가자 주민 일부를 시나이 반도로 강제 추방하려는 계획을 실행에 옮길 경우의 법적 위험 등이 고조되고 있다. 그런데 하마스 제거도, 인질 석방도 달성하지 못한 지금, 네타냐후 총리가 선택할 전략은 무엇인가? 그 답은 단 한 문장으로 요약된다. 바로 "전쟁의 확대"다.

그러나 전쟁 확대를 노리는 이스라엘에 맞선 이란의 태도에 변화가 나타났다. 이번 군사 충돌에 있어서 이란은 탄도미사일까지 동원해 이스라엘 본토를 대규모로 직접 타격했다. 자국 군대가 이스라엘에 실질적 피해를 줄 수 있음을 과시한 것이다. 물론 발사된 300여 기의 미사일과 드론은 대부분 요격당했지만, 이스라엘과 그 우방국들의 방어 체계를 분석한 뒤, 더 빠르고 정밀한 탄도 무기로 기습 공격을 감행한다면 어떻게 될 것인가? 이란의 이러한 모습은 과거 수년간 자국의 과학자와 고위 장교들이 암살됐을 때 대응했던 이란과는 확연히 달랐다. 2020년 11월, 국방부 차관이자 혁신·연구기구(SEPAND) 수장이었던 모센 파크

리자데가 위성으로 조종되는 기관총 로봇에 의해 암살당했을 때에도, "가혹한 복수"를 예고했던 테헤란은 끝내 아무런 대응도 하지 않았었다. (7) 2024년 4월 20일, 이란 외무장관 호세인 아미르 압둘라히안은 이렇게 경고했다. "이스라엘이 결정적인 행동에 나설 경우, 우리도 즉각적이고 최대한의 대응에 나설 것이다."

네타냐후의 정치적 노림수, 전쟁으로 총선 패배 피하려

이란을 상대로 전쟁을 벌인 네타냐후 총리에게 있어 이는 단순히 자국 내 사법 절차를 회피하기 위한 정치적 수단만은 아니다. 그는 이스라엘을 '국가적 단결'을 요하는 전쟁 상태로 몰아감으로써, 조기 총선 가능성을 차단하고 자신의 권력을 유지하려는 정치적 계산이 더 깊게 깔려 있는 것이다.(8) 또한 이란을 표적으로 삼는 행위는, 단지 가자지구에서의 학살에 대한 국제적 관심을 돌리거나, 팔레스타인 국가 창설을 방해하려는 목적에 그치지 않는다. 네타냐후는 이란을 이스라엘의 주적이라 규정하고 있으며, 사담 후세인 정권 붕괴 이후, 유일하게 이스라엘의 존재 자체를 위협할 수 있는 군사 세력으로 간주하고 있다.

2012년 9월 27일, 유엔 총회 연단에 선 네타냐후는 도화선이 달린 폭탄 그림을 꺼내 들어 보이며, 테헤란이 핵폭탄을 보유하는 데 가까워지고 있다고 주장했다. 그는 이렇게 말했다. "이란이 지금과 같은 속도로 우라늄을 농축해 나간다면, 내년 봄, 늦어도 여름에는 최종 단계에 진입할 것이다. 첫 번째 핵폭탄에 필요한 농축우라늄을 확보하기까지 몇 달, 어쩌면 몇 주밖에 남지 않았다." 그러나 이는 진실을 왜곡한 발언이었으며, 이미 그 몇 달 전, 이스라엘 국방부 장관 에후드 바라크와 참모총장 베니 간츠는 이란이 핵무기를 가질 의지도 능력도 없다고 공개적으로 밝힌 바 있었다.(9)

몇 주 뒤, 미국과 이란 사이에서 핵 문제 해결을 위한 협상이 진행 중이라는 보도가 잇따라 나오던 시점에, 네타냐후 총리는 예루살렘 연설에서 필요하다면 이란 핵 시설을 공격할 준비가 되어 있다고 밝혔다. 그는 자신만의 구호를

이전과 다름없이 거듭 강조했다. "팔레스타인 국가도, 이란 핵도 없다."

사우디와 UAE, 이란 핵시설 파괴 원해

이스라엘과 이란 간의 전쟁은 중동과 걸프 지역의 세력 구도를 구조화하는 핵심 요소가 되고 있다. 산유국 군주정 국가들에게 텔아비브의 반(反)테헤란 노선은 동시에 축복이자 위협이다. 리야드와 아부다비는 미국의 중동 철수에 대응하는 대체 세력으로 이스라엘에 기대를 걸고 있다. 물론 사우디아라비아와 이란은 중국의 중재로 양국 간 긴장을 완화하기로 합의했지만, 상호 불신은 여전히 남아 있다.(10) 사우디의 모스크에서는 여전히 시아파를 배교자로 지칭하는 설교가 이어지고 있다. 2010년, 당시 국왕 압둘

'전범' 네타냐후가 활개 치는 이유

이스라엘과 이란 간의 공중전으로 양국에서 희생자와 피난민이 속출하고 급기야 미국의 참전으로 새로운 국면에 접어든 중동사태다. 그 와중에 지난 6월 15일 프랑스 일간지 〈르몽드〉에 이란의 저명한 인사들이 시국 성명을 발표한 바 있다. 시국 성명에는 노벨 평화상 수상자 나르게스 모하마디와 시린 에바디, 영화감독 자파르 파나히와 모하마드 라술로프를 비롯해 여성 인권운동가, 법학자, 그리고 정권 탄압으로 가족을 잃은 유가족까지, 이란의 양심이라 할 이들이 함께 서명했다.

이 성명에서 그들은 이란과 이스라엘 양국에 민간인에 대한 무차별적 학살 중단을 요청했다. 또한, 이란 국민이 진정한 주권 아래에서 스스로의 운명을 결정할 수 있는 권리를 천명하며, 현재 이슬람 공화국이 추진하는 우라늄 농축 프로그램과 이스라엘과의 파괴적인 전쟁이 이란 국민뿐 아니라 인류 전체의 이익에도 전혀 부합하지 않는다고 지적했다. 이 갈등이 단지 사회 기반시설을 파괴하고 민간인의 생명을 앗아가는 데 그치지 않고, 인류 문명의 토대 자체를 위협하는 중대한 위험이라고 경고했다. 이들은 자국 정권의 핵무기 야망을 정면으로 부정하고, 민간인 살상과 기반시설 파괴에 반대하며 평화적인 해결을 강력히 요구했다.

하지만 여기서 한 가지 의문이 제기된다. 이스라엘에서는 왜 이와 같은 성명이 나오지 않는가 하는 점이다. 이스라엘에도 분명 반전 지식인과 시민들이 존재하지만, 그들의 목소리는 세계 언론 그 어디에서도 찾아보기 어렵다. 그 어떤 민족보다도 폭력과 억압에 피눈물을 흘렸던 시오니즘의 아픈 역사가 자국으로 인한 타국의 비극을 바라보면서 도대체 무엇을 생각하고 있는 것인가. 이는 단순한 언론 편집의 문제를 넘어, 국제 정치에서 '선택된 윤리'가 여전히 작용하고 있음을 시사한다. 즉, 누구의 목소리에 귀 기울이고 누구의 고통을 외면할 것인지가 선택되고 있다는 뜻이다.

실제로 2023년 11월, 국제형사재판소(ICC)는 팔레스타인 민간인에 대한 무차별 학살 혐의로 베냐민 네타냐후 이스라엘 총리에 대해 전범 체포영장을 발부했다. 그러나 놀랍게도 그는 지금까지 단 한 번도 체포되지 않았다. ICC는 자체적인 군대를 보유하고 있지 않기에, 네타냐후 총리의 체포는 그가 방문하는 국가들의 협조 없이는 불가능하다.

하지만 미국을 비롯한 서방 동맹국들은 어떠한 협조도 하지 않고 있다.

그는 여전히 전쟁을 지휘하며 민간인들을 위험에 빠뜨리고 있다. 미국과 이스라엘 앞에서 국제법은 유명무실할 뿐이다. 지난 6월 11일, 그가 부패 혐의로 이스라엘 법정에 섰을 때, 날카로운 검찰의 추궁과 함께 실각 가능성까지 제기되었지만, 그는 살아남아 결국 이번에 무모하게도 전쟁마저 벌였다.

팔레스타인에 대한 제노사이드 혐의를 받고 있는 그는 이제 이란의 핵·군사시설 공격을 지시하며 전면전을 확대하고 있다. 이러한 행보는 미국 내 일부 유대인 지지층의 환호와 함께 그의 지지율 상승으로 이어지는 듯하다. 네타냐후 총리는 자신이 직면한 정치적 위기를 '국가 안보 위협', 특히 이란의 핵 개발 문제와의 대립 구도를 부각시키는 방식으로 돌파하려 하고 있다. 이는 위기의 책임을 외부로 돌리고, 전쟁을 정권 유지를 위한 도구로 삼아온 독재자들의 오래된 전술을 연상시킨다. 정치적 생명을 연장하기 위해 군사적 긴장을 고조시키는 이 같은 접근은 민주주의 국가의 지도자에게서 더욱 심각한 우려를 자아낸다.

우리나라의 참여연대 또한 네타냐후 총리를 국제형사재판소에 전범으로 고발한 바 있다. 참여연대는 가자지구 폭격, 인도적 봉쇄, 민간인 학살 등을 명백한 국제인도법 위반으로 보았다. 그러나 이후 수사 진행은 여전히 불투명한 상태이다.

한국 시민사회는 침묵하지 않았다. 국제 정의 실현은 여전히 요원하고, 그 실현에 대한 책임의식마저 흐려져가는 국제 질서 속에서 그들은 책임을 다하고자 노력했다. 하지만 정작 국제기구들은 침묵으로 일관하고 있다. 유엔은 결의안만 내놓을 뿐 아무런 실질적인 행동을 취하지 않고 있으며, ICC는 스스로의 영장조차 집행하지 못하는 이름뿐인 '침묵의 재판소'로 전락한 모습이다.

결국 서방 정치권은 네타냐후 총리의 방패막이로 전락한 느낌이다. 정의는 과연 누구에게만 작동하고 누구에게는 멈추는 것일까? 국제법이 이토록 비겁하고 무력한 현실 앞에서, 우리는 진정한 국제 정의의 의미를 다시금 되묻게 된다. **ID**

글 · 성일권

라는 미국 대통령 버락 오바마에게 "뱀의 머리를 자르라", 다시 말해 이란의 핵 프로그램을 파괴하라고 요청했다. 사우디와 UAE의 지도자들은 이란의 2003년 이라크 침공에서 중요한 교훈을 얻었을 것이다.

하지만 동시에, 산유국 군주정 국가들은 이란과의 전쟁이 불러올 직접적인 재앙을 두려워하고 있다. 이러한 불안은 두바이나 카타르에서 특히 두드러지며, 석유·가스 시설, 에너지 기반 시설, 해수 담수화 설비들이 이란의 타격 반경 안에 놓여 있기 때문이다. 자력 방어가 불가능하고, 1990년 쿠웨이트가 겪은 고통을 되풀이할까 두려운 이들 국가에게 가장 이상적인 시나리오는, 이스라엘이 '더러운 일'을 혼자 감당하는 것이다. 실제로 리야드와 아부다비는 4월 13일 이스라엘에 대한 공격 당시 자신들이 이스라엘 방어에 관여한 사실을 축소하려 애썼다.

자제 대신 직접 타격 전략 선택한 이란

이란은 자국의 핵 프로그램이 군사적 성격을 띤다는 주장을 일관되게 부인해 왔으며, 심지어 핵폭탄 제조는 인간 전체를 파괴할 수 있는 힘을 오직 신에게만 허락하는 이슬람 교리에 어긋난다고 주장하기도 했다. 그리고 비록 이스라엘은 여전히 이란 체제 선전의 주요 공격 대상이긴 하지만, 한때 마무드 아마디네자드 대통령이 이스라엘을 "결코 살아남지 못할 인공적 창조물"이라 불렀던 시절은 이미 멀어진 듯했다.(11)

그러나 4월 18일 목요일, 이란 혁명수비대 산하 핵보안 부서 책임자인 아흐마드 하그탈라브 장군은 이스라엘을 향해 강력한 경고를 발했다. 그는 이란이 새로운 무기 체계를 바탕으로 핵 추진 전략을 재검토할 수도 있다고 언급하며 다음과 같이 밝혔다. "만약 시온주의 정권이 우리의 핵시설과 핵 관련 기지들을 겨냥한 행동에 나선다면, 우리는 반드시 이에 대응할 것이다. 무엇보다 그 정권의 핵시설들이 우리의 첨단 무기들에 의해 파괴될 것이다." 이러한 발언은 네타냐후 총리의 호전적 태도를 더욱 부추기는 한편, 미국의 입장을 한층 더 복잡하게 만들었다. 2015년 이란

핵합의를 무산시킨 장본인인 도널드 트럼프는, 지금도 네타냐후 총리에게 막강한 재량권을 부여하고 무기 지원을 지속함으로써 전쟁 확대의 여지를 제공하고 있다. 어찌 되었든, 네타냐후는 또 다른 선택지도 쥐고 있다. 바로 레바논의 시아파 무장정당 헤즈볼라와의 전면전을 실행에 옮기는 것이다. 3월 말, 이스라엘군은 2023년 10월 7일 이후 헤즈볼라의 표적 약 4,500곳을 타격했으며, 전투원 300명 이상을 사살했다고 발표했다. 양측은 매일 이어지는 교전 상황 속에서도 지금까지 확전을 피하려 애써왔지만, 결국 전선은 확대되고 있다. 과거 국지적 갈등 국면에서 보여온 이란의 대응 행태와 다른, 보다 공격적으로 나서는 현실과 이스라엘의 호전성과 폭력성이 그 어떤 제재도 받지 않는 상황에서 6.21일 미국의 이란 공습은 지금까지와는 다른 새로운 변수를 중동, 나아가 국제사회에 던졌다. **Ld**

글·아크람 벨카이드 Akram Belkaïd
언론인. 〈르몽드 디플로마티크〉 프랑스어판 편집장

(1) 「이스라엘이 긴장 완화를 위한 보복을 단행했다」, 〈프랑스24〉, 2024년 4월 19일.
(2) Tania-Farah Saab, 「33일 전쟁」, 『레바논 1920-2020, 격동의 한 세기』, 〈Manière de voir〉, 제174호, 2020년 12월~2021년 1월.
(3) Vinciane Joly, 「가자 전쟁: 이스라엘이 고발당한 '도미사이드'란 무엇인가?」, 〈라 크루아〉, 파리, 2024년 1월 10일.
(4) Yuval Abraham, 「'라벤더': 가자지구 폭력을 지휘하는 이스라엘의 인공지능 시스템」, 〈+972 매거진〉, 2024년 4월 3일.
(5) Hasni Abidi, Angélique Mounier-Kuhn, 「리야드-텔아비브: 정상화에 제동」, 〈르몽드 디플로마티크〉, 2023년 11월호.
(6) 「네타냐후, "수십 년간 팔레스타인 국가 수립을 저지해 왔다"고 자찬」, 〈타임스 오브 이스라엘〉, 2024년 2월 20일.
(7) Ronen Bergman, Farnaz Fassihi, 「핵 과학자를 암살한 하이테크 작전」, 〈뉴욕타임스〉, 2021년 9월 19일.
(8) 「이스라엘: 조기 총선을 요구하는 목소리 커져」, 〈프랑스국제라디오(RFI)〉, 2024년 4월 4일.
(9) Jeffrey Heller, Maayan Lubell, 「이스라엘 참모총장, "이란이 핵무기 만들 가능성 낮아"」, 〈로이터〉, 2012년 4월 26일.
(10) 아크람 벨카이드, 마르틴 빌라르, 「중국, 평화의 중재자」, 〈르몽드 디플로마티크〉, 2023년 4월.
(11) 「이란-이스라엘: 세계 최고의 적대국?」, 〈프랑스24〉, 2018년 5월 10일.

마르크 샤갈- 「랍비」, 1936~1938

이란 야당과 시민단체,
이스라엘과 미국 공습에 비난 한목소리

이란 국민을 상대로,
'달성 불가능한 도전'

셰르빈 아흐마디 | 〈르몽드 디플로마티크〉 페르시아어판 편집장
마르마르 카비르 | 〈르몽드 디플로마티크〉 페르시아어판 번역 · 취재 기자

국제법을 위반한 베냐민 네타냐후의 이란 공격은, 군사적 우위와 서방의 전폭적인 지지를 등에 업고 위험한 질주를 계속하고 있다. 그러나 이스라엘이 이란 내 신정체제(mollah)에 대한 반감을 명분 삼아 이란의 주권을 무시한 채 전쟁 목표를 달성할 수 있을지는 의문이다.

테헤란 한복판에서 무너져 내린 건물들, 지평선 너머로 피어오르는 연기 기둥들. 금요일 예배가 있는 6월 13일, 오랜 세월 두려워해 온 그 공격이 마침내 시작되었다. 이른 새벽부터 테헤란을 떠나 카스피해 연안의 별장으로 피신하려는 부유층의 행렬이 이어졌다. 주유소와 식료품점 앞에는 긴 줄이 늘어섰다. 수많은 일용직 노동자들은 생계 수단을 잃고 빈곤으로 내몰렸다. 경찰청장은 시민들에게 "도처에 숨어 있는 테러리스트"를 신고해 달라고 호소했다.

"우리는 절박하고 실존적인 위협에 직면해 있었다." 이스라엘 총리 베냐민 네타냐후는 미국 방송과의 인터뷰에서 이렇게 주장하며, 언제나 그렇듯 사실 확인이 불가능한 "폭로"를 곁들여 여론을 자극했다. "이란은 트럼프를 '1번 적'으로 지목하고 암살을 기도하고 있다."(1) 곧바로 이스라엘 공군은 이란 영공을 장악했고, 지상에 위치한 핵 연구시설과 미사일 기지들을 파괴하기 시작했다. 핵심 과학자들이 피살되고, 군부 지휘부와 혁명수비대(이란 최고지도자 직속의 준군사조직) 수뇌부가 제거되는 등, 공격은 매우 전격적이고 상징적인 방식으로 전개됐다. 과감한 침투, 탁월한 기술·정보 능력, 그리고 국제법을 노골적으로 무시하는 태도는 이스라엘의 신속하고 압도적인 우위를 가능케 하는 핵심 동력으로 작용하고 있다.

2024년 이란의 국방비, 이스라엘 대비 14%

인구는 10분의 1, 영토는 80분의 1에 불과하지만, 다윗(이스라엘)은 다시 한 번 골리앗(이란)을 이긴 셈이다. 그러나 이 같은 '성공'은 역설적으로 위협의 실체가 과장되었음을 보여준다. 이란의 국방비 지출은 이스라엘에 비해 점점 격차가 벌어지고 있다. 2010년에는 이스라엘의 43% 수준이었지만, 이후 꾸준히 하락해 최근 4년 평균은 23%, 그리고 2024년에는 불과 14%에 그쳤다. 레바논의 헤즈볼라나 시리아의 알 아사드 정권 등 이른바 테헤란의 대리 세력을 겨냥한 일련의 공격들은 이스라엘이 내세웠던 강경한 전투적 수사들이 실제로는 과장된 허수에 불과했음을 이미 드러내고 있었다.

현재 테헤란 거리에서 목격되는 충격은, 1980년 9월 이라크의 침공이 불러온 당시의 충격을 떠올리게 한다. 그 시기 이란은 혁명의 열기 한가운데 있었고, 사담 후세인의 이라크 군대가 점령한 영토를 되찾기 위해 이란 정부는 국민을 조직적으로 동원할 수 있었다. 그러나 현재의 이란인들 중 그 시기의 사회를 직접 경험한 사람은 소수에 불과하다. 그 당시 이란은 대체로 농촌 중심의 사회였으며, 문맹률 또한 높았다. 지금은 전체 인구의 80%가 도시에 거주하고, 대부분의 아동은 학교에 다니며, 많은 청년들, 특히 여성들이 대학 교육을 받고 있다. 정권 고위층 자녀들 중 상당수는 현재 해외 유학 중이며, 러시아나 중국보다 미국과 캐나다를 선호하는 경향이 뚜렷하다. 또한 경제적 불평등을 심화시킨 자유주의 경제 정책의 영향으로 개인주의 또한 확산되고 있다.

오늘날 이란에서 정치 이슬람주의를 무조건 지지하는 사람의 수는, 1980년대 말 소련에서 공산주의에 열광하던 이들의 숫자와 크게 다르지 않다. 외형상 민주주의의 모습을 갖추고 있지만, 실제로는 성직자들이 최종 통제권을 쥐고 있는 이란의 '신정 입헌체제(mollarchie constitutionnelle)'는 겉으로는 안정돼 보일지 몰라도, 그 정당성은 이미 심각하게 흔들리고 있다. 2022년의 '여성, 생명, 자유' 운동에 대한 가혹한 탄압은 이란 전체를 뒤흔들었으며, 이는 2019년 생계비 상승에 항의한 시위대를 유혈 진압했던 일과 더불어 이란 정권의 정당성을 더욱 훼손시켰다.(2) 이란 정권의 폭력성은 사형 선고의 급증에서도 드러난다. 대부분 마약 밀매범에게 적용되는 이 사형 집행은 2024년 한 해에만 975건으로 사상 최고치를 기록했다.

이제 자기검열은 더 이상 통하지 않는다. 이스라엘의 공격 직전 몇 주 동안, 이란인들은 거리낌 없이 목소리를 냈다. 이란 정부는 압력에 밀려 한발 물러섰고, 지난해 12월 15일에는 '히잡과 정절법'이라 불리는 새로운 억압적 법안을 결국 중단했다. 지금 이란의 도시 거리에서는 여성의 3분의 1 이상이 히잡을 쓰지 않는다. 놀라운 변화는 관공서에서도 감지된다. 법무부 산하 사무소나 주민등록증 발급 창구 같은 공공기관에서도 히잡 없는 여성들이 눈에 띄기 시작한 것이다.

이란을 '신의 광신도들'로 묘사하는 수사와 서방 언론의 과장된 상상은, 이 체제가 국제 역학을 명확히 파악하고 있으며 의외로 매우 현실적인 판단을 해왔다는 사실을 흐리게 해서는 안 된다. 1988년, 혁명의 초대 지도자 아야톨라 루홀라 호메이니는 이라크와의 전쟁에서 휴전을 받아들였고, 2015년에는 후계자 알리 하메네이가 유엔 안전보장이사회 5개 상임이사국과 독일이 체결한 핵 합의(빈 합의서)에 서명했다. 2023년 3월에는 중국의 중재로 사우디아라비아와 외교 관계 정상화를 이루어냈으며, 2024년 7월에는 쿠르드족 어머니와 아제르바이잔계 아버지를 둔 두 소수민족 출신의 인물 마수드 페제시키안이 대통령에 당선되는 것을 최고지도자가 막지 않았다. 그는 '개혁파'로 분류되는 인물이었다.

미국-이란 핵 협상 목전에 두고 왜 공습을?

베냐민 네타냐후 총리는 이란의 핵 문제를 전쟁의 명분으로 내세우며 여러 가지 위험을 감수했다. 그중에서도 가장 중대한 위험은, 이번 갈등이 중동 전역으로 번질 수 있다는 점이다. 국제원자력기구(IAEA)의 라파엘 마리아노 그로시 사무총장은 핵시설은 결코 공격 대상이 되어서는 안 된다고 강조했다. 그는 "이러한 공격은 핵 안전과 보안, 그리고 국제적인 핵 검증 체계에 심각한 영향을 미칠 뿐 아니라, 지역 및 국제적 평화와 안보에도 중대한 위협이 된

다"고 경고했다.(3)

단기적으로 우라늄 처리 시설 전체를 폭격으로 파괴하 겠다는 목표는 실현 가능성이 매우 낮다. 미국산 특수 폭탄 으로 깊숙한 지하 시설을 타격할 수 있다고 해도, 우라늄 농축은 일시적으로 지연될 수 있을 뿐, 국제적인 검증 체 계 없이 완전히 중단시키는 것은 불가능하다. 만약 이번 공격의 진짜 목적이 이란을 협상 테이블로 끌어내는 것이 었다면, 2018년 이스라엘이 트럼프에게 이란 핵합의 파 기를 요청한 이유는 무엇인가? 또한, 워싱턴과 테헤란 사 이에서 민간 및 군사 목적의 우라늄 농축 한도를 둘러싼 핵심 협상이 진행 중이던 시점에, 왜 이란 측 주요 협상가 를 암살했는가?

G7 회원국들이 이스라엘에 사실상 백지수표를 건넨 행위는, 핵확산 문제에 있어 극히 무책임한 태도로 비친다. 이에 반발해, 이란을 제외한 아랍·이슬람권 20개국은 공동 성명을 발표하고 "중동 전역에서 단 한 국가도 예외 없이, 핵무기와 대량살상무기 없는 지대를 시급히 구축해야 한 다"고 강조했다.(4)

이 성명은 말할 것도 없이, 핵확산금지조약(NPT)에 가 입하지 않은 유일한 역내 국가인 이스라엘을 겨냥한 것이 다. 튀르키예와 사우디아라비아, 심지어 이집트 같은 주요 국가들 역시, 이스라엘의 지속적인 개입으로부터 자국 안 보를 어떻게 지켜낼 것인지에 대해 새로운 해법을 모색할 가능성이 있다.

"힘에 의존하고 협상을 무시하는 태도는 핵확산금지조 약(NPT)을 무너뜨리는 가장 확실한 길입니다. 이는 많은 국가들에게 '결국 핵무기를 보유하는 것만이 최후의 안보 보장'이라는 신호를 분명히 보내게 됩니다."
― 모하메드 엘바라데이, 전 국제원자력기구(IAEA) 사 무총장, 6월 18일 X(트위터) 발언.

미국이 수십 년째 "핵무기 보유 문턱에 있다"라고 주 장해온 이란은, 결국 핵확산금지조약에서 탈퇴하고 핵무 기 개발 금지 원칙을 공식적으로 철회할 수도 있다. 미국

마르크 샤갈 – 「오, 신이시여!」, 1919

몬터레이 미들베리 국제연구소의 전문가 제프리 루이스 는 다음과 같은 장면을 상상한다. "6개월 전, 핵무기를 끝 내 만들지 않기로 결정했던 이란 고위 인사들은 모두 암 살당했습니다. 그렇다면 이제, 역설적이지만 진지하게 '이란도 만들어야 하지 않을까'라는 이야기가 나올 수밖 에 없겠죠."(5)

이스라엘이 이번 군사 작전에 붙인 이름 '사자의 각성' 은 그들의 의도를 노골적으로 드러낸다. '태양을 등진 사 자'는 왕정 시대 페르시아의 상징으로, 1979년 이슬람 혁 명 이후 이란 국기에서 사라졌다. 이번 작전은 1953년, 영 국과 미국의 정보기관이 이란 석유의 국유화를 저지하고 모하마드 레자 팔레비 국왕을 복위시키기 위해 벌인 쿠데

타를 떠올리게 한다.(6) 물론, 현재 미국에 망명 중이며 이스라엘의 오랜 지원을 받아온 팔레비 국왕의 아들은 이란 디아스포라와 위성방송 등을 통해 일정한 영향력을 행사하고 있다.

그러나 그의 아버지와 악명 높았던 정치경찰 사바크(SAVAK)가 남긴 잔혹한 악몽은 그에게 정치적 정당성을 거의 부여하지 못한다. 마찬가지로, 이란 야권의 또 다른 축이었던 인민무자헤딘(MEK) 역시 과거 사담 후세인 정권과 손잡았던 전력 때문에 여전히 대중적 불신을 받고 있으며, 일부 조직원이 이란 내부에서 활동하고 있다 해도 그 한계는 명확하다.

이스라엘이 깨우는 이란의 민족주의적 동력

지난 몇 달 동안, 많은 이란인들은 현 체제를 바꾸기 위해서라면 어떤 희생도 감수할 준비가 된 듯 보였다. 그러나 이스라엘의 군사 공격은, 그런 흐름에 급격한 여론의 반전을 불러올 가능성이 있다. 정권을 비판하고 서방과의 관계 개선을 바라는 목소리가 많았지만, 이란 내부에 뿌리 깊게 존재하는 민족주의적 동력을 과소평가하는 것은 중대한 오판이 될 수 있다. 6월 13일 이전까지만 해도 성직자 정권을 신랄하게 비판하던 SNS 계정들조차, 공격 다음 날에는 이란 지도를 게시하며 애국심을 드러냈다. 정권에 비판적인 전 축구 스타 알리 다에이는 "차라리 죽는 게 낫지, 매국노가 되지 않겠다"며 외세와의 협력 가능성을 강하게 부정했다.(7)

2009년 대선 부정에 항의해 일어난 '녹색 운동' 이후 줄곧 가택 연금과 탄압을 받아온 이란 개혁 진영의 핵심 인사들 역시, 이번 이스라엘의 군사 공격에 대해 분명하고 단호한 어조로 비판의 입장을 밝혔다. 당시 대선에서 부정선거의 피해자로 지목되었던 전 총리 미르 호세인 무사비의 부인이자 개혁 진영의 대표 인사인 자흐라 라흐나바르드는, IRNA(이란 국영통신)에 보낸 성명을 통해 다음과 같이 비판했다. "국제 규범을 노골적으로 위반한 네타냐후의 범죄적 행위와 공격적인 본성은, 우리의 인프라와 과학자들뿐 아니라 남녀노소를 불문한 무고한 민간인의 생명까지도 무차별적으로 겨냥하고 있습니다."

카타미 대통령(1997~2005) 시절 내무부 차관을 지낸 모스타파 타즈자데는, 현재 정치적 신념으로 수감 중인 상태에서 다음과 같은 메시지를 전했다. "전쟁범죄 혐의로 국제형사재판소에 기소된 인물이 명령한 외세의 군사 침공을 지지하는 것은, 정치적으로도 도덕적으로도 결코 정당화될 수 없습니다. 설령 이번 전쟁이 실패한 종교 정권을 무너뜨리는 결과로 이어진다 해도, 결국 이란은 폐허만 남은 채 무정부 상태와 혼란 속에 빠질 가능성이 큽니다."(8)

그는 제헌의회 구성을 통해 평화적인 민주주의 체제로의 전환을 제안한다. 그러나 현 체제가 과연 개혁 세력을 넘어 진정한 국민 통합의 기반을 만들고, 다른 정치 세력에게도 문을 열 수 있을지는 여전히 불투명하다. 전쟁은 동시에 정권에게 탄압의 명분을 제공하기도 한다. 그러나 그러한 억압이 언제나 통하는 것은 아니라는 사실을 보여주는 일화가 있다. 6월 13일 이후 히잡을 벗은 여성들에게 행정기관이 경고 조치를 보낸 것에 대해, 이란 정부 대변인실 정보국장이 직접 나서 "시스템의 오류"였다며 신속히 사과한 것이다.

국제법을 적용하는 데 있어 '이중잣대'에 실망한 많은 비서방 국가들이, 튀르키예와 같은 입장을 취하며 한목소리를 내고 있다. 물론 이러한 입장 표명이 이란 국민들에게 위안을 줄 수는 있겠지만, 분명한 사실은 이란에게 러시아나 중국과 같은 우호국은 있을지언정, 실제 군사적 지원에 나서는 동맹국은 없다는 점이다.

공습 초기의 혼란이 지나간 뒤, 폭격이 계속되는 상황 속에서도 이란 주요 도시들에서는 서서히 일상이 복구되고 있다. 생필품 공급은 비교적 안정적이며, 한때 길게 늘어섰던 빵집 앞 대기 줄도 점차 줄어들고 있다. 다만 인터넷 접속은 여전히 반복적으로 차단되고 있다. 향후 협상이 장기 교착 상태에 빠질 경우, 이 갈등의 향방은 결국 양국 국민의 지속적인 인내력과 버틸 수 있는 능력에 달리게 될 것이다. 그리고 미국이 양국 전쟁에 개입했다. 이는 지금까지와는 다른 새로운 전쟁 국면이며 동시에 한 치 앞도 내다볼 수 없는 상황이 되었다. 더구나 지상전으로까지 확전된다면, 불안과 우려는 중동을 넘어 국제 사회로 번질 것이다. **lD**

에르도안 튀르키예 대통령,
"이란의 자위권 행사는 정당하며 합법적"

독립적인 사회단체 여러 곳, 예컨대 버스 운전사 노조와 투쟁 중인 은퇴자 노조 등은 이스라엘의 거짓 주장들을 강하게 비판했다. "우리는 (…) 미국과 이스라엘이 자유, 평등, 정의를 가져올 것이라는 환상을 품고 있지 않습니다. 마찬가지로 우리는 이슬람 공화국이 지닌 억압적이고, 간섭적이며, 모험주의적이고, 반노동자적인 본성과 행태에 대해서도 아무런 환상을 갖고 있지 않습니다."(9)

캐나다 G7 정상회의에 참석했던 튀르키예의 레제프 타이이프 에르도안 대통령은 서방 국가들의 입장과는 달리 다음과 같이 의견을 밝혔다. "네타냐후는 자신이 이 지역 안보에 가장 큰 위협 인물임을 또다시 입증했습니다. (…) 이란이 이스라엘의 국가폭력과 테러에 맞서 자위권을 행사하는 것은 매우 자연스럽고 정당하며 합법적인 권리입니다."

글·셰르빈 아흐마디 Shervin Ahmadi
〈르몽드 디플로마티크〉 페르시아어판 편집장
마르마르 카비르 Marmar Kabir
〈르몽드 디플로마티크〉 페르시아어판 번역·취재 기자

(1) 〈폭스뉴스〉, 2025년 6월 15일.
(2) 「이란, 폭풍을 기다리며」, 「이란 내 민중 봉기에 대한 이스라엘의 기대」, 〈Orient XXI〉, 각각 2024년 10월 28일 및 2025년 6월 16일.
(3) 「이란 상황에 대한 성명」, 국제원자력기구(IAEA), 2025년 6월 13일.
(4) 〈AFP〉, 2025년 6월 17일.
(5) 〈르몽드〉, 2025년 6월 16일.
(6) Mark Gasiorowski, 「CIA가 이란에서 음모를 꾸몄을 때」, 〈르몽드 디플로마티크〉 프랑스어판, 2000년 10월호.
(7) 〈테헤란 타임스〉, 2025년 6월 18일.
(8) Etemad, 2025년 6월 16일, www.etemadnewspaper.ir

미국에 팽배한 '이스라엘 우선주의'

세르주 알리미 | 언론인. 〈르몽드 디플로마티크〉 프랑스어판 전 발행인

세계를 상대로 '미국 우선(America First)'을 외치던 미국 대통령이 왜 이스라엘 앞에서는 속수무책인가. 이는 현재 백악관 주인에게 굴욕적인 물음이다. 겉으로는 강경 자세를 취하지만 실제로는 외국 권력자의 뒤를 따르고 있기 때문이다. 그 권력자는 모스크바가 아닌, 예루살렘에 살고 있다. 이러한 현실은 더 이상 놀랍지도 않다. 워싱턴에서 러시아계 로비는 존재감조차 희미하지만, 이스라엘계 로비는 이미 40년 전부터 노골적으로 강력한 영향력을 행사해 왔다. (1) 공화당과 민주당을 막론하고, 연방의회 의원 80~95%가 이 로비의 입장을 그대로 대변한다.

지난 6월 15일, 〈CBS〉 시사 프로그램 「Face the Nation」에 함께 출연한 공화당의 대표적 신보수주의자이자 '매파 중의 매파' 린지 그레이엄 상원의원과 민주당의 리처드 블루멘탈 상원의원은, 이스라엘 로비의 영향력을 단적으로 보여주는 전형적인 사례였다. 이스라엘이 이란을 폭격한 직후, 두 사람은 마치 이스라엘을 대변하듯 이란을 향해 나란히 '파괴'라는 위협을 퍼부었다. 이어서 러시아의 우크라이나 침공에 대해서도, 미국이 더 강력한 제재를 가해야 한다는 주장을 똑같은 목소리로 되풀이했다.

미국을 전쟁으로 이끈 네오콘 세력

이런 장면은 트럼프 지지자들의 분노를 자극하는 전형적인 '양당 야합'의 사례다. 특히 민주·공화 양당이 모두 '민주주의 수호'나 '테러와의 전쟁'을 명분 삼아 벌여온 십자군식 해외 개입에 진절머리를 느끼고, 트럼프의 반(反)네

오콘 노선을 지지하며 그의 진영에 합류한 이들에게는 더욱 그렇다. 인적·재정적 대가를 초래한 그런 전쟁들에 염증을 느껴온 이들에게, 올해 초까지만 해도 상황은 일부 희망적으로 보이기는 했다. 2017년 첫 임기와는 달리, 이번 트럼프 행정부는 중동이나 유럽에서의 미국 개입에 반대하는 인물들로 채워졌기 때문이다. 그 중심에는 제임스 데이비스 밴스 부통령과, 전 민주당 하원의원이자 현 국가정보국장인 털시 개버드가 있다.

우크라이나 문제에 더 이상 개입하지 않겠다는 트럼프 대통령의 의중도 이들의 기대에 부응했다. 물론 트럼프의 언행은 시시각각 바뀌기에 몇 시간 이상 앞을 내다보기는 어렵지만 말이다. 그럼에도 지난 4월 7일, 백악관 오벌 오피스에서 네타냐후 이스라엘 총리가 지켜보는 가운데 트럼프가 이란과의 직접 협상 개시를 공식 선언했을 당시만 해도, 상황은 거의 이상적으로 보였다.

그렇게 긍정적으로 흘러가던 분위기에 갑작스레 찬물이 끼얹어졌다. 트럼프 지지자들 가운데 일부, 특히 〈폭스뉴스〉의 간판 출신이자 수백만 조회 수를 자랑하는 팟캐스트 진행자 터커 칼슨(Tucker Carlson) 같은 인물들은 이미 수년 전부터 경고의 종을 울려왔다. 그들의 주장에 따르면, 이스라엘 총리와 손잡은 미국 내 네오콘 세력은 치밀한 계획 아래 미국을 이란과의 전쟁으로 끌고 가려 한다는 것이다.

터커 칼슨이 지목한 '전쟁 조장자' 5인

하지만 트럼프가 이에 소극적인 태도를 보이자, 이들은

미국 내 이스라엘 로비의 막강한 영향력과, 46년 전 '테헤란 주재 미국 대사관 인질 사태'—1979년 이란 혁명 직후, 이란 대학생들이 미국 대사관을 점거해 52명의 미국인을 444일간 억류했던 사건으로, 미국-이란 관계 단절의 결정적 계기가 되었고 카터 대통령의 재선 실패에도 영향을 미쳤다—에서 비롯된 뿌리 깊은 적대감을 교묘히 활용해 트럼프에게 압박을 가하는 전략을 폈다.

사담 후세인의 이라크가 '대량살상무기'를 갖고 있다는 조작된 정보로 시작된 전쟁이 한 나라를 폐허로 몰아넣은 것처럼, 이제 이란이 다음 목표가 된 듯하다. 그리고 이 전쟁은 미국의 본격적인 전쟁 개입으로 또다시 '끝없는 전쟁', 미국의 새로운 수렁으로 이어질 가능성을 예고하고 있다.

칼슨은 이 도전에 정면으로 맞서겠다고 나섰다. 한때 〈CNN〉에서 나비넥타이를 매고 떠들던 금수저 출신, 이스라엘 지지 성향의 잡지 〈더 뉴 리퍼블릭〉에서 네오콘 성향의 기자로 활동했던 그는, 2003년 이라크 침공 당시에는 열렬한 지지자였으나 그 이후 입장을 완전히 바꿨다. 최근 그는 미국을 전쟁으로 몰고 가는 '전쟁 조장자' 5인을 지목하며 비판에 나섰다.

그 대상은 폭스뉴스 간판 진행자 션 해니티(Sean Hannity), 네오콘 계열 논객 마크 레빈(Mark Levin), 〈폭스뉴스〉와 〈월스트리트저널〉 소유주 루퍼트 머독, 이스라엘계 미국인 억만장자 아이크 펄머터(Ike Perlmutter),

마르크 샤갈 – 「토라를 든 유대인」, 1959

그리고 공화당 최대 후원자 중 한 명인 미리엄 아델슨(Miriam Adelson)이다. 칼슨은 이 '명단'을 공개하며 이렇게 경고했다. "때가 되면, 이들은 자신들의 행동에 대해 책임을 지게 될 것이다. 하지만 여러분은 그 이름을 지금부터 알고 있어야 한다."

미국 대통령은 이들 인물에 대해 굳이 따로 소개받을 필요조차 없다. 션 해니티는 트럼프가 가장 좋아하는 언론인 가운데 한 명으로, 그의 순종성과 재능이라곤 전혀 찾아볼 수 없는 점에서 오히려 신뢰를 받고 있다. 미리엄 아델슨은 이스라엘 정착촌 확대를 적극 지지하는 운동가로, 트럼프의 지난 대선 캠페인에 1억 달러를 후원했다. 터커 칼슨은 작년 7월 공화당 전당대회에서 트럼프 곁에 나란히 있었으며, 절친이다. 그때 칼슨의 연설은 가장 큰 박수를 받았다.

코미디언의 조롱,
"네타냐후는 21세기 최악의 미국 대통령"

트럼프는 기존의 네오콘이나 친이스라엘 복음주의 세력 외에도, 젊고 투쟁적인 자유지상주의자 성향의 팟캐스터들과 반전(反戰) 지지자들로부터 예상치 못한 지지를 받으며 재선에 성공했다. 이들은 기존 질서에 반감을 가진 '안티 시스템' 세력으로, 트럼프가 이들과 연대한 것은 공화당 연합의 외연을 크게 넓히는 계기가 되었다. 특히 이들은 표현의 자유를 강하게 옹호하며, 검열에 반대하는 입장을 일관되게 견지해왔다.

하지만 최근 트럼프의 전쟁 지향적 행보는 이러한 지지층을 실망시키고 있다. 팔레스타인을 지지하는 발언조차 '반유대주의자'나 '하마스 옹호자'로 낙인찍히고, 외국인 체류자의 경우에는 추방이나 구금으로 이어지는 현실에 대해 이들은 깊은 우려를 표한다. 이러한 검열적 분위기는 그들이 기대했던 트럼프와는 전혀 다른 모습이다. 자유지상주의 성향의 코미디언 데이브 스미스는 이스라엘 총리 베냐민 네타냐후를 "21세기 최악의 미국 대통령"이라 조롱하며, 단숨에 주목받는 인물이 되었다.

그는 절친한 친구인 조 로건의 팟캐스트 방송에 출연해, 가자지구에서 벌어진 이스라엘의 학살을 정당화하는 네오콘 세력을 마치 단호한 검사처럼 신랄하게 비판했다. 이후 그는 트럼프에게 표를 던진 것을 공개적으로 후회한다고 밝혔으며, 나아가 트럼프의 탄핵까지 요구하고 나섰다. 반(反)검열과 반(反)전쟁을 외치는 자유지상주의 진영 내부에서조차, 트럼프의 전향된 태도는 더 이상 용납할 수 없는 변절로 받아들여지고 있다.

미국 대통령은 자신의 지지층이 어떤 경우에도 등을 돌리지 않을 것이라 확신하고 있다. 카멀라 해리스 전 부통령 역시, 이스라엘에 대한 무조건적인 지지가 정치적으로 아무런 부담이 되지 않으리라 판단한 듯하다. 그러나 정말 그럴까? 미국의 양당 체제가 과연 무엇을 통제할 수 있으며, 어디까지 영향력을 행사할 수 있을까? 이 질문 앞에서, 현실은 의외로 무력하다.

세계적인 국제관계학자 존 미어샤이머의 판단은 이렇다. "중동 외교 정책에 있어서, 이스라엘이 우리(미국)를 지배하고 있다. 그리고 그것을 저지하려는 사람들은 아무런 힘이 없다. 왜냐하면 이스라엘은 자기가 원하는 대로 할 것이기 때문이다. 이것은 정말 놀라운 상황이다. 대부분의 미국인은 이 점을 이해하지 못한다. 인구 수백만의 작은 나라가, 미국의 무조건적인 지원을 받으며, 자신이 요구하는 거의 모든 것을 얻어낼 수 있다는 사실 말이다." 6월 21일, 마침내 미국은 이란 핵 시설 3곳을 공습함으로써 이스라엘과 이란 간 전쟁에 사실상 개입했다. **ld**

글·세르주 알리미 Serge Halimi
언론인. 〈르몽드 디플로마티크〉 프랑스어판 편집 고문(전 발행인)

(1) 「이스라엘 로비의 영향력」, 〈르몽드 디플로마티크〉 프랑스어판, 1989년 8월. John Mearsheimer, Stephen Walt, 「이스라엘 로비와 미국의 외교정책」, 라 데쿠베르트, 파리, 2007.

이스라엘이 두려워하는 주변국들의 민주화

아크람 벨카이드 | 언론인

마르크 샤갈 – 「기도하는 유대인」, 1914

중동이 캄캄하다. 날이 갈수록 혼란 속으로 빠져들고 있다. 대규모 핵사고의 가능성도 더 이상 기우로 치부할 수 없는 상황이다. 이슬람 공화국 이란을 상대로 대대적인 공습을 감행했던 이스라엘 총리 베냐민 네타냐후는 단지 자신의 고집을 입증한 것만은 아니다.(1) 그는 무엇보다도 지역 내 긴장을 끊임없이 고조시키며, 미국조차도 꺼리던 새로운 전쟁을 일으킨 셈이다. 미국은 이스라엘의 핵심 동맹국이지만, 이번 충돌에 대한 개입에는 당초 신중을 기했었다. 미국의 그런 흔적은 "미국의 개입 여부 결정에 앞서 2주 동안 지켜보겠다"는 트럼프의 최근 발언에서도 얼핏 드러나는 듯 했다. 그러나 트럼프는 6월 21일 이란 핵시설 폭격 명령을 전격 내림으로써 결과적으로 트럼프의 고민 흔적은 연막작전에 불과했다는 것이 드러났다. 비록 가정이지만, 미국의 개입이 없다면 이스라엘과 이란은 공격과 보복이라는 충돌을 이어가다 어느 시점에서는 협상의 돌파구를 찾아야 할 것이다. 왜냐면 미국의 개입 없이는 결코 성공할 수 없는 이스라엘의 무모함이었기 때문이다. 무엇보다 이스라엘이 이란 공습 명분으로 내세웠던 이란의 핵 시설을 파괴를 위해서는 미국의 강력한 화력 지원이 필수적이었다. 더구나 이번 양국의 충돌은 최근 이스라엘이 인접국 레바논을 상대로 벌였던 작전과는 차원이 달랐다. 이란 영토 침공을 위해서는 시리아와 이라크의 항공 및 육상 경로를 가로질러야 허는 위험을 감수해야만 하는데, 현재 이스라엘은 그러한 물류적 제한을 극복할 아무런 능력도 확보하지 못한 상태였다. 이런 상황을 감안할 때 미국의 전쟁 개입은 양국 충돌만이 아니라 중동 전역의 질서를 뒤바꿀 새로운 변수라는 시각에서 바라볼 수밖에 없게 되었다.

트럼프와 국가정보국장, 이란 핵무기 개발에 견해 달라

미국 국내 정치의 복잡한 셈법이 작용하고 있음은 세르주 알리미 〈르몽드 디플로마티크〉 프랑스어판 편집 고문(전 발행인)의 글에서도 언급되었지만, 워싱턴의 태도가 명확하지 않은 데에는 네타냐후 총리의 진정한 의도가 무엇인지 여전히 불투명하다는 점도 작용하고 있다. 이스라엘군이 가자 지구에서 여전히 참화를 이어가고 있는 가운데—사망자 수는 6만 명에 이르고, 가자지구 주민 대다수는 극심한 식량난에 처해 있다. 이는 무자비하고 비인도적인 봉쇄 조치가 초래한 결과다 — 네타냐후 총리가 내세운 공식 입장은 이란의 핵무기 보유를 결코 용납할 수 없다는 것이었다. 그러나 지난 20여 년간 반복돼온 이 강박적인 레토릭은 더 이상 누구에게도 새롭지 않으며, 그 진실성 또한 여전히 입증되지 않고 있다.

무력 충돌 발발 불과 몇 시간 전까지만 해도, 워싱턴과 테헤란은 오만에서 이란의 핵 개발 프로그램을 통제하기 위한 협정을 협상 중이었다. 그리고 네타냐후 총리의 거듭된 주장과는 달리, 국제원자력기구(IAEA)를 포함해 이란의 핵무기 개발이 임박했다는 점을 공식적으로 입증한 자료는 어디에도 존재하지 않았다.(2) 물론 지난 5월 31일자 보고서에서 IAEA는 이란이 보유한 농축 우라늄이 농도 기준으로 약 60%에 달하며, 이는 핵무기 제작에 필요한 90% 농도의 약 3분의 2에 해당한다고 평가했다.

그러나 이 농축 물질을 실제 무기로 전환하려면, 이란이 이를 가공하고 실전 실험에 앞서 다양한 시뮬레이션을 수행할 수 있는 군사적·기술적 역량을 갖추고 있어야 한다. 이스라엘과 그 서방 지지자들이 동원한 언론 속 '전문가'들—40년 가까이 "이란은 몇 개월 안에 핵폭탄을 만들 것"이라고 경고해온 인물들(3)—을 제외하면, 대부분의 핵 전문가들은 테헤란이 실제로 핵무기를 실제로 보유하려면

이스라엘 무기가 호황인 유럽 '제노사이드 박람회'

라인강을 사이에 두고 불편함과 환희가 갈렸다. 6월 초, 프랑스 남부 지중해 연안의 항구 도시 포스-쉬르-메르(Fos-sur-Mer)에서 항만 노조 노동자들이 이스라엘의 하이파(Haïfa)로 향하는 군사 장비 선적을 거부했다. 프랑스 국방부 장관은 "프랑스는 이스라엘에 무기를 공급하지 않는다"라고 단언했지만, 여러 시민단체가 공동으로 의뢰한 보고서는 그와 정반대의 내용을 담고 있었다. 이스라엘의 세금 자료를 바탕으로 프랑스가 실제로 무기를 공급해왔다는 사실이 드러난 것이다.(1)

다만 거래 규모는 수천만 유로 수준에 그쳐, 프랑스는 여전히 '소규모 수출국'으로 분류된다. 독일은 사정이 다르다. 러시아-우크라이나 전쟁으로 이미 특수를 누리고 있던 독일의 무기상들은 이스라엘 전쟁에서도 어떤 문제의식도 없이 수익을 챙겼다. 독일 연방정부는 6월 2일 좌파당(Die Linke) 의원의 질의에 대한 답변에서, 2023년 10월 7일부터 2025년 5월 13일까지 이스라엘에 총 4억8,510만3,796유로(약 7,657억원) 규모의 군수 장비 수출을 승인했다고 시인했다. 독일 정부에 따르면 해당 물품에는 '총기류, 탄약, 무기 부품, 육군 및 해군용 특수 장비, 전자 장비, 장갑 차량' 등이 포함돼 있었다.(2)

독일 외무장관, "이스라엘에 무기 공급 지원을 계속할 것"

스톡홀름 국제평화연구소(SIPRI)에 따르면, 2019년부터 2023년까지 독일은 미국에 이어 이스라엘의 두 번째 주요 군사 파트너였다. 그러나 독일은 자국이 수출한 무기가 수만 명의 팔레스타인 민간인 학살에 사용되었다는 사실에도 불구하고, 이 수익성 높은 산업에 제동을 걸 의사가 없다. 독일의 기본법(헌법) 제1조는 "인간의 존엄은 훼손될 수 없다"라고 선언하고 있지만, 현실에서 그것은 베냐민 네타냐후와의 동맹보다 중요하지 않은 가치로 여겨지고 있다는 비판이 제기된다. 2025년 6월 5일, 요한 바데풀 독일 외무장관은 다음과 같이 공개적으로 선언했다. "독일은 이스라엘에 무기 공급 지원을 계속할 것입니다. 그것은 한 번도 의심된 적이 없습니다." 이는 정부의 확고한 태도를 보여주지만, 독일 국민 다수의 정서는 다르다. 하루 전인 6월 4일 〈로이터 통신〉의 여론조사에 따르면, 독일 응답자의 4분의 3은 이스라엘로의 무기 수출을 반대했다.

법률가들이 과연 정의의 저울추를 자신들의 쪽으로 기울일 수 있을까.

〈다음 페이지 계속〉

최소 1년에서 최대 5년은 더 걸릴 것으로 보고 있다.

지난 3월 25일, 미국 의회 청문회에서 국가정보국 (DNI) 털시 개버드 국장은 "이란이 재래식 탄도미사일 능력을 크게 강화한 것은 사실"이라고 인정하면서도, 이란이 핵무기 생산에 착수했다는 주장에 대해서는 단호히 선을 그었다. (4) 그러나 약 두 달 뒤 도널드 트럼프 전 대통령은 그녀의 발언을 공개적으로 부정하며 언론 인터뷰를 통해 "그 여자가 뭐라고 했든 난 신경 쓰지 않는다. 내가 보기엔 이란은 핵폭탄을 만들기 직전에 있었다고 생각한다"라고 말했다. (5)

이스라엘, 핵탄두 200기 보유 추정

이슬람 공화국 이란이 자국의 핵 개발은 철저히 민간 목적에 한정된 것임을 강조하며, 핵무기 보유를 추구한다는 의혹을 일관되게 부인해왔다는 점 또한 상기할 필요가 있다. 2003년, 이란의 최고지도자 알리 하메네이는 대량살 상무기의 사용을 금지하는 파트와(fatwa), 즉 이슬람 율법에 따른 종교 명령을 발표했고, 이는 2005년 공식화되었다. 이 파트와는 대량살상무기의 사용을 "창조주의 파괴 능력을 인간이 대체하는 행위"로 간주하며, 이를 "중대한 죄악"으로 규정하고 있다. (6)

반면, 이 문제에 대해 어떠한 언급도 거부하고 있는 이스라엘은 약 200기의 핵탄두를 보유하고 있는 것으로 알려졌다.(7) 자국 정치권 일각에서는, 만약 이란의 보복이 격화되거나 이란 지도부가 항복을 거부할 경우, 이러한 핵무기를 실제 사용할 수 있다는 주장까지 제기되고 있다. 네타냐후 총리 또한 이 무기 사용 가능성을 결코 배제한 적이 없다. 이러한 상황에서 핵무기를 보유한 또 다른 국가인 파키스탄이 이란을 군사적으로 지원할 것이라는 상반된 정보들까지 더해지면서, 국제적 불확실성은 더욱 커지고 있다. 한편 중국과 러시아는 이 위기에 개입할 의사를 명확히 드러내지 않고 있다.

설령 이란이 조악한 수준의 핵무기를 보유하려 한다 해도, 이를 저지하는 일만이 네타냐후 총리의 유일한 목표는 아니다. 그는 새로운 전선을 열고 이스라엘을 공습의 공포

2024년 4월, 국제사법재판소(ICJ)는 독일이 제네바 협약을 위반했다며, 이스라엘에 대한 독일의 무기 수출을 즉각 중단해야 한다는 니카라과의 청구를 기각했다. 당시 이 재판소는 독일이 제출한 두 가지 논거를 신중히 수용했다고 밝혔다. 첫째, 독일 정부는 "2023년 10월 이후 전체 무기 수출 규모가 급감했으며, 2024년 2월과 3월에는 각각 50만 유로, 100만 유로에 불과했다"라고 주장했다. 둘째, 전체 수출 허가의 98%는 공격용 무기가 아닌 "기타 군사 장비"—예를 들어 광학 장비나 레이더 부품 등—에 해당하며, "포탄이나 탄약은 단 한 발도 포함되지 않았다"라고 강조했다.

유럽연합 회원국, 이스라엘 방산 수출의 54% 차지

그러나 미국 러트거스대학교의 법학자 아딜 아흐마드 하크 교수는 6월 초 독일 정부가 공개한 자료에 대해 "독일이 국제사법재판소에 제출한 설명에 심각한 의문을 제기한다"라고 비판했다.(3) 국제사법재판소에서 면책 판결을 받은 직후, 독일은 이스라엘에 대한 군수품 수출을 급격히 증가시켰다. 좌파당(Die Linke)의 질의에 대한 정부의 공식 답변에 따르면 이 수출에는 "총기류, 탄약, 무기 부품"도 포함되어 있었다. 이는 니카라과가 다시 재판소 문을 두드리는 동기로 작용할 수 있다.

가자지구의 병원을 파괴하고, 식량 배급소 앞에서 굶주린 가족들을 처형하기 위해 투입된 이스라엘 군 장비의 '효율성'은 유럽의 각국 군 수뇌부들을 매료시키는 듯하다. 2024년, 텔아비브는 자국 군수품 수출 기록을 경신했다. 총 148억 달러에 달하며, 이 중 54%는 EU 회원국 고객들이 차지했다. 단 1년 만에 이들의 비중은 20% 가까이 증가했다. 이스라엘 국방장관 이스라엘 카츠는 이렇게 밝혔다.(2025년 6월 4일, 〈타임스 오브 이스라엘〉) "이 엄청난 성공은 가자지구의 하마스, 레바논의 헤즈볼라, 예멘의 후티, 이란의 신정 체제, 그리고 우리가 이스라엘의 적들과 싸우고 있는 기타 지역에서 이스라엘 군대와 방위 산업이 거둔 승리의 직접적인 결과입니다." 직설적으로 말하자면, 지금 '제노사이드 박람회'는 호황을 누리고 있다. **lb**

글 · 피에르 림베르 Pierre Rimbert
언론인

---

(1) Attac 외, 「프랑스의 이스라엘 무기 수출: 끊이지 않는 흐름」, 2025년 6월 10일, www.france-palestine.org

(2) Bundestag, 「이스라엘에 대한 군수품 수출」, 2025년 6월 2일, www.bundestag. de/presse/hib/kurzmeldungen-1082536

(3) Adil Ahmad Haque, 「이스라엘을 향한 독일 무기 수출의 추락과 재확산: 국제사법재판소에 던지는 질문들」(이전 문단의 인용문들도 이 글에서 발췌), 2025년 6월 13일, www.justsecurity.org.

마르크 샤갈 – 「십자가에 달린 사람들」, 1944

있다는 현실을 배경으로, 이스라엘 총리는 이제 공개적으로 이란 '신정 체제 타도'를 목표로 삼고 있음을 선언하는 데 주저하지 않는다. 이스라엘군은 지금도 레바논 영토 일부를 점령하고 있으며, 지난해 11월 체결된 휴전 합의도 반복적으로 위반하고 있다. 이 같은 상황 속에서 네타냐후는 이란 국민들에게 현 체제에 맞서 봉기할 것을 촉구했고, 미국 〈ABC 방송〉과의 인터뷰에서는 하메네이 최고지도자를 제거하는 것도 하나의 선택지가 될 수 있다고까지 언급했다. 그는 이렇게 말했다. "그건 갈등을 악화시키는 것이 아니라, 끝내는 일입니다."(8)

불과 1년 전만 해도 이러한 발언은 무책임한 허풍으로 들렸을 것이다. 그러나 지난해 9월, 이스라엘의 직접적인 표적이 된 공습으로 레바논 헤즈볼라 지도자 셰이크 하산 나스랄라가 사망한 사건은, 텔아비브가 이제 더는 어떤 금기도 스스로에게 부과하지 않고 있음을 보여준다. 네타냐후는 다른 나라의 지도자를 살해하겠다고 공공연히 위협하고 있지만, 이를 문제 삼지 않는 국제사회의 그 어떤 제재도 두려워하지 않는다.

1990년대 말, 미국이 자국의 적들을 굴복시키기 위해 만들어낸 개념—2003년, 허위 명분 아래 감행된 미·영의 이라크 침공이 대표 사례—인 '무력을 통한 정권 교체' 전략이 이제는 이스라엘에 의해 재활용되고 있다. 팔레스타인 문제의 공정한 해결을 외면하는 이스라엘과의 관계 정상화를 거

속에 몰아넣음으로써, 뜻밖의 정치적 유예를 얻어냈다. 그는 여전히 자국 사법 시스템과 숨바꼭질을 이어가고 있으며, 2023년 10월 7일 하마스의 기습 공격으로 드러난 이스라엘군과 정보기관의 심각한 작동 실패에 대한 공식 조사를 철저히 차단하는 데 성공했다. 전쟁 중에 총리의 사퇴나 기소를 요구할 이가 과연 있겠는가?

이란에 대한 공세는 오히려 그에게 정치적 지지 회복이라는 뜻밖의 효과까지 안겨주었다. 그러나 정치적 생존이라는 계산 너머에서, 팔레스타인 국가 창설을 완강히 거부해온 이론가 네타냐후는 이제야말로 이스라엘이 이란뿐 아니라 모든 적대 세력을 굴복시켜야 할 때라고 믿고 있다.

가자지구와 레바논 민간인에 대한 전쟁범죄에도 불구하고 이스라엘이 여전히 국제적 면책 특권을 누리고

부하는 아랍·이슬람 국가들을 압박하려는 수단인 셈이다. 지금까지 텔아비브는 미국의 외교적 압박에 의존하는 데 만족해왔다. 그러나 이제는 스스로 무력을 과시하고 있으며, 그 메시지는 분명하다. 가자와 하마스의 운명, 레바논과 헤즈볼라의 사례는 언제든 어디서든 반복될 수 있다는 것이다.

주변국들의 독재체제를 선호하는 이스라엘

조 바이든 정부 당시에도 존재했던 이스라엘의 공격적 태도는 도널드 트럼프의 복귀 이후 더욱 노골적으로 드러나고 있다. 2020년 바레인, 아랍에미리트(UAE), 모로코가 '아브라함 협정'에 가입하면서, 이스라엘 주도의 중동 외교 지형 재편 흐름이 본격화되었고, 이후 미국 외교 역시 이 사안을 둘러싸고 점점 더 집요하고 공격적으로 변모하고 있다.

미국과의 우호적 관계를 모색하고 있는 시리아의 임시 대통령 아부 무함마드 알-졸라니가, 자국 영토 일부를 점령하고 남부 지역의 비무장을 요구하는 이웃 이스라엘과의 직접 충돌을 피하고 있는 것 역시 결코 우연이 아니다. 한때 텔아비브에 맞선 '거부 전선'의 핵심축이었던 알제리에서도 변화의 조짐이 감지되고 있다. 압델마지드 테분 대통령은 지난 2월 2일 프랑스 일간지 〈로피니옹 (L'Opinion)〉과의 인터뷰에서 "팔레스타인 국가가 수립되는 그 날, 알제리는 이스라엘과의 관계 정상화에 나설 준비가 되어 있을 것"이라고 밝혀, 자국민 다수를 놀라게 했다. 이는 유대 국가에 대한 기존의 강경한 적대 기조와는 분명히 결이 다른 유화적 발언으로, 최근 텔아비브와 모로코 간의 군사 협력 강화에 깊은 우려를 표하고 있는 알제리가, 미국의 호의를 얻기 위한 전략적 제스처를 취한 것으로 해석된다.

네타냐후 총리의 전략은 하나의 전제와 계산에 기반한다. 전제는 테헤란에 새로운 정권이 들어서면 이스라엘과 화해를 이룰 것이고, 이란 국민 또한 그것을 기꺼이 받아들일 것이라는 믿음이다. 그러나 그 정권이 민주적일 필요는 없다. 이스라엘과 좋은 관계를 유지할 수 있다면, 권위주의 정권이 훨씬 더 유리하다는 것이 또 하나의 계산이다. 이집트 사례가 바로 그 증거다. 만약 내일이라도 이집트에서 압델 파타흐 알시시 정권을 대신해 민주 정부가 들어선다면, 텔아비브와 카이로 간의 평화협정은 과연 어떻게 될까? 정치적 권리가 거의 없는 이집트 국민은 여전히 이스라엘에 대해 적대적이기 때문이다. 최근 카이로 당국은 자신들이 누구에게 충성을 바치는지를 분명히 보여주었다. 전 세계에서 모여든 수백 명의 활동가들이 가자지구로 향하는 평화적 연대 행진을 시도했을 때, 이집트 당국은 이를 조직적으로 차단했다.

팔레스타인 문제에 대한 정의가 실현되지 않는 한, 이스라엘은 중동 지역 민중으로부터 결코 온전히 수용되지 않을 것임을 네타냐후는 누구보다 잘 알고 있다. 그렇기에 '중동 유일의 민주주의 국가'(과연 민주주의국가일까?)로 불리는 이스라엘은 아이러니하게도 주변국들이 독재 체제를 유지하길 바란다. 그리고 만일 그 체제들이 저항에 나설 경우, 서방의 군사 개입을 요청하면 되기 때문이다. 이스라엘에게 가장 두려운 시나리오는 주변이 모두 민주국가가 되고, 국제법이 그 기능을 되찾는 것이다. �️Ⅾ

글·아크람 벨카이드 Akram Belkaïd
언론인, 〈르몽드 디플로마티크〉 프랑스어판 편집장

(1) 「Iran – Israël, la guerre qui vient」, 〈르몽드 디플로마티크〉 프랑스어판, 2024년 5월.
(2) David Gritten, 「이란은 핵무기 제조를 불과 몇 개월 앞두고 있었는가?」, 〈BBC〉, 2025년 6월 14일, www.bbc.com
(3) Alain Gresh, 「이란은 언제 핵무기를 갖게 될 것인가?」, 「오리엔트의 소식 (Nouvelles d'Orient)」, 〈르몽드 디플로마티크〉 블로그, 2006년 9월 4일, blog.mondediplo.net
(4) 「미국 정보공동체 2025년 연례 위협 평가에 대한 개버드 국가정보국장의 상원 정보위원회 발언문(사전 준비본)」, 미국 국가정보국(DNI), 2025년 3월 25일, www.dni.gov
(5) Jonathan Landay, 「트럼프, 이란 핵 프로그램 관련 털시 개버드 정보국장의 발언 반박」, Reuters, 2025년 6월 17일, www.reuters.com
(6) Bertrand Besancenot, 「하메네이가 이란의 핵무기를 금지한 파트와(fatwa)는 여전히 유효한가?」, ESL Rivington, 2024년 9월 20일, www.eslrivington.com
(7) Lara Jakes, 「이스라엘이 이란의 핵 프로그램을 겨냥하면서, 동시에 자국의 비밀 핵 프로그램도 운영 중이다」, 〈뉴욕타임스〉, 2025년 6월 17일.
(8) Jonathan Karl, Oren Oppenheim, 「Netanyahu, ABC 인터뷰에서 이란 최고지도자 Ali Khamenei 제거 가능성 배제하지 않아」, 〈ABC News〉, 2025년 6월 16일, abcnews.go.com

교황 레오 14세,
"무기를 버리고 외교적 대화에 나서야"

김진현 ǀ 〈르몽드 디플로마티크〉 한국어판 기자

교황은 과연 평화를 가져올 수 있을까? 6월 21일, 미국의 전쟁 개입으로 이스라엘과 이란 간 무력 충돌이 더욱 짙은 화염에 뒤덮이는 가운데 교황청의 평화중재에 대한 기대감이 커지고 있다. 지난 19일 로마 외곽 산타 마리아 디 갈레리아에 위치한 바티칸 라디오 송신센터를 깜짝 방문한 교황 레오 14세는 이탈리아 국영방송 TG1과의 단독 인터뷰를 통해 "무기를 피하고 반드시 외교적 대화로 문제를 해결해야 한다"고 재차 호소한 것이다. 미국의 개입은 어느 정도 예상된 시나리오였지만, 이로 인한 국제 사회의 불안은 그야말로 한 치 앞도 내다볼 수 없는 상황으로 치닫고 있다. 지금까지의 국지적 충돌을 넘어 전 지구적 분쟁으로 확산될 위험이 고조되는 상황 속에서, 세계 12억 가톨릭 신자들의 정신적 지도자인 교황의 목소리는 단순한 종교적 외침만이 아닌, 인류 보편의 양심과 경고의 메시지로 받아들여지고 있다.

교황은 "수많은 무고한 사람들이 죽어가고 있습니다. 우리는 언제나 평화를 증진시켜야 합니다"라고 덧붙였다. 휴먼라이츠액티비스트(HRA)라는 미국 워싱턴 기반의 인권단체에 따르면, 이스라엘의 공습이 시작된 이후 이란 내 사망자는 이미 600명을 넘었으며, 이란의 보복 공격으로 인해 이스라엘에서도 최소 24명이 사망한 것으로 알려졌다. "정말 심각한 상황입니다. 밤낮으로 전 세계 여러 지역에서 일어나는 일을 계속 지켜보고 있습니다. 오늘날 가장 큰 이슈는 중동이지만, 문제는 그곳에만 국한되지 않습니다." 레오 14세는 이탈리아 국영방송 TG1의 바티칸 특파원 이냐지오 인그라오와의 인터뷰에서 이렇게 말했다.

바티칸은 무력이나 제재가 아닌, 상처 입은 인류 공동체를 위한 치유의 언어로 국제 정세에 개입해왔다. 프란치스코 교황의 발언 역시 단발적인 선언이 아니라, 그러한 평화 외교의 오랜 전통과 실천의 연장선상에 있다. 이스라엘과 이란, 나아가 중동 전체의 평화를 위해 교황이 윤리적 중재자이자 종교적 양심의 상징으로서 어떤 역할을 수행할지 주목된다. 교황청은 군사력이 없는 '비무장 주권체'로서, 무력보다 외교와 도덕적 권위를 통한 개입을 원칙으로 삼는다. 유엔이나 주요 정상회담에서 중립적 중재자, 윤리적 조언자의 역할을 하며, 전쟁 방지와 인도주의적 대응에 집중한다. 흔히 교황청의 의미로 일컬어지는 바티칸은 세계 180여 개국과 외교 관계를 맺고 있으며, 종교적 권위와 국제법적 지위를 모두 갖춘 특수 외교 주체다. 단일 민족·국가의 이해가 아닌, 인류 전체의 양심을 대변하는 위치에서 발언한다.

교황청이 과거 중동 분쟁을 중재한 사례는 적지 않다. 요한 바오로 2세 (1978~2005)의 경우, 1991년 걸프전 직전, 교황은 조지 H. W. 부시와 사담 후세인 양측에 편지를 보내 무력 충돌 자제를 호소했고, 2003년 이라크 침공 당시, 미국의 일방적 전쟁을 비판하며 전쟁은 "인류의 패배"라고 선언했다. 베네딕토 16세 (2005~2013)는 레바논 내전과 이스라엘-하마스 충돌에 대해 자주 언급하며, 무고한 희생자의 고통을 국제사회가 직시해야 한다고 말했고, '정의로운 평화' 개념을 강조했으며, 중동 기독교 공동체 보호

교황 레오 14세

크다. 그는 도덕적 경고를 통해 대량학살, 핵무기 사용, 민간인 피해에 대한 '도덕적 선 긋기'를 국제사회에 촉구했으며, 전쟁이 장기화할 경우 비공식 중재 채널을 통해 유엔 총회나 국제언론을 통한 도덕적 여론을 환기시키며, 종교 간 대화 촉진, 유대교·이슬람 지도자들과의 대화의 물꼬를 트는 역할에 나설 것으로 기대된다.

한편 바티칸과 이란은 1954년 정식 외교관계를 수립하였으며, 이란은 혁명(1979) 이후에도 바티칸과의 외교를 끊지 않았다. 테헤란에는 교황청 대사관(교황청 대사 apostolic nuncio)이, 바티칸에는 이란 대사관이 여전히 상주 중이다. 이란 이슬람 공화국 체제 하에서도 바티칸은 종교적 대화의 파트너이자, 서구 세계 내에서 비교적 신뢰할 수 있는 중재 채널로 인식된다. ⓛⒹ

에도 각별한 관심을 가졌다. 프란치스코 교황 (2013~2023)은 2014년 이스라엘-하마스 충돌 시기, 양측 지도자를 초청하여 바티칸 정원에서 사상 초유의 '기도 모임' 개최하고, 시리아 내전, 예멘 위기, 이란 핵 합의와 관련된 발언을 통해 평화를 강조했다. "모든 전쟁은 형제살해이며, 진정한 종교는 폭력을 정당화할 수 없다"는 메시지를 자주 언급했다.

교황 레오 14세의 이스라엘-이란 전쟁에 대한 접근 방식은 전임자인 프란치스코 교황의 유산을 계승하고 있다는 평가를 받는다. 기후위기와 평화의 연결, 창조세계 보호와 전쟁 반대를 연결하는 담론은 프란치스코의 문제의식과 맥락을 같이한다. 평화 문제를 단지 정치 문제가 아니라, 윤리적·신학적 책임으로 확장해 인류 보편 문제로 접근한다는 것이다.

레오 14세는 라틴아메리카 선교사 출신으로서 "변방의 목소리"에 민감하며, 제3세계 경험을 바탕으로 전쟁 피해 민간인의 실질적 고통에 주목해왔다. 특히 기술, 기후, 에너지, 통신 등 구조적 문제와 평화 이슈를 연결하려는 점에서 실천적이며 구체적인 담론을 펼쳐왔다. 또한 교황 레오 14세는 이스라엘 – 이란 전쟁에서 교황청의 의미 있는 역할을 시도할 가능성이

글·김진현

베이루트에서 테헤란까지
'저항의 축' 붕괴 하나

성일권 | 〈르몽드 디플로마티크〉 한국어판 발행인

미국이 국제사회를 전쟁의 소용돌이에 몰아넣고 있다. 2025년 6월 21일, 워싱턴은 이란의 핵 프로그램을 영구적으로 차단한다는 명분 아래 대규모 공습을 단행했다. 명시적 의회 승인 없이 내려진 이 결정의 목표는 이란 핵심 시설 세 곳—나탄즈(Natanz), 이스파한(Isfahan), 포르도(Fordo)—이었다. 이는 단순한 군사작전을 넘어 국제 질서의 근간을 뒤흔드는 중대한 선언으로 평가된다.

국제사회를 충격에 빠뜨린 미국의 깜짝 공습

미국은 일주일간의 기만적인 침묵 끝에 B-2 스텔스 폭격기 7대를 투입하고 잠수함까지 은밀하게 동원했다. 이들 폭격기는 각 목표물에 14발의 GBU-57 벙커버스터 폭탄을 투하했고, 미해군 잠수함은 토마호크 순항미사일 30발을 무자비하게 쏟아부었다. 공격 직후 트럼프는 자신의 SNS 플랫폼인 '트루스소셜'에 "이제는 평화의 시간"이라는 역설적인 메시지를 올렸다. 그러나 그 메시지가 도달한 곳은 평화가 아닌, 전쟁의 심연으로 향하는 길목이었다.

이번 공습은 그 자체로 하나의 전환점이다. 하마스의 2023년 10월 7일 이스라엘 기습 이후 가속화된 중동의 불안정성은 이제 예측 불가능성과 핵확산 위기의 새로운 국면으로 접어들고 있다. 미 의회의 사전 승인조차 생략된 채 전개된 이 작전은 '중동 질서'라는 이름으로 유지되어온 냉혹한 균형마저 파괴하며, 국제법과 외교적 관행에 대한 노골적인 경멸을 드러냈다.

트럼프의 "지금이 바로 평화의 시간"이라는 문장은 역설을 넘어선 기만을 보여준다. 그가 선언한 평화는 사실상 극적 격화의 서막이자 팍스 아메리카나(Pax Americana)의 폭력적 패권의 정당화에 불과했다. 중동 전체는 이제 방향과 속도가 불분명한 충돌의 소용돌이 속으로 빨려 들어가며, 문명의 충돌이라는 비극적 서사를 재현하고 있다.

이란 고위 당국자들은 즉시 보복을 예고했다. 중동 전역의 미군 기지는 물론, 사우디아라비아, 아랍에미리트, 쿠웨이트에 주둔 중인 미군 병력도 표적이 되었다. 미국 대사관과 상업 시설 등도 공격 가능성이 제기되며, 전면전의 위협이 현실화되고 있다.

현재 이란은 체제 유지와 핵보유 간의 전략적 도박대에 올라 있다. 미국의 요구를 수용하면 내부 정통성이 무너지고, 보복에 나서면 상대의 압도적 군사력 앞에 무력해질 공산이 크다. 역설적이게도 이란은 이제 핵무기 개발을 유일한 체제 생존 장치로 여길 수밖에 없는 비극적 상황에 내몰렸다.

전문가들은 호르무즈 해협 봉쇄, 에너지 공급망 붕괴, 이란 내 불안정 확대, 난민 유출 등의 최악의 시나리오를 제기하고 있다. 그러나 어느 것도 아직 확정되지 않았고, 모두가 두려워하는 것은 불확실성 그 자체다. 이는 합리적 예측을 불가능하게 만드는, 광기의 시대가 도래했음을 의미한다.

이번 공습은 군사적으로는 분명히 성공적인 작전이었다. 이스라엘은 이미 이란의 방공망과 일부 핵농축 시설을 무력화했고, 미국과의 공조는 그 타격의 강도를 배가시켰다. 그러나 핵심 질문은 여전히 남는다. 고농축 우라늄 408kg은 어디에 있는가? 최신 원심분리기는 어느 시설로 이동되었는가? 이 공습이 이란의 핵무기 개발 시계를 얼마나 늦췄는가? 과학자들이 축적한 지식은 물리적 파괴로 소멸되지 않는다. 문제는, 전쟁이 정말 끝났는가, 아니면 인류의 파멸을 향한 서곡에 불과한가라는 섬뜩한 물음이다.

'저항의 축' 붕괴와 헤즈볼라의 몰락

이스라엘과 미국의 이란 핵 시설 및 군사·안보 기구에 대한 강도 높은 공습이 이어지면서, 이란이 그간 중동에 걸쳐 구축해온 '저항의 축' 동맹 네트워크가 심각한 위기에 직면했다는 분석이 제기되고 있다. 1980년대 이란-이라크 전쟁 이후 이란 영토의 성역화를 목표로 구상된 이 전략은 최근 이스라엘의 군사 행동을 저지하지 못하며 한계를 노출했다.

최근 레바논에서는 이스라엘군과의 교전 중 전멸한 헤즈볼라 소속 젊은 레바논인 26명의 초상화가 무덤가에 놓였다. 이들은 2024년 11월 말 이스라엘군의 진격을 저지하려다 사망한 것으로 알려졌다. 2024년 12월 6일 잠정 휴전 협정 중 매장된 이들의 죽음은 사실상 헤즈볼라의 항복을 의미한다는 해석이 지배적이다. 1982년 이란 혁명수비대의 지원으로 창설된 시아파 무장조직 헤즈볼라는 최고 지도자 하산 나스랄라가 2024년 9월 27일 베이루트 교외 지휘소에 대한 이스라엘 공습으로 사망하면서 지도부를 상실했다. 1990년 레바논 내전 종결 이후 유일하게 무장을 유지하며 '저항 정당'으로 숭배받던 헤즈볼라는 이제 무장 해제 명령을 받고 있으며, 이는 불과 몇 달 전만 해도 상상하기 어려웠던 상황이다.

텔아비브의 헤즈볼라에 대한 공세는 이란에 상당한 충격을 주었다. 이란이 보복을 우려해 헤즈볼라를 적극적으로 지원하지 못하자, '신의 정당' 지지자들 사이에서는 "테헤란이 본토 전면전을 피하기 위해 헤즈볼라를 희생시킨 것이 아닌가" 하는 의문이 제기되고 있다.

'저항의 축'은 이란이 아라비아반도에서 지중해 동부 해안까지 구축한 무장 세력 네트워크를 의미한다. 이 구조는 이미 약화된 상태였으나, 가장 오래되고 강력한 해외 기반이었던 헤즈볼라의 붕괴는 이란의 방어 및 역내 확장 전략 붕괴의 시작을 알리는 것으로 평가된다. 현재 테헤란은 6월 13일부터 이스라엘의 집중 타격 대상이 되어 핵 시설과 군사·보안 체계가 집중적으로 파괴되고 있으며, 그 어느 때보다 고립된 상황이다.

솔레이마니 암살과 이란의 계산된 대응

이란 이슬람 공화국은 과거 도널드 트럼프 행정부의 "이란의 공식적인 종말" 위협에도 불구하고 끈기를 보여주었다. 2020년 1월 3일, 미국은 바그다드 공항 근처에서 드론 공격으로, 이란의 혁명수비대 정예군인 쿠드스군을 20년 넘게 이끌어온 이란 장군 가셈 솔레이마니를 제거했다. 솔레이마니는 이란에서 영웅 대우를 받았던 사령관으로서 '저항의 축'을 구상한 최고 설계자로 알려져 있다. 그는 2008년 당시 바그다드 주둔 미군 데이비드 페트레이우스 장군에게 "이라크, 레바논, 가자, 아프가니스탄에서의 이란 정책은 모두 내가 통제하고 있다"라는 메시지를 보낸 바 있다. 그의 사망 이후에도 그의 초상화는 남부 레바논과 바그다드 곳곳에 걸려 있다.

그러나 당시 이란의 보복은 제한적이었다. 이라크 내 미군 공군기지를 겨냥해 12발의 이란 탄도미사일이 발사되었으나, 중동·북아프리카 유럽연구소(EISMENA)의 이라크 전문가 아델 바카완은 이라크 소식통을 인용해 "이란이 공격 시간과 장소를 사전에 전달하여 미국 측 사망자가 없었다"라고 주장했다. 이는 이란 정권이 국내 여론과 지지층을 위한 '복수'는 필요했지만, 사태 확산을 피하기 위해 신중하게 대응했음을 시사한다. 결과적으로 이란과 미국 간의 직접 충돌이나 중동 전면전은 발생하지 않았다.

핵 합의 탈퇴 이후 중동 정세 재편

2018년 미국의 이란 핵합의(JCPOA) 일방적 탈퇴와 트럼프 행정부의 '최대 압박' 전략에 따른 고강도 경제 제재 이후, 솔레이마니 제거는 이란 정권이 역내 패권 전략을 재정비하는 계기가 되었다. 이와 함께 중동 전역은 급속한 재편 과정을 겪었다. 2020년 말, 미국 주도하에 '아브라함 협정'이 체결되며 이스라엘과 아랍 국가들 간의 외교 정상화가 본격화되었다. 사우디아라비아와 미국은 언론인 자말 카슈끄지 살해 사건(2018년 10월 2일 발생)에도 불구하고 관계를 유지했다.

이란은 역내 영향력 강화를 지속하며 2023년 3월 10일 베이징에서 사우디아라비아와 협정을 체결했다. 이는 과거 사이크스-피코 협정 이후 테헤란과 리야드가 각자의 영향권을 분할하는 상황으로 해석된다. '저항의 축'의 일원이었던 예멘 후티 반군은 2014년 수도인 사나 점령 이후 사우디 석유 기반시설을 반복 공격했으나, 협정 체결 이후 공격을 중단했다.

러시아가 시리아 주둔 병력을 우크라이나 전선으로 이동시키면서 테헤란에서 베이루트까지의 전략적 회랑에 공백이 발생했고, 이는 이란이 핵무기와 탄도미사일 개발에 집중할 시간을 벌어주며 이란의 기세 회복에 기여했다. 중동은 전반적으로 새로운 안정 국면에 접어드는 듯 보였으나, 팔레스타인과 그들의 국가 열망은 이 협정들에서 배제되었다. 이란 정권은 하마스에 "이스라엘군을 지속적으로 경계태세에 있게 하여 만성피로에 빠뜨리는 보조적 무력 집단"의 역할을 부여했다.

이는 이란 국경에서 떨어진 가자지구에서 로켓을 발사하여 이란 본토 피해 없이 위협을 유지하는 전략으로, 1980년대 이란-이라크 전쟁의 경험에서 비롯된 것이다. 이란은 다양한 무장 단체를 다층적으로 배치해 이스라엘을 포위하고 압박하는 대리전 전략을 구사해왔으며, 이를 통해 자국 영토에서의 직접 충돌은 철저히 회피해왔다.

시누와르의 독자노선과 10월 7일의 전환점

그러나 이란의 '2선 전략'에 만족하지 않는 인물이 있었으니, 바로 가자지구 하마스의 군사 지도자 야히야 시누와르다. 그는 독단적인 행동을 선호하는 것으로 알려졌다. 팔레스타인 파타당 고위 간부 자말 흐웨일은 시누와르가 이스라엘 오페르 감옥 수감 당시 "논의를 하지 않고 지시만 내렸다"라고 증언했다. 2011년 포로 교환으로 석방된 시누와르는 테헤란을 방문했으며, 당시 하마스 지도자 이스마일 하니예는 그를 이란 최고 지도자에게 "이스라엘 감옥에서 25년을 보냈다"라고 소개했다.

그러나 시누와르는 이란의 복잡한 권력 구조나 전략적 사고방식에 익숙하지 않은 것으로 평가된다. 레바논 헤즈볼라 지도자들이 이란 혁명수비대와 긴밀한 유대를 맺고 이라크 시아파 민병대 지도자들이 솔레이마니의 직접 지휘를 받았던 것과는 대조적이다. 시누와르는 2011년 시리아 민중 봉기에 하마스가 지지를 표하며 이란과의 관계가 틀어졌던 일을 중요하게 여기지 않았다. 하마스는 무슬림 형제단 계열로 이란의 동맹인 시리아 정부와 충돌한 전력이 있으며, 양측의 공식 화해는 2022년에 이루어졌다. 그럼에도 5년 전 가자 하마스 지도부로 선출된 시누와르에게 이란은 유일하게 믿을 수 있는 우방이었으며, 이란은 그에게 파지르 미사일 제작 기술을 전수하여 하마스 무장력의 핵심이 되게 했다.

냉철한 이념가인 야히야 시누와르는 '저항의 축'의 궁극적 목표인 '예루살렘 해방'을 문자 그대로 신봉했다. 그의 연설에서는 이러한 신념이 묵시록적 언어로 표출되며 예루살렘 해방과 종말의 도래를 강조했다. 2021년 5월, 이스라엘 경찰이 알아크사 사원에서 신도들을 폭행하자 하마스는 예루살렘을 향해 로켓을 발사했다. 이에 '저항의 축' 조직들은 베이루트에서 긴급 회합을 갖고 '전선 통합'을 논의했다. 당시 이스라엘은 반복되는 총선, 정치적 교착, 군 내부 균열 등으로 사회 전반이 극도로 분열된 상태였다.

네타냐후의 계산, 끝나지 않는 전쟁

트럼프는 이번 공습을 단발성 작전이라 주장하지만, 이스라엘은 다른 계산을 하고 있다. 베냐민 네타냐후 이스라엘 총리는 수십 년간 이란의 존재 자체를 위협으로 간주해왔다. 하마스, 헤즈볼라, 시리아를 차례로 제압한 지금, 그는 테헤란을 향해 마지막 칼날을 겨누고 있다. 공중 우위를 완전히 확보한 이스라엘은 이제 반복적인 공습을 현실적 수단으로 고려하며, 중동의 영구적 불안정을 획책하고 있다.

그러나 문제는 단순하지 않다. 언제 전쟁을 끝낼 것인가? 언제 승리를 선언할 것인가? 이스라엘은 과연 멈출 줄 아는가? 아니면, 이 전쟁은 형태만 바꿔가며 영원히 계속될 것인가? 이는 승자 없는 전쟁의 비극적 예고편이다.

트럼프의 공습은 먼 타국만의 일이 아니다. 이재명 정부는 지금 중대한 외교 시험대에 서 있다. 에너지 의존도 70% 이상이 중동에 쏠려 있는 한국에게, 호르무즈 해협의 교란은 곧바로 물가 상승, 전기요금 인상, 외환시장 불안정으로 직결된다. 금리 인하를 통한 디플레이션 방어는 물거품이 되고, 2022년 러시아-우크라이나 전쟁 당시의 인플레이션 공포가 다시 엄습할 수 있다. 이는 민생 경제의 어려움을 의미한다.

중대한 외교 시험대 위의 이재명 정부

정부는 비축유 방출, 에너지 다변화, 전기요금 조정 등을 언급하고 있으나, 전 세계적 위기의 물결 앞에서 그것은 미봉에 가까운 임시방편에 불과하다. 산업계 역시 불안하다. 반도체 공급망은 흔들리고, 방산은 계약 지연과 계약 확대의 갈림길에 섰으며, 조선업은 해운업의 불확실성과 선박 발주 증가에 따른 수익성 악화라는 이중 리스크에 노출돼 있다. 전쟁이 장기화할 경우, 한국 경제의 취약성이 드러날 수 있다.

한국 외교도 시험대에 올랐다. 이란과는 원유·의료기기 등 실용적 관계를 이어왔지만, 2018년 이란 자산 동결 사

크리티크M 최종호
『**영화 평론의 쓸모**』

권 당 정가 16,500원

태 이후 냉각된 상태다. 이번 사태에서 미국 쪽으로 일방적으로 기울면, 중동 전체 이슬람권과의 외교 균형은 위태로울 수 있다. 이재명 대통령이 G7을 넘어서는 글로벌 외교 무대에서 어떻게 대응할지는, 그가 내세운 '실용 외교'의 진정한 시험대라 할 수 있다.

'동맹이냐 자주냐'가 아니라, '균형이냐 고립이냐'의 가혹한 선택지 앞에 선 것이다. 이란은 또한 북한의 거울이다. 선제공격을 지켜본 북한은 핵 포기의 대가가 체제 붕괴일 수 있다는 신념을 더욱 강화할 것이다. 미국은 정권 교체 시나리오를 북한에도 적용할 수 있다는 암시를 내비쳤다. 한국은 이 위기에서 대북 억제와 대화라는 두 개의 축을 동시에 조율해야 하는, 고도의 전략적 난제에 직면했다. 그 어느 때보다도 솔로몬의 지혜가 필요하다. ⒹD

글 · 성일권

대학을 경제적 가치로만 따지는 트럼프 내각의 반지성주의

트럼프는 왜 대학을 적대시할까?

백악관은 미국의 유명 대학들과 전면전을 벌이기 시작했다. 최근 이 대학들의 위상이 하락하고, 지식인에 대한 대중의 반감이 커지는 흐름을 정치적으로 활용하려는 것이다. 이는 단순히 자유주의자와 보수주의자 간의 문화 전쟁을 넘어, 미국 경제 구조 속에서 대학의 존재 기반이 흔들리고 있다는 현실을 드러낸다.

마르탱 바르네 | 사회학자, 언론인

트럼프 행정부는 아이비리그 소속 8개 대학 중 6곳의 '지갑'을 정조준했다. 펜실베이니아대학에는 1억 7,500만 달러, 프린스턴대학에는 2억 1,000만 달러, 브라운대학에는 5억 1,000만 달러의 보조금 지급을 중단했고, 하버드대학에는 매년 지급되는 90억 달러 규모의 자금 사용에 대한 감사를 시작했으며, 50억 달러가 넘는 연방 연구기금도 동결한 상태다. 이러한 조치들이 이 대학들에 어떤 영향을 미칠지는 아직 불확실하지만, 이번에 표적이 된 대학들은 미국 엘리트주의의 상징으로, 탁월한 교수진뿐 아니라 유사한 사회적 배경을 지닌 학생 구성으로도 잘 알려져 있다.

밴스 부통령, "대학은 적이다"

이 공격의 첫 번째 타깃은 컬럼비아대학이었다. 3월 초, 트럼프 행정부는 컬럼비아에 대한 연방 지원금 4억 달러를 철회하겠다고 발표했는데, 이는 해당 대학이 매년 받는 총액의 3분의 1을 넘는 규모였다. 겉으로는 컬럼비아가 캠퍼스 내 반유대주의에 관대했다는 점을 이유로 내세웠지만,

실제로는 맨해튼 북부에 위치한 이 캠퍼스가 이스라엘의 가자 지구 전쟁에 맞선 가장 두드러진 시위의 중심지 중 하나였다는 사실이 결정적인 배경이 되었다.(1)

컬럼비아대학의 무저항 항복은 고등교육 전체에 압박으로 작용했다. 하버드는 반격(정부의 조치가 헌법상 권리를 침해하는 불법적인 정부 개입'이라며 자금 동결 해제를 요구하는 소송을 제기-역주)에 나섰지만, 교육부는 이미 약 60개 대학에 경고장을 발송하고 연방 자금 지원의 조건을 새롭게 강화했다. 트럼프 행정부는 이 힘겨루기가, 지지율 하락 국면에서 자신들에게 유리하게 작용하길 기대하고 있다.

UC 버클리의 사회학 교수 딜런 라일리는 "대학은 보수 진영에게 쉬운 표적이다. 일부 미국인들에게 대학은 해안 대도시 특유의 오만함을 상징한다. 대학의 명성은 입학률로 평가되는데, 이는 곧 얼마나 많은 사람을 배제하느냐를 의미한다"고 설명했다. 가난한 애팔래치아 출신으로, 2021년, 예일대 로스쿨을 졸업한 제임스 데이비드 밴스는 '대학은 적이다'라는 제목의 연설을 내셔널 컨서버티즘 콘퍼런스에서 발표했다. 라일리 교수는 "여론조사들을 보면, 교수진은 대체로 좌파 성향을 띤다. 공화당이 대학 캠퍼스를 반

베스나 페루노비치-「벽들」, 「책 작업」 시리즈 중, 2015

대 진영의 유권자를 양산하는 기계로 여기는 것도 무리는 아니다"라고 지적했다.

보수 진영의 표적이 된 유명 대학들

컬럼비아대는 2023년 10월 7일 이스라엘에서 발생한 테러 이전부터 이미 보수 진영의 표적이 되어 있었다. 이 학교의 전 총장 리 볼린저는, 총장직에 요구되는 중립적 태도를 깨고 2020년 대선에서 트럼프의 재선을 공개적으로 반대했다. 〈뉴욕타임스〉는 또 다른 오래된 악감정을 상기시킨다. 2000년대 초, 컬럼비아대가 캠퍼스 확장을 추진하던 시기, 트럼프는 이 계획에 자신의 부지를 매각하는 방식으로 개입하려 했지만, 당시 총장이던 볼린저는 그의 4억 달러 제안을 거절했다. 흥미롭게도 이 금액은 올해 연방정부가 중단하겠다고 발표한 지원금 총액과 정확히 일치한다.

향후 삭감의 세부 내용은 아직 불분명하지만, 생물의학 분야가 특히 표적이 된 것으로 보인다. 미국 국립보건원(NIH)은 정부의 긴축 정책에서 주요한 지렛대 중 하나다.

연간 약 350억 달러의 예산과 6만 개에 달하는 장학금을 운용하는 이 보건부 산하기관의 연구 자금 지원은 대학들에 절대적으로 중요하다. 그러나 미국 행정부는 NIH가 부담하던 연구비 상환 방식을 근본적으로 개편하겠다고 발표했다. 이에 대해 민주당 성향 주(州)의 대학 연합이 소송을 제기하자, 법원은 해당 조치를 일시 중단시켰다. 그러나 불안을 해소하기에는 역부족이었다. 지속적인 예산 삭감에 대한 우려로, 여러 대학은 신규 채용을 동결하고 인력 감축을 시작했다.

1979년 지미 카터 대통령 임기 말에 미국 교육부가 신설되면서, 고등교육은 정치적 쟁점으로 떠오르기 시작했다. 교육부 신설은 제2차 세계대전 이후 급격히 성장한 미국 교육 시스템—특히 공립대학의 성장과 학위 취득이 사회적 상승의 보편적 경로로 자리 잡은 흐름—을 제도적으로 뒷받침하기 위한 것이었다. 교육부는 통계 관리와 연방 자금 지원 조정에 집중했지만, 교육과정처럼 주 정부 권한에 속한 분야에는 제한적으로만 관여했다.

하지만 교육부는 로널드 레이건 대통령이 집권한 1981년부터 보수 진영의 비판에 직면했다. 레이건은 교육부 폐지를 시도했으나 결국 실패했고, 그 뒤로도 교육부는 때때로 윌리엄 베넷(임기 1985~1988년)이나 벳시 디보스(임기 2017~2021년) 같은 강경 공화당 인사들에 의해 이끌어지긴 했지만, 점차적으로 민주당의 텃밭이라는 인식을 갖게 되었다.

최근 몇 주 사이 교육부를 약화시키기 위해 추진된 일련의 조치들—예를 들어 전체 인력 4,000명 중 절반을 감축하는 방안(주로 자발적 퇴직이나 임시직 계약 미갱신의 형태)—은 트럼프 행정부의 정책이 공화당의 이념적 구상과 긴밀히 연결되어 있음을 보여준다.

1조6천억 달러의 학자금 부채, 재정 구조에 큰 부담 돼

그러나 이 문화전쟁의 이면에는 매우 물질적인 이해관계가 자리하고 있다. 연방 공무원 전체의 1%에도 미치지 못하는, 규모로는 가장 작은 부처인 교육부는 전체 연방 예산의 약 4%를 관장하고 있다. 무엇보다도 교육부는 4,300만 명이 넘는 미국인(졸업생, 중퇴자, 재학생 포함

과거 대출을 받은 모든 사람을 의미하며, 이 수치는 미국 전체 인구 8명 중 1명꼴에 해당-역주)이 부담하고 있는 1조 6,000억 달러 규모의 학자금 부채를 관리하고 있으며, 여기에 더해 매년 가장 저소득층 학생들에게 지급되는 약 800억 달러의 지원금도 집행하고 있다.(3)

특히 학자금 부채는 미국 재정 구조를 좌우하는 핵심 요소로 부상했다. 이 부채는 공공 재정에 부담을 주고, 가계 소비를 위축시킨다. 2024년의 한 연구에 따르면, 졸업생의 소득 대비 부채 비율이 1%포인트 증가할 때마다, 소비는 평균보다 세 배 더 큰 폭으로 감소하는 것으로 나타났다. 바이든 행정부는 저소득 대출자들의 학자금 일부를 행정명령으로 탕감하려 했지만, 이는 행정부 권한을 넘어선다는 이유로 연방 대법원에 의해 무효화되었다.

이에 대해 민주당 정권은 팬데믹 기간 동안 시행되었던 학자금 상환 유예 조치의 연장을 추진했으나, 트럼프 행정부는 지난 4월 이 유예 조치의 종료를 선언했다. 그 결과,

상환을 연체하거나 아예 하지 못하는 채무자 수는 현재 약 500만 명에 달하며 계속해서 증가하는 추세다.

2008년 이후 기하급수적으로 증가한 학자금 부채는 등록금 인상과 맞물려 있다. 1990년 이후 등록금은 150% 이상 상승했으며, 현재 명문 대학들의 연간 등록금은 3만~6만 달러에 이른다.(7) 이처럼 거대한 수입원을 확보하기 위해 대학들은 '학생 생활 서비스'에 대한 투자를 대폭 늘렸고, 캠퍼스를 사실상 고급 호텔 단지로 탈바꿈시켰다. 예컨대 루이지애나 주립대는 8,500만 달러를 들여 학교 약칭 'LSU' 모양의 유수(流水) 수영장을 갖춘 워터파크를 조성했다.

실리콘밸리 인근에 있는 스탠포드대는 2006년부터 2011년 사이 60억 달러를 모금했는데, 이 중 수억 달러가 카페테리아, 기숙사, 학생회관 증축에 쓰였다. 스탠포드는 자체 건축팀까지 동원해 7,000㎡ 규모의 최첨단 스포츠 센터를 캠퍼스 외곽에 건설했다. 이 캠퍼스에는 이미 골프장, 승마장, 5만 석 규모의 경기장이 있었다. 현재 주요 연구중심대학들은 전체 예산의 약 40%를 교육이 아닌 행정과 학생 서비스에 지출하고 있다.(8)

투자펀드로 부를 축적했던 대학들이 겪는 혼란들

미국의 주요 대학들은 세금 감면 혜택 덕분에 매우 낮은 금리, 즉 1~3% 수준으로 돈을 빌릴 수 있다. 이 금리는 때때로 미국 재무부보다도 낮다. 이런 유리한 조건을 이용해 대학들은 막대한 자산을 축적해 왔고, 특히 부동산 자산이 두드러진다. 예컨대 컬럼비아대학은 현재 맨해튼에서 가장 많은 부동산을 보유한 기관으로 알려져 있다. 이 학교는 자신이 소유한 부동산 일부를 시장 가격에 교직원에게 임대하면서, 동시에 그들을 고용하고 있다. 집주인이자 고용주 역할을 동시에 하는 셈이다. 이런 구조는 일종의 준(準)봉건적 모델과도 비슷하다는 평가를 받는다.

이들 대학이 보유한 부는 점차 금융 자산의 형태로 축적되고 있다. '기부금 펀드'는 주로 졸업생들의 기부로 조

성되며, 이들 졸업생은 세금 공
제를 받는 동시에 자녀 입시
에 있어서 '암묵적인 혜택(legacy
admission)'을 기대하는 경우도 있
다.(9) 이러한 기금은 수십억 달
러 규모로 성장했으며, 자
산 규모가 큰 대학들의 경
우 그 액수가 막대하다.

컬럼비아대의 기부금
펀드는 코로나19 기간 동안 정
부 지원 덕분에 2020년 110억 달
러에서 2022년에는 거의 200억 달러
로 늘었다. 기부금 펀드는 평균 약 8%의
수익률을 기록하지만, 이에 대한 세금은 사실
상 거의 부과되지 않는다. 과세율은 1.4% 수준에
불과하다. 미국 전체 대학들의 기부금 펀드를 합치면
그 총액은 현재 8,700억 달러를 넘어선다.(10)

2025년 1월, 미 하원에서 열린 한 청문회에서는 반유
대주의 논란과는 별개로 일부 공화당 의원들이 이들 기금
에 대해 양도소득세 최저세율인 14%를 적용하자는 법안
을 제안했다.

미국의 주요 대학들은 때때로 지식을 위한 공간이라기
보다 투자 펀드에 더 가까운 모습이다. 컬럼비아대의 전 총
장 리 볼린저의 천문학적인 연봉—2013년에 이미 400만
달러에 육박—이 해당 대학의 최고재무책임자(CFO)의 연
봉보다 다소 적었다는 점은 우연이 아니다. 트럼프의 권위
주의를 피해 학자들이 미국을 떠날 것이라는 일부 유럽 언
론의 전망은 환상에 가깝다. 수치를 비교하면 해설이 필요
없다. 하버드는 500억 달러 규모의 기부금 펀드를 보유하
고 있는 반면, 시앙스포나 에콜 폴리테크닉 같은 유럽의 대
학들은 자체 자금이 수천만 유로에 불과하다. 미국의 종신
직 교수는, 인문학 분야에서도 연 20만 달러 이상의 급여를
기대할 수 있지만, 프랑스에서의 교수는 경력 말기에도 세
전 7만 유로가 한계다.

현재의 혼란은 오히려 중국과의 기술 격차를 더욱 벌

어지게 만들 위험이 있다. 중국은 특허 출원 건수에서 이
미 미국을 앞서고 있다. 중국은 연간 6만 건, 미국은 4만 건
수준이다. 백악관이 단행한 예산 삭감은, 혁신을 통해 산업
성장을 촉진하겠다던 트럼프식 '신(新)산업혁명'의 약속과
도 모순되어 보인다. 사회학자 라일리는 다음과 같이 지적
했다. "이 조치들의 목표 중 하나는 일부 연구 인프라를 민
간 기술 기업에게 넘기려는 데 있을 수 있다. 대형 디지털
기업들은 이미 거의 대학처럼 기능하고 있다. 이들은 연구
자들을 고용하고, 학술지에 논문을 발표하며, 자체적으로
엔지니어를 양성한다."

오랫동안 미국 자본주의는, 정부 지원을 받은 대학
연구를 민간 기업이 활용함으로써 이익을 얻어왔다.
1980년 제정된 베이-돌 법(Bayh-Dole Act)은, 정부
재정이 일부 들어간 연구 결과물도 기업이 특허로 등록

할 수 있도록 허용했으며, 이는 동아시아, 특히 일본 기업들이 미국의 공공 연구 성과를 활용하는 데 대응하기 위한 조치였다. 하지만 오늘날 디지털 대기업들은 자신들의 규모와 자원을 바탕으로 더 이상 대학의 도움 없이도 독자적인 연구개발이 가능하다고 판단하고 있다. 이는 종신직 제도나 교수진의 강한 노조 같은, 대학과 협력할 때 따라오는 제도적 부담을 피하려는 움직임으로도 해석된다.

트럼프 행정부의 예산 삭감에 희생양이 된 대학들

연방정부의 예산 삭감과 학생 재정 지원의 접근성 약화는, 먼저 중간 규모 대학들에 타격을 줄 것이며, 고등교육 부문이 점점 더 금권적인 구조로 재편되는 흐름을 가속화할 것이다. 최근 몇 년간 매년 약 50곳에 달하는 대학들이 통폐합되거나 파산했으며, 이러한 추세는 특히 지역 공립대학이나 소규모 '자유교양대학'에서 두드러질 가능성이 크다.

어찌 되었든, 이번 위기는 전반적인 충격과 흔적을 남기게 될 것이다. 컬럼비아대는 단 몇 주 사이에 두 명의 총장이 잇달아 사임했다. 하지만 재정적으로 넉넉한 대학들은 보유 중인 자금에서 충당하거나, 자신이 속한 주 정부(캘리포니아, 매사추세츠, 일리노이 등)의 지원을 요청하거나, 동문 네트워크를 활용해 대응할 수 있다. 또한 채권 발행을 통한 차입도 가능하다.

이들이 누리고 있는 세금 혜택 덕분에 이러한 조달이 용이한데, 트럼프 행정부는 이 조세 우대 조치마저 재검토하겠다고 위협하고 있다. 최근 몇 주 사이, 하버드대, 브라운대, 프린스턴대는 채권 발행을 통해 수억 달러 규모의 자금을 조달했다. 일부 대학은 이번 사태를 계기로 '전략적'이라고 간주되는 학문 분야에 집중하는 방향으로 구조 조정을 단행할 것으로 보인다. 그 과정에서 수익성이 낮고 정치적 감시를 더 많이 받는 인류학이나 문학 같은 분야는 축소될 수 있다.

대학의 역할과 범위가 축소되는 현상은, 단순한 재정 위기나 교육 정책 변화만이 아니라, 미국 사회의 인구학적 재편에 대응하는 구조적 조정 과정의 일부로 해석될 수 있다. 2008년 금융위기 이후 출생률이 하락하면서, 학생 수의 지속적인 증가를 전제로 한 기존 대학 모델이 흔들리고 있다. 최근까지 미국 대학들은 이와 같은 상대적 인구 감소를, 미국 학위

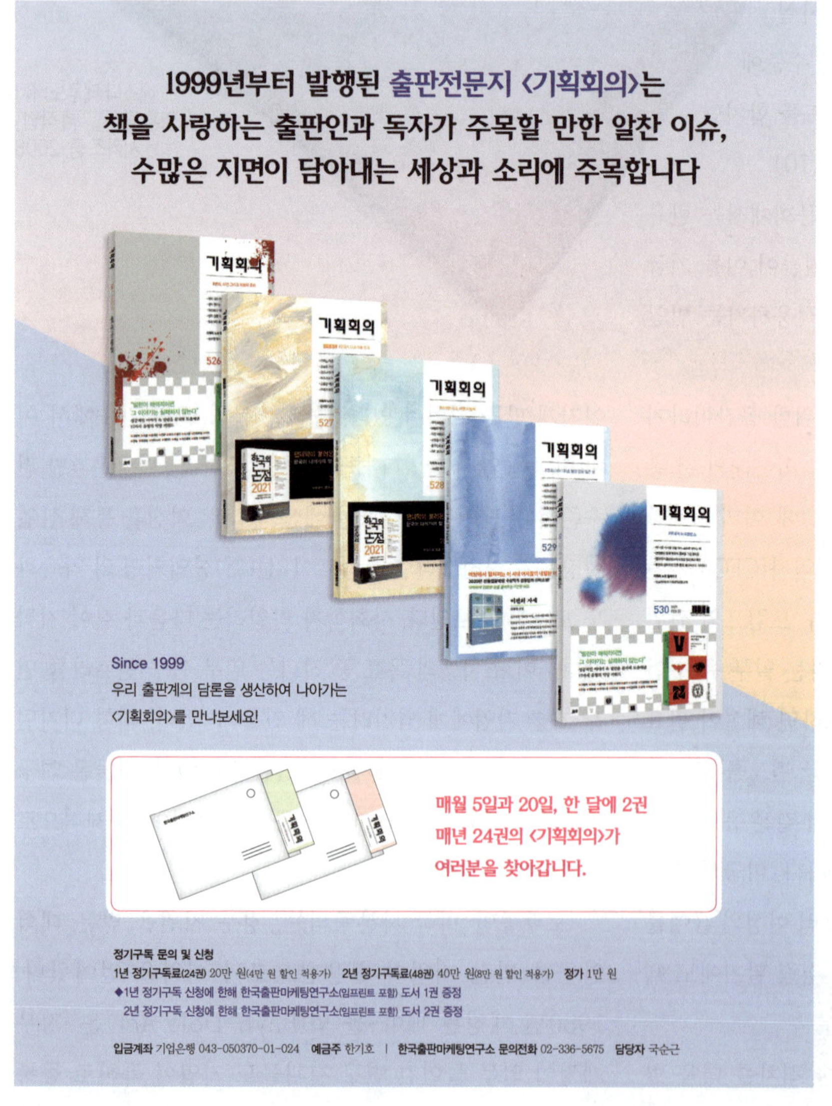

를 얻기 위해 높은 등록금을 기꺼이 지불하는 중국인 유학생들의 대거 유입으로 상쇄해왔다. 실제로 중국인 유학생 수는 2010년 12만 명에서 2020년 37만 명으로 증가했다.(11) 하지만 미·중 간 디커플링이 심화되고, 비자 발급 조건이 까다로워지면서 이러한 전략도 점점 지속 가능성을 잃어가고 있다.

등록금 폭등과 학위자들에 대한 고용 불안은, 미국 경제에서 대학이 어떤 위치를 차지하고 있는가에 대한 논쟁을 불러왔다. 물론 평균적으로 고등교육은 여전히 수익성 있는 투자로 여겨지지만, 여론조사들은 대학 학위의 가치에 대한 의문이 늘고 있음을 보여준다.

머스크와 저커버그의 '독학 신화', 대학 불신하는 시민들 늘어나

경제가 위기를 겪을 때마다 고등교육은 종종 불안정한 고용 상황에 대한 대안이자 피난처로 여겨지며 그에 대한 사회적 선호와 수요는 오히려 증가하곤 했다. 하지만 코로나19 시기는 오히려 대학의 위상을 약화시키는 계기가 되었다. 과거에는 24시간 운영되던 대학 도서관들이 최소한의 운영 시간과 인력만을 유지하게 되었고, 이는 미국 대학의 위상을 상징하던 공간을 단지 추억거리로 밀어냈다. 2022년에 발표된 한 조사에 따르면, 학생의 3분의 2 이상이 학기당 도서관을 찾는 횟수가 다섯 번도 되지 않는다고 응답했다.(12)

이 같은 흐름은 팬데믹 이전부터 이미 시작된 것이었다. 2019년, 시사잡지 〈디애틀랜틱〉은 대학 도서관의 책들을 일종의 벽지에 비유한 바 있다.(13) 원격수업이 보편화된 데다, 트럼프 대통령의 재선 이후 캠퍼스에 경찰이 배치되고, 신분증 검사가 강화되며, 체포 위협까지 뒤따르는 긴장된 분위기가 이어지면서, 대학 캠퍼스를 하나의 '삶의 공간'으로 인식하던 이미지도 점차 퇴색되고 있다.

이런 상황에서 15만 달러가 넘는 비용을 들여 4년간 학사 과정을 밟는 것이 과연 최선일까 하는 의문이 점점 커지고 있다. 대학 졸업이 반드시 취업으로 이어지지 않는 반면, 2만 달러 미만의 비용으로 전기 기술을 배운 사람들은 25세가 되기 전에 연간 6만 달러의 수입을 올릴 수 있기 때문이다. 엘론 머스크와 마크 저커버그가 강조해 온 '독학의 신화'는 이제 일반 대중의 인식에도 영향을 미치고 있다.

최근 한 여론조사에 따르면, Y세대(30~45세) 졸업자의 절반 이상, 그리고 Z세대(30세 미만)의 거의 절반이 현재 자신의 직업을 수행하는 데 대학 교육이 꼭 필요하지는 않았다고 답했다. 이 같은 인식은 구조적 현실과도 맞닿아 있다. 한 독립 연구에 따르면, 대학을 졸업한 지 1년이 지난 시점에서 젊은 졸업자의 절반 이상이 대학 학위가 필요 없는 직무에 종사하고 있으며, 이들 '과소고용자'(자신의 학력이나 자격 수준에 비해 낮은 수준의 일을 하고 있는 사람들)의 약 75%는 10년이 지나도 여전히 유사한 상황에서 벗어나지 못하고 있다.(14)

민주당은 문화적 자본을 지닌 이들을 우대하고 육체노동자를 소외시킨다는 '엘리트 정당'이라는 비판에 직면하자 이를 해명하려 애써 왔다. 2023년 2월 국정연설에서 당시 조 바이든 대통령은, 오하이오에 설립된 인텔 공장이 연방정부의 지원으로 창출한 다수의 일자리가 평균 연봉 13만 달러에 이르지만, 그 일자리들이 대학 학위를 요구하지 않는다는 점을 강조했다. 그 이듬해 민주당 전당대회에서, 전직 대통령 버락 오바마도 같은 주장을 이어갔다. 그는 "대학 학위가 중산층 진입의 유일한 자격이 되어서는 안 된다. (…) 우리는, 매일 환자를 돌보고, 거리를 청소하고, 소포를 배달하는 필수적이지만 흔히 저평가된 일을 수행하는 수많은 미국인들을 진심으로 생각하는 대통령이 필요하다"라고 강조했다.

일부 기업들은 고등교육의 쇠퇴가 머지않아 대학에서 일하는 인력을 다른 산업 분야로 전환시킬 기회를 가져올 것으로 기대하고 있다. 현재 미국 대학에는 350만 명이 넘는 종사자가 있으며, 이 중 약 60%는 교원이 아닌 직원들이다. 대학은 여전히 미국에서 가장 큰 고용 기반 중 하나다. 이들을 산업계로 전환하는 문제는, 이민 의존을 줄이겠다는 공약을 내건 트럼프 행정부에게 중요한 과제가 될 수 있다. 대기업과 경영자 단체들은 수년 전부터 숙련 및 비숙련 기술 인력 부족을 우려해 왔다. 전미제조업협회(NAM)는 지난해 약 60만 개의 일자리가 공석이었으며, 2030년까지 이 수치가 200만 개를 넘어설 것으로 전망했다.(15)

직업교육 강조하는 트럼프,
'인증제도'를 정치적 무기로 삼아

장기적으로는 노동시장에 조기에 진입한 젊은 세대의 증가를 고려해야 한다. 2015년부터 2024년까지 견습(도제) 프로그램 등록자는 85% 증가했다.(16) 테슬라는 자사 조립 라인에서 14주짜리 교육 과정을 개설했다. 트럼프 대통령은 독일과의 관계가 껄끄러움에도 불구하고, 독일의 직업교육 시스템을 자주 찬양해 왔다. 독일에서는 한 세대의 70% 이상이 견습 과정을 거치는데, 여기에는 몇 가지 부작용도 수반된다.

예컨대 만 11세부터 시작되는 조기 학업 분화, 고용주에 대한 구조적 종속, 기술 변화에 대한 적응력 부족 등이 그것이다. 이러한 변화는 산업계뿐 아니라, '직업 지향형' 커리큘럼을 대거 제공하는 영리 목적 교육기관에도 유리하게 작용할 수 있다. 트럼프 대통령은 '직업화 교육'을 대량으로 제공하는 영리 교육기관들을 오랫동안 자신의 정치적 후원 세력으로 끌어들여 왔다. 이와 관련된 쟁점은, 미국 교육부가 공적 자금 지원 자격을 판단할 때 사용하는 '인증' 제도를 둘러싼 논쟁으로 이어진다. 트럼프는 이 인증 제도를 자신의 정치적 이해관계에 따라 활용하려 하며, 현재 벌어지고 있는 교육 및 고등교육 정책 전쟁에서 이 제도를 핵심적인 무기로 삼고 있다.

그렇다고 해서, 단순한 산업 재건만으로 고등교육 접근성의 현저한 후퇴를 흡수할 수는 없다. 2022년 기준, 미국의 18세~24세 인구 중 39%가 여전히 고등교육을 받고 있었으며, 이는 경제협력개발기구(OECD) 평균을 상회하는 수치다.(17) 트럼프 전 대통령 측이 생산 회복의 동력으로 내세우는 첨단기술 산업은 고용 창출 능력이 낮고, 인공지능이 개발자, 시스템 엔지니어, 데이터 분석가를 대체함에 따라 앞으로는 더욱 그러할 가능성이 크다. 18세~24세 사이 청년층의 실업률이 8% 미만인 미국은 OECD 국가들 가운데 여전히 예외적인 사례로 간주된다. 유럽의 여러 나라에서는 청년 실업률이 15~20%에 달하는 것과는 뚜렷한 대비를 이룬다. 하지만 앞으로 몇 년 안에 이처럼 '바람직한 예외 상태'가 종식된다면, 트럼프와 공화당은 그로부터 어떤 정치적 이득도 얻지 못할 것이다. ⓛⒹ

글 · 마르탱 바르네 Martin Barnay
사회학자, 언론인

(1) 에릭 알터먼, 「트럼프, 표현의 자유에 맞선 전쟁 중」, 〈르몽드 디플로마티크〉, 2025년 5월

(2) 매튜 하그, 캐서린 로즈먼, 「컬럼비아는 트럼프의 4억 달러 매입 제안을 거절」, 〈뉴욕타임스〉, 2025년 3월 21일

(3) 「연방정부의 학자금 대출 회수 재개 및 상환 재진입을 위한 지원 조치 시행 예정」, 미국 교육부, 2025년 4월 21일, www.ed.gov; 참고: 「미국-중장기 전략 방향」, CuriéXplore, 2022년 2월 8일, curiexplore.enseignementsup-recherche.gouv.fr

(4) 크리스토퍼 뉴필드, 「미국에서 학자금 대출은 시한폭탄」, 〈르몽드 디플로마티크〉, 2012년 9월

(5) 멜라니 핸슨, 「학자금 대출이 경제에 미치는 영향」, 2024년 11월 25일, educationdata.org

(6) 애니 노바, 「트럼프 행정부, 수년간 체납된 수백만 달러 학자금 대출 회수 재개」, 〈CNBC〉, 2025년 5월 5일

(7) C.J. 리바시, 제니퍼 마, 마테아 펜더, 「대학 등록 동향 및 2020년 학자금 자료」, College Board, 뉴욕, 2020년, research.collegeboard.org

(8) 「주요 통계 자료」, 미국 교육통계센터(NCES), https://nces.ed.gov

(9) 리차드 D. 칼렌버그, 「아빠가 나를 하버드에 보내준 방법」, 〈르몽드 디플로마티크〉, 2018년 6월

(10) 「미국 고등교육 기부금 보고서: 평균 연 6.8% 수익률, 총 300억 달러 증가」, 2025년 2월 12일, www.nacubo.org

(11) 「중국 유학생들, 다시 세계 무대에 등장」, 〈이코노미스트〉, 런던, 2021년 11월 27일

(12) 리사 피트, 「도서관 저널의 대학생 도서관 이용 설문조사 결과: 긍정적인 인식과 불균형한 이용 사이」, 2022년 5월 4일, www.libraryjournal.com

(13) 댄 코언, 「대학 도서관의 책들, 이제 벽지로 변해가」, 〈디애틀랜틱〉, 워싱턴 D.C., 2019년 5월 26일

(14) 수잔 블레이크, 「설문 응답한 대학 졸업생 절반 가까이, 현재 직업에 학위 필요 없다고 응답」, 2024년 10월 17일, www.newsweek.com 앤드루 핸슨 외, 「방해받은 인재: 대학 졸업생, 과소고용, 그리고 나아갈 길」, 2024년 2월, www.burningglassinstitute.org

(15) 「2030년까지 210만 개의 제조업 일자리가 공석으로 남을 수 있다」, 2021년 5월 4일, https://nam.org

(16) 「모두 견습 제도로: 등록 견습제의 변화 양상 평가」, 백악관 공식 발표문, 2024년 11월 20일, https://bidenwhitehouse.archives.gov

(17) 「대학 등록률 통계」, 미국 교육통계센터(NCES), 2024년 5월, https://nces.ed.gov

Economy Insight

'중국·유럽의 창' 글로벌 경제월간지 〈이코노미 인사이트〉

글로벌 경제월간지 〈이코노미 인사이트〉는 '진보적 경제'를 향해 열린 창입니다

혼돈스러워 보이는 세계경제를 깊이 있게 이해하고자 하십니까? 한겨레가 발행하는 글로벌 경제월간지 〈이코노미 인사이트〉를 펼쳐보세요. 급변하는 세계경제 소식을 미국 중심의 시각이 아닌 유럽과 브릭스(BRICs)의 시각으로 전해드립니다. 〈이코노미 인사이트〉는 독일 〈슈피겔〉 〈차이트〉, 프랑스 〈알테르나티브 에코노미크〉, 중국 〈차이신주간〉, 영국 경제정책연구센터의 정책 포털(VoxEU.org) 등 세계적인 매체와 제휴를 맺고, 새로운 시각과 입체적인 분석으로 세계경제 소식을 전달해드립니다.

2010 ▶

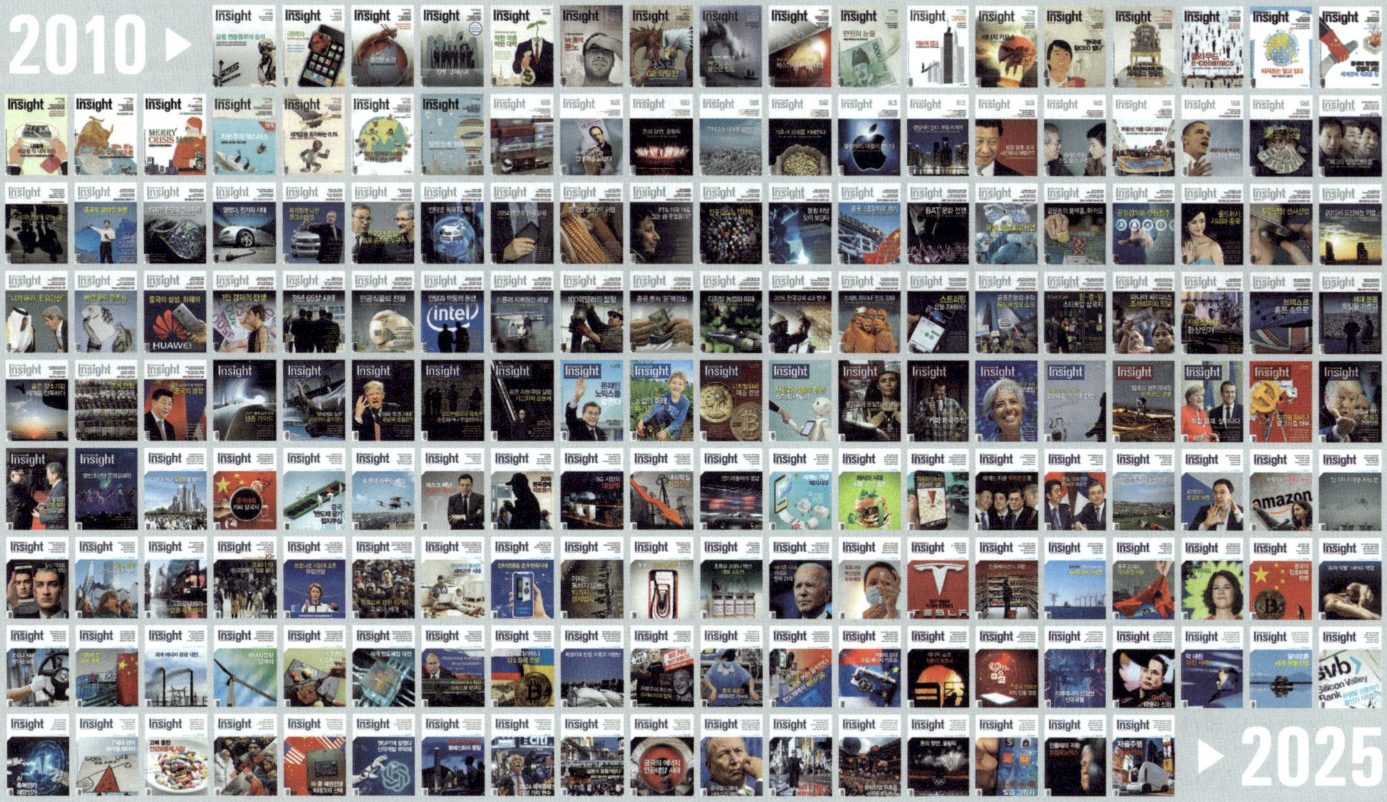

▶ 2025

실패로 얼룩진 사례를 다시 들추는 속셈

보험사를 살찌우는 '자본화 연금제'의 비현실성

80년 전, 사회보장제도가 탄생했다. 부의 일부를 사회적으로 분배함으로써 은퇴자들의 빈곤을 근절할 수 있으리라는 기대가 있었다. 그러나 2025년은 이 제도의 탄생을 기념하기보다는, 프랑스 시민들이 '원치 않는 주주'로 전락하는 전환점이 될지도 모른다. 그리고 이는 애초에 보호 대상이었던 이들이 다시금 빈곤에 빠지는 서막이 될 수 있다.

시몽 아랑부루 | 파리시 감사국 국장

보수 담론에서 진부할 정도로 반복되는 수사(修辭)가 있다. 사회 진보의 고속도로에서 급격한 방향 전환을 정당화하기 위해 '대담함'을 외치는 것이다. 2023년 3월 2일자 〈르피가로〉에 실린 기고문 제목은 「'자본화된 퇴직연금제도'(개인이 납부한 연금 기여금을 주식, 채권 등 금융시장에 투자해 그 수익을 바탕으로 은퇴 후 연금을 받는 방식-역주)를 과감히 도입하자!」였다.

엘리자베트 보른 총리 정부의 연금 개혁안에 맞서 수십만 명의 프랑스 시민들이 거리로 나선 가운데, 이처럼 상원의원 44명이 서명한 '자본화 연금' 관련 기고문은 일종의 반격이었다.(1) 결국 그들은 이미 연금제도를 구할 '기적의 해법'을 알고 있다는 듯한 태도를 보인 셈이다.

프랑수아 바이루 총리의 요청으로 2월 말부터 소집된 '콘클라브' 회의에서는 중소기업연합(CPME)과 프랑스 기업운동(Medef)이 다시금 자본화 연금제 논의를 꺼내 들었다. 이들은 미래의 퇴직자들이 민간 금융기관에 저축하여 자금을 불린 뒤, 이를 연금 형태로 다시 돌려받는 방식으로 전환해야 한다고 주장했다.

프랑스민주노동총연맹(CFDT)의 메릴리즈 레옹 사무총장은 "자본화 연금에 대해 우리는 아무런 금기도 두지 않는다"라고 밝혔다(〈르피가로〉, 2025년 5월 22일). 정부는 자본화 연금에 대해 열린 자세를 보이는 일부 노조의 태도와, 이를 여전히 금기시하는 강경 노조들의 입장 차이를 부각하려는 전략을 취하고 있다. 사실 노동부 장관 아스트리드 파노지안-부샤르는 〈르 파리지앵〉(2025년 4월 25일)에서 "사회적 대화에서 자본화는 여전히 일종의 금기"라고 아쉬움을 드러낸 바 있다. 이제, 그런 금기를 넘어설 때이며, 널리 퍼진 선입관에서 벗어나 자본화 연금을 정면으로 조명해야 한다는 것이다.

"분배의 관대함이 퇴직자와 현역 근로자 간 격차를 키워"

2025년 1월 22일 〈BFM TV〉는 "퇴직자들이 프랑스 전체 인구보다 더 나은 생활 수준을 누리고 있다"라고 보도했다. 이런 현실을 근거로, 자본화 연금제도의 도입이 오히려 분배식 연금보다 더 공정한 방식이라고 지지자들은 주장한다. 자택 보유 여부를 고려해 평가할 때, 퇴직자의 생활

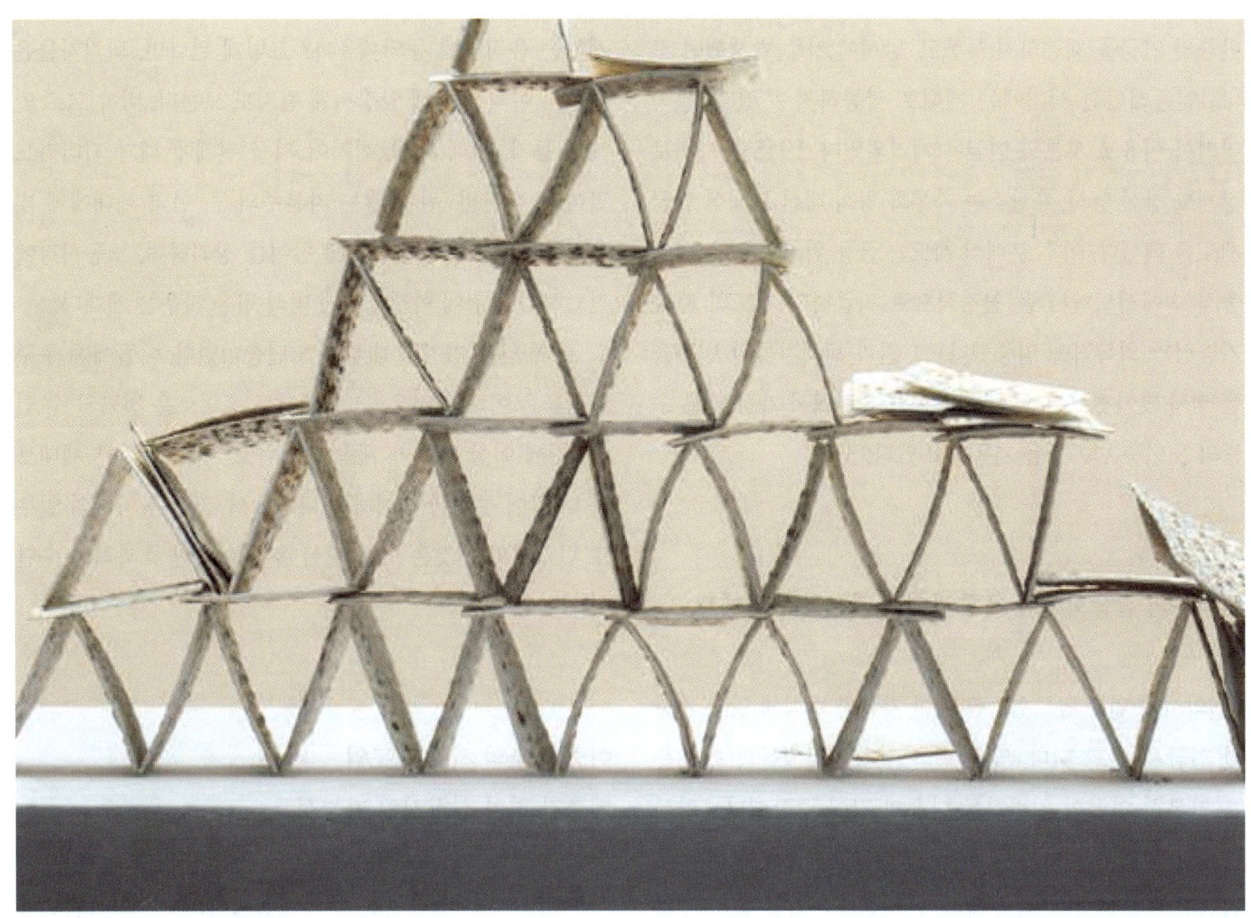

파베우 자크 – 무제, 「정물화」 시리즈 중에서, 2016년

수준은 현역 근로자(실업자 포함)와 대체로 비슷하거나 다소 높게 나타난다.

하지만 이러한 외형적 인식은, 내부에 존재하는 실질적 격차를 가려버린다. 퇴직자들의 월 평균 순연금은 1,662유로이나, 주거비를 제외하면 남은 금액이 월 1,020유로 이하에 머무는 이들이 15%나 된다. 전체 인구의 빈곤율이 14.5%로 나타난 반면, 퇴직자의 빈곤율은 10%로 다소 낮다.

그러나 이는 여전히 임금 노동자의 빈곤율인 6.1%보다는 높은 수치다.(2) 물론 부유한 퇴직자들도 있다. 그러나 그들의 높은 생활 수준은 그들이 받는 연금보다는, 현역 시절에 축적한 자산에 더 많이 기반하고 있다. 요컨대, 부유한 퇴직자는 단지 현역 시절에 부유했기 때문에 부유한 것일 뿐이다.

자본화 연금은 과연 혁신적인 해법인가?

메이유르토 플라스망(Meilleurtaux Placement)의 공동창립자 마르크 피오렌티노는 "자본화 연금은 미래를 위한 피할 수 없는 해법이다"라고 주장했다(〈미디 리브르〉, 2025년 2월 21일). 하지만 실제로 자본화 연금은 이미 오래전부터 시행되어온 제도로, 그 결함 또한 잘 알려져 있다. 19세기 중반에 처음 설립된 연금 기금들과, 1910년 프랑스에서 시행된 최초의 '국가 연금제도'(60세 이상의 노동자 및 농민에게 연금을 지급하기 위해, 노동자·사용자·국가가 공동으로 기여금을 부담하고 이를 민간 금융기관에 적립하여 퇴지 후 수령-역주) 역시 자본화 방식에 기반한 것이었다.

그러나 이들은 퇴직자들이 빈곤에서 벗어날 수 있을

만큼의 연금을 제공하지 못했고, 당시에 자주 발생했던 고(高)인플레이션 시기에는 제대로 작동하지 못했다. 결국 이러한 이유로 자본화 연금은 폐기되었다. 1945년 사회보장제도 창설 당시, 프랑스는 자본화 방식 대신 분배식 연금제도를 택했다. 이후 분배식 제도는 금융 위기와 같은 외부 충격 속에서도 연금을 안정적으로 지급하며 제도의 지속 가능성과 회복력을 입증했다. 그 결과 퇴직자들의 빈곤율은 점차 낮아졌고, 오늘날 프랑스는 유럽에서 가장 낮은 수준의 노년층 빈곤율을 기록하고 있다.(3)

보험사와 금융회사가 크게 반기는 자본화 연금제도

약사나 일부 공무원들은 이미 자본화 방식에 일부 기반한 연금을 받고 있다. 앞서 언급된 상원의원들의 기고문은 자본화 연금의 일반화를 다음과 같이 주장했다. "일부에게만 혜택이 돌아가는 제한된 자본화 연금에서 벗어나, 집단적 자본화 방식으로 나아가면 자산 격차를 줄이고 자본 이익의 혜택을 모두가 공유할 수 있을 것이다." 이에 대해 경제학자 니콜라 부주(로비 컨설팅 회사 아스테르스 설립자)는 "그야말로 마르크스주의적 꿈이죠!"라며 맞장구쳤다 (〈렉스프레스〉, 2024년 11월 28일자).

지금까지는 이 프로젝트에 가장 들뜬 쪽은 보험회사들과 금융 상품을 제공하는 기업들이다. 자본화 연금은 2022년 기준 3,550억 유로에 달하는 사회보장 재정을 민간 부문에 개방하는 효과를 지닌다. 만약 이 제도가 실제로 법제화된다면, 보험사와 금융회사들은 이를 크게 반길 것이다. 자본화의 확대는 부가가치세(VAT)처럼 국가의 재정 기반을 넓히는 수단으로 간주되고 있으며, 이는 마크롱 대통령이 5월 13일 TV 연설에서 간접적으로 언급한 바 있듯, 고용주 부담금(사용자 기여금) 인하를 고려하는 기반이 될 수도 있다.

카를 마르크스라면, 미래 퇴직자들이 강제로 금융 자본주의에 편입되는 이 상황에 박수를 보냈을까? 혹은 오늘날 세대 간을 이어주던 연대를, 퇴직자와 주주 간의 연대로 대체하는 움직임에 동의했을까? 그렇게 된다면, 퇴직자들은 주주의 이익을 위해 앞장서게 될지도 모른다. 비록 그로 인해 노동자, 미래 세대, 심지어 지구 전체에 해가 되더라도 말이다. 이른바 '원치 않는 자본주의'는, 현역 세대에게 빚을 지게 만들고, 종업원 지분참여를 장려하며, 노동시장에 진입하기도 전에 학생들에게 빚의 짐을 지우는 체제다.

이제 남은 마지막 대상은 노년층이었다. 이들에게 주주 자격을 부여하는 것은, 그 자체로도 흥미로운 전략일 수 있다. 60세 이상 인구가 계속 늘어나고, 이들이 다른 세대보다 더 많이 투표에 참여하는 나라에서, 그들을 자본의 일부로 편입시키는 것은 사회 질서 유지를 위한 효과적인 수단이 되기 때문이다.

이중 구조의 시스템 도입,
계층간 격차 심화시킬 가능성

"이것은 혁명이 아니라 최적화입니다." 상원의원들은 이렇게 주장한다. "현행 분배식 연금제도를 기반으로 한 '보편적' 연금을 토대로, 그 위에 자본화 연금을 병행하는 이중 구조의 시스템을 도입하자는 것입니다." 그러나 경험은 보여준다. 이처럼 이중 구조의 제도를 도입하면, 아무리 그것이 보편적으로 시행된다 해도 계층 간의 격차를 심화시킬 수 있다는 것을 말이다. 정부는 점차 연대에 기반한 분배 시스템에 대한 공적 기여를 줄이고, 분배 원리를 점점 더 개별화된 구조 속에 가두는 방향으로 나아갈 가능성이 크다.

결국 사회보장의 '보편성'은 지켜지지 않고, 자본화 연금은 오히려 그 개별성과 책임의 논리를 강화하게 된다. 세무 전문 변호사 장필리프 들솔은 이 점을 분명히 인식하고 있다. 그는 자본화 연금이 "개인의 책임 의식을 강화하고, 복지국가에 과도하게 의존해온 사회가 직면한 '책임의 위기'를 극복하는 데 기여할 수 있다"라고 주장했다. (〈로피니웅〉, 2024년 10월 9일자).

"정치적 스펙트럼의 좌파 진영에서는, 노동자가 단

지 임금이라는 노동의 대가만이 아니라 자본과도 연결된 존재라는 발상 자체가 이념적으로 받아들이기 어려운 교리적 문제를 야기한다." 이는 니콜라 사르코지 전 대통령의 고문을 지냈고, 자유주의 성향 싱크탱크 퐁다폴(Fondapol)을 위해 연구를 수행한 베르트랑 마르티노의 견해다. 즉, 한편에는 이념에 갇힌 경직된 시각(연금을 임금 기반의 노동에 대한 사회적 보장으로 보는 좌파 진영-역주)이, 다른 한편에는 각자의 기여에 따른 정당한 분배라는 상식이 있다는 것이다. 그는 이러한 원칙이, 경제학자 토마 피케티처럼 포인트제 연금을 지지하는 이들조차 수용할 수 있는 것이라고 주장한다.(4)

그러나 자본화 연금은 실제로는 훨씬 더 장기적인 프로젝트의 일부다. 그것은 사회적 연대와 '사회화를 위한 장치'(질병, 노령, 실업 등 생애의 불확실성을 '개인 책임'이 아닌 '사회적 연대'로 해결하려는 구조, 즉 복지국가 시스템-역주)로서의 사회보장제도를 해체하려는 흐름 속에 놓여 있다.

프랑스 기업운동(Medef)의 전 부회장이었던 드니 케슬러는 개혁자들에게 다음과 같은 목표를 제시한 바 있다. 즉, "국민저항평의회(CNR)의 프로그램 전체를 조직적으로 해체하라. 1944년부터 1952년 사이에 도입된 모든 것들을 예외 없이 철폐하라"(〈샬랑주〉, 2007년 10월 4일자). 이런 발언을 두고, 누가 감히 그것을 비이념적인 실용주의라고 주장할 수 있을까?

자본화 연금은 경제 성장을 촉진할 수 있나?

"모든 노동자에게 집단적 퇴직 저축 포트폴리오를 제공하면, 국민의 저축이 전략 산업 부문으로 유도될 것입니다." 경제학자 부주(Bouzou)는 한껏 들뜬 어조로 "일단 이 시스템이 자리 잡으면, 혁신을 촉진하고, 사회 정의와 경제 성과를 조화롭게 연결해 줄 수 있을 것입니다"라고 주장했다. 이에 들솔도 맞장구쳤다. "연금 기여자들은 이 방식으로 자국 경제에 간접적으로 참여하게 되는 셈이죠." 그러나

크리티크M 9호
『불온한 자들의 예술』
권 당 정가 16,500원

그는 중요한 사실을 간과하는 듯하다. 기여를 하려면, 대부분의 경우 '일을 해야' 한다는 점을, 그리고 그것이야말로 개인이 자국 경제에 참여하는 가장 본질적인 방식이라는 사실을 말이다.

자본화 연금제 도입을 지지하는 이들은 이렇게 주장한다. "개인들이 주식을 사게 되면, 기업들은 투자와 성장을 위한 자금을 확보할 수 있다." 하지만 현실은 다르다. 자본화 제도가 낳는 것은 국익을 생각하는 수많은 시민 투자자들이 아니라, 오직 수익률만을 좇는 소수의 거대 연기금 펀드들이다.

이러한 구조에서는 '투자'라는 행위조차 실질적으로는 투기로 전락한다. 실제로 미국에서 주식의 평균 보유 기간은 2020년 6월 기준 5개월 반에 불과했다. 이는 1940년대부터 1980년대까지 평균 5년이 넘던 보유 기간에 비해 매우 짧아진 것이다.(5) 이처럼 주식이 짧은 주기로 사고 팔리는 시장에서는, 기업의 재정이 탄탄해지는 것이 아니라 오히려 경영의 안정성이 흔들리고, 실물경제의 본래 기능마저 왜곡되는 결과를 낳는다.

"자본화 연금은 분배식 연금에 비해 성과 면에서 훨씬 우수하다." 이는 싱크탱크 테라 노바(Terra Nova)가 최근 펴낸 보고서 작성자의 주장이다.(6) 왜 그런가? 경제학자 부주는 이렇게 설명한다. "자본 수익률은 구조적으로 경제 성장률보다 높기 때문입니다." 그러나 그는 간과하는 듯하다. 금융은 어떤 부(富)도 스스로 생산하지 않는다. 금융이 창출하는 수익은 언제나 실물경제로부터 추출되는 것이다.

다른 나라들이 선택했다고 우리도 따라야 한다?

게다가 경제의 금융화, 그리고 실물경제의 성장률을 초과하는 고수익 추구는 결국 불안정성의 원인이 되고, 경제 위기의 조건을 만든다. 이는 1970년대부터 본격화된 금융 규제 완화 이후, 왜 금융위기가 반복되기 시작했는지를 잘 설명해준다. 이에 대해 부주처럼 자본주의의 '동물적 본성'을 규제만으로 제어할 수 있다고 믿는 사람들은, "그래서 우리는 규제를 강화하면 되잖아!"라고 반박할지도 모른다.

하지만 묻지 않을 수 없다. 그들이 말하는 규제란, 과연 어떤 규제인가? 금융 기관들의 "일탈" 이후에야 마지못해 도입되는 규제들? 개인 투자자들이 이미 피해를 입은 뒤에야 등장하는 규제들? 그전에는 언제나 투기꾼들에게 고삐를 풀어준다. 그 결과가 어떤가? 2025년 5월 15일자 〈파이낸셜 타임스〉에 따르면, 미국은 2008년 서브프라임 위기 이후 도입했던 금융 규제들을 해제하기로 결정했다.

"자본화 연금을 선택하는 것은, 우리 가까이에 있는 국가들에서 이미 효과적으로 작동하는 모델을 받아들이는 것이기도 합니다. 독일, 네덜란드, 스위스 등 이웃 국가들이 그렇게 했습니다." 프랑스 상원의원들은 이렇게 주장한다.

미국의 경우, 자본화 연금이 전체 연금 수령액의 약 40%를 차지하고 있다. 그러나 이에는 상당한 위험도 따른다. 예를 들어 2008년 금융위기 당시, 전 세계 연기금이 보유한 자산 가치가 25%나 하락했으며(7), 그 결과 많은 미국인들이 퇴직 시기를 수년간 미루거나, 그렇지 못한 이들은 연금 수령액이 크게 줄어드는 상황을 감수해야 했다.

그렇다면 칠레는 어떨까? 자본화 연금을 세계 최초로 도입한 나라인 칠레는, 아우구스토 피노체트 군부 독재 정권(1973~1990) 시절 개인 민영 자본화 연금제를 강제로 시행했지만, 최근에는 그 제도에서 점차 후퇴하고 있는 추세다. 2025년 2월 2일자 〈르몽드〉 보도에 따르면, 칠레 퇴직자의 4분의 3이 최저임금보다 낮은 연금을 받고 있다.

자본화 연금을 택해야만 할 이유가 있나?

"프랑스의 분배식 연금제도는 인구구조의 변화로 인해 한계에 이르렀다." 〈르피가로〉는 2023년 3월 24일자에서 이렇게 주장했다. 〈시뒈스트〉 역시 2025년 2월 27일자 기사에서 다음과 같이 설명했다. "인구가 고령화되면, 퇴직자 수가 현역 근로자 수에 비해 증가하면서 연금 제도의 재정적 지속 가능성이 약화될 수 있다."

하지만, 나틱시스(Natixis) 은행의 전 수석 이코노미스트인 파트릭 아르튀스에 따르면, 자본화 제도를 일부 도입하는 방식은 "효과적이지 않다"라는 주장도 존재한다(〈르푸앙〉, 2025년 1월 18일자). 아르튀스는 이렇게 설명한다. 고령화된 사회에서는 노동력 부족으로 인해 부가가치 창출이 제한되고, 노년층은 청년층보다 소비가 적기 때문에 주식의 수익률 역시 낮아질 수 있다.

여기에 더해, 제도 전환기에서 발생하는 구조적 비용 문제도 있다. 기존의 분배식 제도에서 자본화 방식으로 전환하는 과정에서, 현역 근로자들은 이중으로 기여해야 하는 부담을 안게 된다. 즉, 자신의 미래 연금을 위한 기여금(자본화 방식)과 동시에, 기존 세대의 연금을 위한 기여금(분배 방식)을 함께 부담해야 한다는 것이다. 테라 노바조차 이를 인정하며 이렇게 말한다. "그 비용은 막대하다!"

사실 프랑스 연금제도의 적자에 관한 담론은 재조정되어야 한다. 일부 비관론자들이 앞으로 수십 년간 적자가 천문학적으로 늘어날 것이라고 주장하지만, 가장 비관적인 예측조차도 그 적자 규모를 국내총생산(GDP)의 1% 수준으로 보고 있다. 이는 결코 통제 불가능한 '탈선'이라 할 수

없다. 자본화 연금을 대안으로 내세우며 개혁의 긴박함을 강조하는 담론은, 실제로는 다른 대안들에 대한 논의를 회피하는 효과를 초래한다.

물론, 자본화 연금이 아닌 다른 대안들도 있다. 예컨대, 금융자산이나 부동산 등 자본 소득에 대해서도 사회보장 기여금을 부과하거나, 전반적인 임금 인상 및 성별 임금 격차 해소를 통해 사회보장 재정을 확대할 수 있다.(8) 이러한 방안들은 연금 제도의 재정 균형을 실질적으로 뒷받침할 수 있는 현실적인 선택지다.

이러한 점들을 고려할 때, 정말로 우리가 '감히' 자본화 연금을 택해야만 할 이유가 있을까? 𝕃𝔻

글 · 시몽 아랑부루 Simon Arambourou
파리시 감사국 국장

(1) 그레고리 르젭스키, 「자본화, 연금 개혁의 또 다른 이름」, 〈르몽드 디플로마티크〉, 2023년 3월.
(2) 「은퇴자와 연금. 2024년판」, 프랑스 보건부 산하 조사·연구·평가·통계국(DREES), 2024년 10월 30일, drees.solidarites-sante.gouv.fr
(3) 미카엘 제무르, 「곧 연금 개시 연령이 70세?」, 〈르몽드 디플로마티크〉, 2022년 11월.
(4) 마르틴 뷜라르, 「포인트제 연금… 되돌릴 수 없는 지점」, 〈라 발리즈 디플로마티크〉, 2019년 12월 4일, www.monde-diplomatique.fr
(5) 티보르 플랑셰크, "투자는 투기가 아니다", 2023년 1월 1일, www.financiere-de-la-clarte.fr
(6) 에리크 바일, 「의무 자본화 연금제 : 전환 비용의 장벽」, 〈La Grande Conversation〉, 2025년 5월 19일, www.lagrandeconversation.com
(7) 프랑수아 샤르팡티에, 「OECD에 따르면, 2008년 금융위기 당시 연기금들은 5.4조 달러를 잃었고 수백만 은퇴자들이 빈곤해졌다」, 2009년 6월 23일, www.aefinfo.fr
(8) 크리스티안 마르티(Christiane Marty), 「일자리, 임금, 연금, 여성들이여 일어서라!」, 〈르 몽드 디플로마티크〉, 2023년 3월.

튤립의 집약적 재배가 가져온 부메랑 효과

다음 팬데믹은 곰팡이 변종?

아직까지 널리 알려지지 않았지만, 진균(곰팡이) 감염은 전 세계적 차원의 새로운 보건 위협으로 부상하고 있다. 특히 농업, 그중에서도 원예 산업의 산업화가 이들 감염병의 확산을 촉진하고 있으며, 세계화된 경제 구조는 그 번식과 전파를 위한 이상적인 배경이 되고 있다. 그러나 이 문제에 대한 국제적인 협력 체계는 사실상 부재에 가깝고, 농업 및 의료 현장에서의 대응 방식 또한 아직 초기 단계에 머물러 있는 실정이다.

에밀 부틀리에 & 코펠리아 마이나르디 | 언론인

진균 감염의 확산 속도에 대한 높은 우려

수 km에 걸쳐 직선으로 뻗은 도로는 튤립밭 사이를 직접 가로지르는 듯한 인상을 준다. 암스테르담에서 40km 떨어진 곳, 네덜란드의 역사적 중심부에 위치한 볼렌스트레이크는 해안 사구, 모래질 토양, 온화한 기후 덕분에 꽃 재배에 이상적인 지역으로 알려져 있다. 삼 판 스후턴은 약 20년 전 이곳에 자신의 묘목장(재배 농장)을 세웠다. 그의 넓은 창고 안에는 수천 개의 튤립, 다알리아, 백합 구근이 팔레트 위에 층층이 쌓여 세계 각지로 배송되기를 기다리거나, 인위적으로 조성된 냉장 공간에서 '인공 겨울'을 보내고 있다. 창고 곳곳에는 습기가 가득 차 있으며, 이를 흩뜨리기 위해 천장 10미터 위에서 대형 환풍기들이 가동되고 있지만 습기는 좀처럼 가시지 않는다.

이 환경은 식물에 병을 일으키는 곰팡이성 병원체(식물병원성 진균)가 자라기에 매우 적합한 조건을 제공한다. "곤충이나 다른 해충보다도, 이게 우리 원예업자들에겐 훨씬 더 심각한 문제입니다." 그는 이렇게 인정했다. 가장 널리 퍼진 두 가지 병원성 곰팡이는 보트리티스(Botrytis)와 퓨사리움(Fusarium)이다. 이 곰팡이들은 그의 농장에서 재배되는 1,500종에 이르는 식물들에 막대한 피해를 입히며, 10헥타르에 달하는 전체 재배지를 뒤덮는 진정한 재앙의 원인이 되고 있다. 그의 말처럼, 이 곰팡이들을 억제하려면 대량의 살균제 사용이 불가피했다. 특히 살균제는 다음의 세 가지 핵심 단계에서 집중적으로 살포되었다. 꽃 구근을 심기 전, 식물이 자라는 시기, 그리고 수확 후 저장 단계가 그것이다. 그러나 그는 "우리가 사용하는 모든 농약은 유기농 인증을 받은 겁니다"라고 강조했다.

세계 최대의 구근 및 절화(切花, 줄기에서 잘라낸 뒤 꽃다발이나 장식용으로 유통되는 꽃으로, 주로 장미, 튤립, 백합 등이 있음 – 역주) 수출국 지위를 유지하기 위해, 네덜란드는 기술 혁신과 대량의 농약 사용(살균제, 살충제, 제초제, 구충제 등)을 바탕으로 매우 집약적인 농업 모델을 발전시켜 왔다. 그 결과 네덜란드 2024년 기준 세계 시장 점유율은 52%, 약 47억 유로 규모(1)에 이르고 있다.

이 산업은 자본주의의 역사와도 깊게 얽혀 있다. 이미 17세기 중반, 소위 '튤립 열풍'이 시장을 뒤흔들었고, 당시의 희귀 구근은 암스테르담 시내의 고급 부동산보다도 더 비싼 값에 거래되었다. "경쟁은 끊임없는 경주입니다. 우리는 연간 2%의 이윤을 무조건 혁신에 재투자합니다. 잘 돌아가기만 하면, 트랙터 대신 페라리를 사는 게 여기 문화입니다!" 판 스후턴의 말이다.

치료에 저항하는 곰팡이 변종, 면역 약한 환자에게 위험

그러나 이러한 시스템은 사회적·환경적으로 심각한 폐

해를 낳고 있다. 네덜란드에서는 대규모 농약 살포로 인해 사람에게 병을 일으킬 수 있는 곰팡이종인 아스페르길루스 푸미가투스(Aspergillus fumigatus)가 치료에 저항하는 변종을 만들어냈다. 이 균은 면역력이 약한 환자에게 감염될 경우 치료가 매우 어려워진다.

우리의 환경, 식생활, 신체 내부 속의 곰팡이는 박테리아와 바이러스처럼 어디에서나 번식한다. 진균학자들에 따르면, 지구에는 약 380만 종의 곰팡이가 존재하는 것으로 추정되며, 이 중 과학적으로 기술된 종은 단 15만 종에 불과하다.(2) 이들 대부분은 무해하거나, 오히려 생명체에 필수적인 공생 작용에 관여한다. 또 일부는 정신의학, 신경학, 감염학 등 다양한 분야에서 치료적 잠재력을 지닌 것으로 평가된다. 예를 들어, 20세기에 최초로 항생제로 확인된 페니실린도 곰팡이에서 유래한 물질이다.

그러나 곰팡이는 우리에게 침습성 진균(眞菌, 곰팡이류 생물을 통칭하는 말로, 효모·버섯 등을 포함하며 일부는 감염을 일으킬 수 있음-역주)을 감염시켜, 일명 침습성 진균 감염(IFI)도 일으킨다. 표재성 진균 감염이 피부, 손톱, 점막에 국한된다면, IFI는 곰팡이가 체내 조직 깊숙이 침투하여, 혈액이나 주요 장기를 통해 전신으로 퍼지는 것을 말한다. 예를 들어, 칸디다균(Candida)은 피부, 점막, 소화관 등에서 자연적으로 존재하는 효모이지만, 이 균이 과도하게 증식하면 신생아에게 흔한 구강 아구창을 유발할 수 있다. 칸디다균이 혈액으로 침투해 전신으로 퍼질 경우, 이를 칸디다균혈증 또는 침습성 칸디다증이라 하며, 심각한 감염으로 이어져 사망에 이를 수도 있다.

이러한 진균 감염은 전 세계적으로 확산 중이며, 일부는 그 확산 속도와 위험성 때문에 큰 우려를 낳고 있다. 예컨대, 칸디다 아우리스 (Candida auris)라는 곰팡이는 2009년 일본에서 한 여성의 귀에서 처음 발견되었으며, 현재 미국 질병통제예방센터(CDC)는 이 균을 '전 세계적 위협'으로 규정하고 있다. 실제로 미국 내 칸디다 아우리스 감염 사례는 2016년 51건에서 2023년에는 4,514건으로 급증했다.(3)

커스틴 스톨-「자연의 시퀀싱」 연작 중, 2013년

1980년대, 서구의 현대 의학이 취약한 사람들의 평균 수명을 연장시키는데 성공하면서, 동시에 침습성 진균 감염(IFI)의 발생률도 함께 증가하게 되었다. "면역억제 치료의 사용 증가, 장기 및 골수 이식의 발전, 그리고 항암화학요법의 확대는 선진국 인구 내에서 '면역저하자'(감염에 대한 방어력이 떨어진 사람) 수를 크게 늘렸고, 이는 곧 감염 고위험군의 증가로 직결되었습니다." 파스퇴르 연구소 내 침습성 진균증 및 항진균제 국가참조센터(CNRMA) 소장인 파니 랑테르니에의 설명이다. 이로 인해 2023년 CNRMA에 보고된 IFI 사례들은 주로 혈액종양내과나 중

환자실에 입원한 환자들에서 진단되었다.

치료가 어려운 진균 감염,
환자의 기대수명 크게 단축시켜

프랑스에서는 의료정보시스템의 진료정보화 프로그램(PMSI) 데이터를 기반으로 한 전국 단위 침습성 진균 감염(IFI) 조사를 통해 2001년부터 2010년까지 약 3만 6천 건의 사례가 확인되었으며, 연간 인구 10만 명당 5.9건의 발병률이 추산되었다. 이 중 침습성 아스페르길루스증은 전체 감염의 26%를 차지했고, 칸디다균혈증은 43%로 가장 높은 비율을 기록했다. 이 조사는 특히, 해당 기간 동안 치명률이 높은 감염의 발병률이 크게 증가했다는 점을 지적하고 있다.

"진균 감염은 전체 인구 내 위험 요인의 분포에 따라 크게 달라집니다. 예를 들어, HIV(인간면역결핍 바이러스)와 관련된 침습성 진균 감염(IFI)은 항레트로바이러스 치료의 보편화 덕분에 현재 뚜렷한 감소세를 보이고 있습니다. 반면, 당뇨병이나 이식 수술과 관련된 감염—예를 들어 아스페르길루스증이나 칸디다증 등은 줄어들지 않고 있으며, 혈액 질환을 앓고 있는 환자들에서는 특히 중증 감염의 발생이 증가하고 있습니다." 파니 랑테르니에가 상세하게 설명했다.

침습성 진균 감염(IFI)의 유병률 증가는 사실상 진단 기술의 발전과 밀접하게 관련되어 있다. "2000년대에 들어, 감염 진단을 위한 바이오마커로써 항원 및 유전자(예: PCR 기반 탐지 대상)의 식별 기술이 도입되면서 침습성 진균 감염을 더 빠르고, 더 정확하게, 그리고 더 자주 진단할 수 있게 되었습니다." 브장송 대학병원(CHU) 기생충·진균학 연구실 책임자, 로랑스 미용의 주장이다. "따라서, 진짜 감염이 늘어난 것인지, 아니면 우리가 그것을 더 잘 포착하게 된 것인지 판단하기는 쉽지 않습니다."

하지만 단순히 발생 건수보다 더 심각한 문제는 높은 치명률이다. 파스퇴르 연구소에 따르면, 2023년 침습성 진균 감염 환자 3,666명 중 40%가 감염 진단 후 3개월 이내에 사망했다. 뮤코르균 감염증(mucormycose)의 경우, 이 비율은 50%에 달한다. "진균 감염은 여전히 치료가 매우

어렵습니다. 환자의 사망 원인이 정확히 감염 때문인지를 판별하기는 어렵지만, 확실한 건, 이 감염이 환자의 기대수명을 크게 단축시킨다는 점입니다." 로랑스 미용이 보충 설명을 했다.

부족한 연구와 진단, 뒤늦게 개선된 감시 체계

이러한 감염 증가세에 대응하기 위해, 서구 국가들은 점진적으로 치료 지침과 보건 조치들을 마련해 왔다. 1980년대까지, 의료진은 진균 질환에 대해 상대적으로 무방비 상태였다. 당시 사용 가능한 유일한 약물, 예컨대 암포테리신 B는 인체에 매우 높은 독성을 지닌 물질로 밝혀졌다. 이러한 상황에서, 플루코나졸, 보리코나졸, 포사코나졸과 같은 아졸(azole)계 항진균제가 등장한 것은 진정한 혁신으로 여겨졌다. 이 약물들은 내약성이 뛰어나며, 경구 투여 형태로, 주로 예방적 목적(즉, 증상이 나타나기 전 위험 요인에 따라)으로 처방되며, 침습성 진균 감염(IFI)으로 인한 사망률을 크게 낮추는 데 기여하게 되었다.

이와 동시에, 감시 체계도 강화되고 있다. 국가 단위의 등록 시스템이 구축되고, 대규모 역학 연구도 처음으로 이루어지기 시작했다. "우리는 오랫동안 악순환에 갇혀 있었습니다. 즉, 침습성 진균 감염(IFI)의 진단이 어려웠기 때문에 연구가 뒷전으로 밀렸고, 연구가 부족하니 다시 진단도 더디게 진행되는 구조였죠." 로랑스 미용의 말이다. 하지만 2000년대 이후, 진단 장비의 향상과 더불어 역학 감시 체계의 질도 개선되기 시작했다. 이후 선진국들은 국가 차원의 감시기관을 갖추게 되었고, 예컨대, 네덜란드는 2011년 진균 감시 프로그램, 미국은 2012년 진균성 질환 네트워크를 설립했다. 프랑스에서는 CNRMA(침습성 진균증 및 항진균제 국가참조센터)가 2023년부터 약 60개의 병원 및 보건센터와 협력하며 데이터를 중앙집중화하고 있다.

"박제된 동물 머리나 밀 이삭 등이 진균 포자 매개체!"

약물 치료 외에도, 과학자들은 진균학 연구의 진전

과 첨단 장비의 발전을 바탕으로 감염 위험을 줄이기 위한 프로토콜을 개발하고 있다. 브장송 대학병원(CHU de Besançon)에서는 '층류(層流, flux laminaire)' 및 '양압(陽壓, pression positive)' 병실이 도입되어, 특수한 환기 시스템을 통해 공기 중 포자가 면역 취약 환자의 병실에 들어오는 것을 차단한다. 병원 내 복도 곳곳에서도 매주 공기 샘플을 채취해 실험실 분석이 이루어진다.

"우리 병원의 중환자실과 혈액종양내과는 사실상 '포자 차단용 벙커'나 다름없습니다." 진균학 연구자로서, 2014년 예방 의학 관련 박사논문 저자인 스테피 로치의 말이다. 하지만 그녀는 "환자가 집에서도 감염될 수 있다는 것이 문제예요!"라고 강조했다.

2015년부터, 혈액 질환 진단을 받았거나 면역저하 상태에 있는 모든 환자의 가정에 실내 환경 전문가의 방문이 권장되기 시작했다. 이 조치는 '원 헬스(One Health)' 접근법에 따른 것으로, 이는 사람, 동물, 식물의 세계가 긴밀하게 연결되어 있고 상호 의존적이라는 인식 아래 학제 간(transdisciplinary) 연구와 협력을 지향하는 개념이다.

"환자들의 집에서 박제된 동물 머리나 행운을 기원하며 둔 밀 이삭 등을 발견한 적이 있습니다. 그런데 이것들이 진균 포자를 대량으로 퍼뜨리는 매개체였던 거죠." 스테피 로치의 말이다. "그 환자들은 자신이 건강한 환경에서 살고 있다고 믿고 있었는데 말입니다!"

예방 조치들, 진단 기술의 발전, 그리고 아졸계 항진균제의 효과 덕분에, 혈액종양내과 및 중환자실에서 발생하는 진균 감염으로 인한 사망자 수는 일정 부분 억제될 수 있었다. PMSI(의료정보시스템의 진료정보화 프로그램)에 따르면, 2001년부터 2011년 사이 관련 사망자 수는 1만 명 미만이었다. 그러나 "이 감염들은 여전히 높은 치사율과 일부 항진균제 내성 곰팡이의 출현으로 인해 지속적인 위협이 됩니다." 파니 랑테르니에의 말이다. 지난 20년간, 특히 원예 산업을 포함한 집약농업의 관행은 심각한 내성 메커니즘을 유발하고 있으며, 아졸계 항진균제의 효과를 위협하고 있다는 것이다.

2000년대 이전까지만 해도, 의료용 살균제에 대한 곰

팡이의 주요 내성은 해당 약물에 장기간 노출된 결과로 나타나는 것이었으며, 이는 항생제 분야에서 잘 알려진 약물내성과 유사한 방식이었다. 그러나 현재 과학자들은 새로운 유형의 내성, 즉 '환경 기원 내성'(미생물이나 병원균이 농약, 살진균제, 항생제 등과 같은 환경 속의 화학물질에 대해 내성을 갖게 되는 현상-역주)이 나타나고 있음을 확인하고 있다. 이는 농업용 살균제에 노출된 병원성 곰팡이가 인간에게 전파되며 치료 실패를 초래하는 경우를 말한다.

"집약적인 농업, 더 빠르게 자라지만 그만큼 더 약한 고수확 품종의 사용, 그리고 상품의 외관을 맞추기 위한 규격화된 선별 기준은 살균제의 대량 살포를 유도했고, 그 결과 곰팡이 내성이 급증하게 된 것입니다." 농민조합 대변인, 실비 콜라의 주장이다. 특히 임업, 포도밭, 곡물 재배 등이 이 문제에 크게 노출되어 있으며, 원예 산업 분야는 내성 균주의 확산에 있어 가장 대표적인 주범으로 지목되고 있다. "식용 작물보다 규제가 느슨하고, 꽃의 외형이 상업적 가치의 기준이 되기 때문에 다른 재배 방식보다 훨씬 더 많은 농약이 사용됩니다." 낭트 대학교 기생충학 및 의학진균학과 파트리스 르 파프 교수의 설명이다.

그는 또한 생물 폐기물의 보관 방식에 대해서도 문제를 지적한다. 예를 들어, 매년 구근을 키우기 위해 식물을 잘라내는 작업이나, 보다 잦은 밭갈이 등은 모두 이러한 유형의 곰팡이 확산을 촉진하는 조건이 되고 있다는 것이다.

"만약 우리가 아졸계 항진균제의 이점을 잃는다면…"

"네덜란드에서는 현재, 아스페르길루스 푸미가투스 균주 중 약 20%가 '환경 기원 내성'을 보이고 있습니다. 이로 인해 의사들은 아졸계 항진균제를 더 이상 1차 치료제로 사용하지 않게 되었죠."라고 네덜란드 나이메헌의 라드바우드대학병원 진균학 교수인 폴 페르바이는 개탄했다. 그는 농업용 살균제와 의료용 항진균제 사이의 교차 내성(cross-resistance, 농업용, 의료용처럼 서로 다른 분야 또는 용도의 약물이 같은 계열의 작용기전 또는 분자구조를 가질 경우, 하나의 약물에 대한 내성이 다른 약물에 대해서

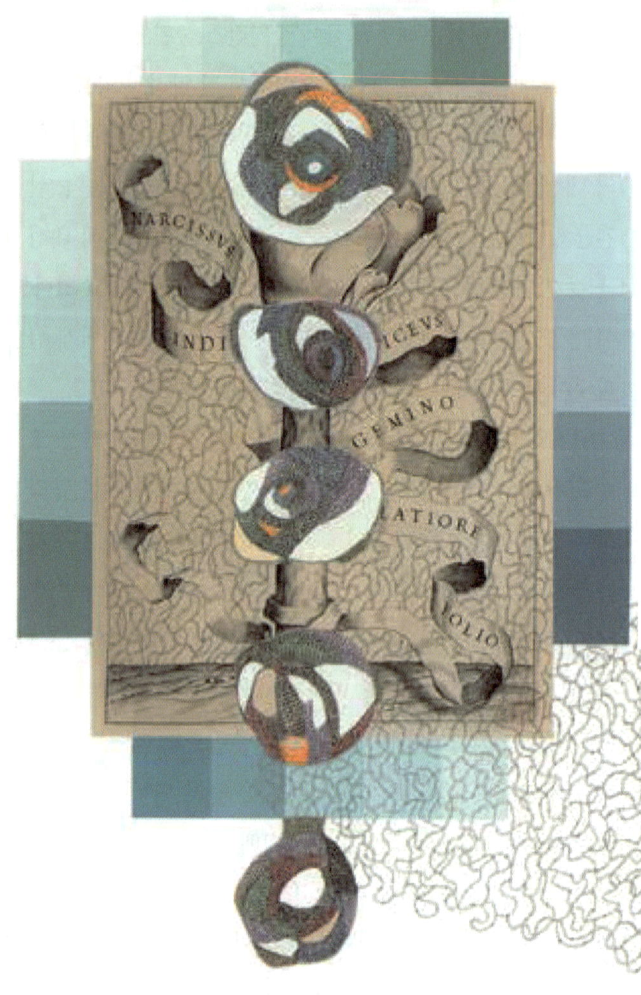

제는 단 4종의 계열만 존재합니다. 그런데 나머지 세 계열은 효과가 떨어지거나, 환자에게 훨씬 더 독성이 강합니다. 만약 우리가 아졸계 항진균제의 이점을 잃는다면, 침습성 진균 감염에 맞서는 치료 전략 전체가 무너질 위험에 처하게 됩니다." 브장송 대학병원 진균학 실험실장인 로랑스 미용의 경고였다.

건강한 토양이 필요한 이유

IFI(침습성 진균 감염)의 경우, 내성 사례가 증가하면 사망률 또한 급격히 치솟는다. "이 감염들은 매우 빠르게 진행됩니다." 그녀는 이렇게 설명한다. "해당 균주가 내성인지 확인하고 대체 항진균제를 투여하기까지 4~5일이 소요되는데, 그 시간 동안 곰팡이는 폐 속에서 증식해 환자를 질식시키거나, 혈관을 타고 전신 순환계로 침투해 퍼질 수 있습니다." 이러한 지연은 치명적이다.

"침습성 아스페르길루스증 진단 시, 균주가 내성이 없을 경우 사망률은 약 40%지만, 내성일 경우 사망률은 90%까지 올라갑니다." 게다가, 아졸계 대체 항진균제는 대부분 정맥 주사로 투여되며, 심각한 부작용을 초래하는 경우가 많다. "곰팡이 세포는 인간 세포와 구조적으로 매우 유사합니다." 베르바이 교수는 이렇게 설명한다. "따라서 곰팡이를 파괴하려면 환자에게 매우 독한 약물을 투여해야 합니다." 이러한 치료의 한계를 제대로 이해하려면, 문제의 근원부터 살펴보아야 한다.

볼런스트리크(Bollenstreek) 지역에서 약 백 km 떨어진 곳, 네덜란드 북부에 위치한 후이베르츠 농장. 낮게 드리운 하늘, 축축한 바람, 얼어붙을 듯한 겨울비. 겨울 오후, 모든 것이 멈춘 듯한 그곳에서 작업복을 입고 트랙터에서 막 내린 존 후이베르츠가 우리를 맞았다.

과묵한 이 원예 농부는 자신이 유기농 농업으로 전환하게 된 사연을 들려주었다. "10년 전, 딸아이가 급성 뇌염을 앓았어요. 당시 의사들은 농약 노출 가능성도 원인으로 고려했습니다." 인과관계를 명확히 밝히기는 어렵지만, 파킨슨병 같은 신경퇴행성 질환 발생과 농약 간의 연관성을 시사하는

도 동시에 나타나는 현상-역주)현상을 처음으로 문서화한 연구의 저자이기도 하다.

특히 튤립의 집약 재배 과정에서 생긴 이 내성 아스페르길루스 균주들은 이후 전 세계로 수출되고 있다. 실제로 2019년, 프랑스 브장송 대학병원에서 수행된 한 연구는 병원 테라스에 놓인 튤립이 아졸계 항진균제에 내성을 지닌 균주의 확산원이라는 사실을 입증했다.(4) "환경 내 농업용 살균제 사용과 관련된 아스페르길루스 푸미가투스 내성 균주 69개를 분석한 결과, 59개는 네덜란드산 튤립 화분에서, 5개는 화분에 심긴 나무의 흙에서, 나머지 5개는 병원 복도에서 검출되었습니다." 연구진이 보고한 내용이다.

프랑스에서도 이러한 내성 사례가 최근 몇 년 사이 급격히 증가하고 있다. 프랑스 파스퇴르연구소가 2023년에 집계한 약 500건의 침습성 아스페르길루스 감염 중, 9%의 균주가 아졸계 항진균제에 내성을 보였다. "의료용 항진균

초기 연구들도 있다. 그러나 이미 의심의 씨앗은 뿌려졌고, 부부는 방향을 바꾸기로 결심했다. "우리는 생각 자체를 바꿔야 했어요. 그만큼 농약 사용은 오랜 관행이었거든요. 초기 몇 년은 정말 힘들었습니다." 그러나 그는 확신에 찬 목소리로 "이제 곰팡이가 더 이상 문제되지 않아요. 식물만을 위한 농업이 아니라, 흙을 위한 농업으로 바꾼 거죠. 건강한 토양은 살균제 따위가 필요 없습니다"라고 강조했다.

유럽연합이 농약 사용 규제를 더 강화해야

유기농만으로도 진균의 내성 문제를 획기적으로 줄일 수 있을까? 프랑스 브장송 대학병원에서는 로랑스 미용 박사 팀이 직접 실험에 나섰다. 병원 화단에 심어져 있던 기존 관행 농법의 튤립을 유기농 구근으로 교체해본 것이다. 1년 후, 내성 균주 비율이 71%에서 3%로 급감했다. 하지만 이런 유기농 전환은 여전히 쉬운 일이 아니다. 특히 집약농업 논리가 지배하는 시장 구조 속에서는 더더욱 그러하다. 네덜란드에서는 전체 튤립 구근의 약 80%가 수출용이며, 이 때문에 관행 농가가 생산하는 구근은 더 크고, 가격도 저렴하다. 따라서 수출이 더 많이 이루어지고, 그만큼 세수도 증가한다. 후이베르츠 씨는 이렇게 말했다. "정치적으로 유리한 건 언제나 관행 농가죠."

전문가들은 유럽연합이 농약 사용 규제를 보다 강화해야 한다고 강조한다. 2025년 1월 30일, 유럽식품안전청(EFSA)은 네 개의 기관과 함께 공동 보고서를 발표하면서 다음과 같이 권고했다. "유럽연합 내 아졸계 살진균제의 승인 및 허가 과정에 새로운 의무 조항을 도입해야 한다." 미용 박사는 다음과 같이 지적했다. "모든 살진균제 금지가 현실적으로 어렵다면, 최소한 의료용 핵심 약물만큼은 농업 등에서 남용되지 않도록 특별히 보호해야 합니다. 그렇지 않으면 내성이 생겨, 사람 치료에 쓰는 약이 무력화될 수 있지요."

그러나 이런 제안은 의료 연구와 농화학 산업 간의 경계가 허물어져 있다는 현실과 부딪힌다. 독일의 거대 기업 바이엘이 그 대표적인 예다. 이 회사는 농업용 아졸계 살진균제와 의료용 항진균제를 동시에 생산하고 있다.

"심지어 농부들도 자신들이 뿌리는 게 뭔지 몰라"

수확을 해치는 농업용 진균류의 내성 증가는 농화학 산업이 새로운 항진균 분자를 계속 개발하게 만드는 악순환을 낳고 있다. 가장 최근에는 미국 환경보호청(EPA)이 막 개발된 신종 항진균 물질을 농업에 사용하도록 승인했다. 하지만 2024년의 한 연구에 따르면, 이 물질 '이플루페노퀸'을 들판에 살포할 경우 그 의료용 대응 물질인 '올로로핌'에 대한 내성을 유발할 수 있음이 드러났다.(5) 이 산업계의 투명성 부족은 규제 또한 어렵게 만든다. "심지어 농부들조차 자신들이 뿌리는 게 정확히 뭔지 모릅니다." 라드바우트 대학 폴 페르베이 교수는 이렇게 지적했다. "판매된 제품에 대한 데이터는 존재하지만, 실제 사용된 화학물질에 대한 정확한 등록제도는 없습니다."

또한, 특정 농약과 내성 발생 사이의 인과관계를 입증하기 어려운 점도 농약 산업의 확장을 가능하게 만든다. 2025년 2월 6일, 우르줄라 폰 데어 라이엔 유럽연합 집행위원장은 농약의 지속가능한 사용에 관한 규제안을 철회했다. 이 규제안은 유럽 그린딜의 핵심 요소로, 2030년까지 농약 사용량을 절반으로 줄이는 것을 목표로 한 법안이었다. Lᴅ

글 · 에밀 부틀리에 Émile Boutelier, 코펠리아 마이나르디 Copélia Mainardi
언론인. 두 사람은 주로 공공보건, 환경, 농업, 그리고 생물학적 위기와 관련된 교차 지점에 대해 탐사 보도를 하고 있다.

(1) 「네덜란드 화훼 산업: 규모 및 시장 점유율 분석. 성장 동향 및 예측(2024~2029)」, www.mordorintelligence.com
(2) 시몽 피에르프릭스(Simon Pierrefixe), 「균류: 친구인가 적인가」, 〈인세름 르 마가진〉, 제62호, 파리, 2024년 9월.
(3) 미국 질병통제예방센터, 「칸디다 아우리스」, www.cdc.gov
(4) 클로에 고도 외(Chloé Godeau et al.), 「병원 내 아졸계 내성 아스페르길루스 푸미가투스: 화단에서 복도까지의 감시」, 〈미국 감염 통제 저널〉, 제48권 제6호, 알링턴, 2020년 6월.
(5) 마이크 버치 외(Mike Birch et al.), 「농업용 살진균제 이플루페노퀸에 시험관 내 내성을 획득한 아스페르길루스 푸미가투스 균주는 의료용 올로로핌(olorofim)에도 내성을 가진다」, 〈네이처 마이크로바이올로지〉, 제9권 제1호, 런던, 2024년.

세계 금융사에서 가려진 동구권 여성 중앙은행장들

화폐 업무는 남성만의 일이 아니다!

경제사 또한 언제나 승자들이 써 내려간 역사다. 21세기 초부터 미국, 유럽, 러시아의 중앙은행 수장 자리에 여성들이 임명되는 것을 두고 금융 엘리트들은 이를 환영해 왔지만, 중앙은행 여성 총재의 등장은 제2차 세계대전 직후 불가리아나 동독에서는 결코 이례적인 일이 아니었다. 그렇다면, 통화 제도의 여성화는 실제로 어떤 변화를 만들어내고 있는가?

아이키즈 도간 & 프레데리크 르바롱 |
루앙대학교 박사후 연구원, 파리–사클레 고등사범학교 사회학교수.

화폐 관리는 오랫동안 남성에게만 허용되어 온 경제 분야들 가운데서도 결코 하찮은 영역이 아니다. 오늘날 '중앙은행'이라 불리는 기관들의 수장들은 단순히 화폐를 발행하는 것에 그치지 않고, 전체 은행 시스템의 최종 자금 조달은 물론, 국가 자체의 재정 조달까지 책임진다. 이러한 기관의 책임자들은 오랫동안 스스로를 '현자 중의 현자'로 여겨왔다. 현대 경제학은 중앙은행장(개인이든 집단이든)이 물가 안정과 거시경제 여건과 관련하여 평균적으로 동시대의 다른 이들보다 더 '보수적'일 필요가 있다는 이론을 정립하기까지 했다.(1)

어쨌든 수 세기 동안 화폐의 수호자는 철저히 남성의 몫이었다. 그렇다면 이 상황은 언제부터 바뀌기 시작했을까? 2013년, 오스트리아의 마리아 샤우마이어가 사망했을 당시, 일간지 〈데어 스탄다르트(Der Standard)〉는 그 공로를 오스트리아에 돌리며 이렇게 썼다. "그녀는 1990년 6월 1일, 세계 최초로 중앙은행을 이끈 여성이 되었다. 1931년 10월 7일 그라츠에서 태어난 그녀는 전통적으로 남성에게

맡겨졌던 분야들을 아주 이른 시기부터 개척해왔다. 1956년, 그녀는 크레딧안슈탈트에서 경영 교육을 받은 최초의 여성이 되었다." (2013년 1월 23일 자 보도)

동독 중앙은행장 쿠크호프,
세계 여성 최초로 화폐발행기관 수장 올라

마리아 샤우마이어보다 수년 앞서, 또 다른 여성 그레타 쿠크호프는 새로 수립된 독일민주공화국(동독, RDA)의 화폐 발행 기관의 수장 자리에 올랐다. 그녀는 이 직책을 8년간 맡았다. 즉, 세계 최초로 중앙은행을 이끈 여성은 은행가도, 자유주의자도, 오스트리아 출신도 아니었으며, 사회학자이자 공산주의자, 그리고 동독인이었다.

쿠크호프는 일정 기간 미국에서 교육을 받았으며, 저명한 독일 사회학자 카를 만하임의 조수로 활동한 후, 반나치 저항운동에 투신했다. 1943년 게슈타포에 체포된 그녀는 사형을 선고받았으나, 이후 재판에서 징역 10년형으로

감형되었다. 1945년 소련 붉은 군대에 의해 석방된 그녀는 소련 점령지구에서 계획경제 모델 구축에 참여했고, 이후 동독 경제위원회의 부위원장을 맡았다.

그녀는 국회의원을 지낸 뒤 국립은행 총재 자리에 올랐으며, 국제기구에서도 동독을 대표해 경력을 이어 갔다.(2) '선구자 중의 선구자'라 불릴 만한 그녀는 당시 동독이라는 전후의 특수한 상황 속에서 매우 보기 드문 정치적 자산과 학문적·관료적 역량을 갖춘 인물이었다. 이처럼 다양하고도 이례적인 자원들과 소련 점령지구라는 독특한 맥락이 그녀가 동독의 중앙은행 수장으로 임명된 이유를 설명해준다.

동유럽과 아시아 사회주의국가에서 여성 중앙은행장들 약진

1955년, 또 한 명의 여성인 벨라 토도로바 루카노바가 고위직에 올랐다. 그녀는 불가리아 국립은행의 수장 자리에 올라 4년간 직무를 수행했다. 유명한 혁명가의 딸인 그녀는 여러 명의 저명한 인물을 둔 집안 출신으로, 그녀의 조카는 훗날 불가리아의 마지막 공산당 총리가 됐다. 루카노바 역시 국제적 경험을 갖추고 있었으며, 이번에는 소비에트연방에서였다. 그녀의 가족은 1920년대에 소련으로 망명했고, 그녀는 그곳에서 플레하노프 재정경제대학에서 금융학 학위를 취득한 뒤, 소련의 재정 행정기관에서 근무했다. 1945년 불가리아로 귀국한 이후, 루카노바는 협동조합 기관의 경제계획 부서에서 일했으며, 이후에는 공공서비스부에서 활동했다.

1960년대 말, 또 한 명의 여성이 다시금 동독의 국립은행을 이끌게 됐다. 이번에는 유대계 공산주의 지식인, 마르가레테 비트코프스키였다. 그녀 또한 해외에서 고등교육을 받았는데, 스위스 바젤에서 경제학 박사 학위를 취득했다. 그리고 쿠크호프와 마찬가지로 반나치 저항운동에 참여한 후, 스위스로 망명했다가 다시 영국으로 피신했다. 동독으로 귀국한 뒤에는 기획부 산하 중앙계획국을 이끌었으며, 1952년에는 소비자협동조합 연합회의 회장직을 맡았다. 이후 그녀는 동독의 계획경제 구조 내에서, 그리고 정

오렐리 피오-「어서, 힘내!」, 2011년

히 서구 자본주의 국가들보다 앞서 있었다고 주장할 수 있다. 반면, 서방 자본주의 국가는 경제와 금융의 역사가 마치 남성 자신들 외에는 존재하지 않는 것처럼 여겨왔다.

1990년대 이후, 여성의 중앙은행 진출은 뚜렷한 가속도를 보였다. 여성들이 주요 금융 기관의 최고위직에 오르는 사례는 서로 다른 거시경제 조건과 지리적 배경 속에서 나타났다. 중남미(과테말라, 페루, 베네수엘라 등), 북유럽(덴마크, 핀란드 등), 동유럽(벨라루스, 폴란드, 러시아 등), 그리고 아시아, 아프리카, 오세아니아 전역에서 그런 움직임이 감지됐다.

이 시기부터 여성 중앙은행 총재, 부총재, 통화정책위원회 여성 위원들의 수가 점점 증가했다. 공식통화금융기관포럼(OMFIF)의 최신 보고서에 따르면, 2025년 기준 전세계 여성 중앙은행 총재는 미국 내 지역 연방준비은행들

을 포함해 총 30명에 이른다.(3)

유럽중앙은행 라가르드 총재,
"세계 금융계는 남성 클론들로 가득 차"

그중 가장 유명한 인물로는, 미국 연방준비제도(Fed)의 총재를 지낸 뒤 재무장관이 된 재닛 옐런, 유럽중앙은행(ECB)의 크리스틴 라가르드, 그리고 러시아 중앙은행의 두 번째 여성 총재이자 블라디미르 푸틴 대통령의 전 보좌관이었던 엘비라 나비울리나가 있다. 각각은 국제통화기금(IMF) 총재인 불가리아 출신의 크리스탈리나 게오르기에바와 더불어, 세계 경제질서와 정치질서의 핵심 행위자이자 공적 인물로 자리매김했다.

ECB 총재인 라가르드 여사는 자신의 활동을 여성적, 나아가 페미니즘적인 실천으로 이론화한 바 있다. "세계 금융계는, 특히 트레이딩룸에서는 남성 클론(clone)들로 가득 차 있습니다. 이것은 위험 요소입니다. 어느 한 집단이 특정 영역을 완전히 지배할 때마다 그렇듯이 말이죠. 여성들은, 제 생각엔, 남성 동료들과는 달리 자산 포트폴리오를 구성하고 관리하는 방식이 다릅니다. 하지만 유감스럽게도, 금융계는 여전히 여성의 비중이 매우 낮습니다. 전 세계적으로 여성 은행장은 전체의 2%에 불과하고, 고위 임원 중 여성 비율 또한 20%에 그칩니다."(4) 중앙은행계는 이보다는 약간 앞서 있는데, 2025년 기준 여성 총재 비율이 16%이고, 책임직 전체에서는 30%를 차지한다고 OMFIF는 밝히고 있다.

유럽중앙은행(ECB) 내부에서 이러한 고도로 제도화된 페미니즘은 '젠더 주류화(gender mainstreaming)', 즉 '성별 관점 통합 접근법'의 일환으로 나타난다. 이는 모든 정책과 제도에 성별 차이를 사전에 반영해 성평등을 실현하려는 전략으로, 1995년 유엔 베이징 세계여성회의 이후 국제적으로 확산되었다.

여성 인재를 ECB 내부, 즉 유럽의 중앙은행에 진출시키기 위한 강한 의지를 담은 공식 발언들과 다양한 제도적 장치들이 마련되어 있지만, 현재 유럽중앙은행(ECB) 이사회는 각국 중앙은행 총재들과 ECB 집행이사들로 구성되어 있으며, 전체 26명 가운데 여성은 단 두 명에 불과하다. 이 두 여성 모두 유럽이사회에서 임명한 집행이사회 소속이며, 각국 중앙은행 총재들 중에는 여성이 한 명도 없다.

전 세계적으로도, 2000년에서 2022년 사이에 임명된 여성 중앙은행 총재들은 대부분 정치, 관료, 학계 출신이 아니라 조직 내부 승진을 통해 그 자리에 올랐다. (5) 이는 전혀 놀라운 일이 아니다. 경제학은 오랫동안 여성에게 차별적이고 배타적인, 이른바 '독성적인 학문 분야'로 여겨져 왔기 때문이다.

튀니지 중앙은행의 독특한 원칙,
남녀 같은 숫자로 화폐정책 결정

2017년 앨리스 H. 우가 젊은 경제학자들의 온라인 포럼 게시물을 분석한 연구에 따르면, 그 안에서 차별적이고 성차별적인 발언들이 얼마나 일상화되어 있는지가 분명히 드러났다.(6) 한편, 세계 곳곳의 여성 진출의 흐름에도 여전히 소외된 지역들이 존재하는데, 이슬람권 국가들이 대표적인 경우다. 그럼에도 브루나이, 키르기스스탄, 파키스탄, 시리아(단, 2024년 12월부터 2025년 3월까지 수개월간), 투르크메니스탄, 튀르키예 등은 일시적이나마 여성 총재 임명을 시도한 바 있다.

튀니지의 독특한 사례는 따로 주목할 만하다. 1960년대 초 아비브 부르기바 대통령이 주도한 여성 해방 정책의 영향력이 여전히 강하게 작용하고 있기 때문이다. 2012년 이래, 튀니지 중앙은행 이사회는 주요 통화 및 금융 결정을 내리는 핵심 기구로서 남녀 동수 원칙을 유지해 왔다. 이는 전 세계 대부분의 중앙은행들이 남성 중심의 통화정책위원회 모델로 운영되는 현실을 감안할 때, 매우 이례적인 사례로 평가된다.

2018년부터는 나디아 감하 여사가 이 은행의 부총재를 맡고 있다. 무엇보다도 튀니지에서 여성 엘리트층의 부상은 단지 공공정책의 결과만이 아니라, 보다 근본적인 사회·인구학적 변화의 흐름에 힘입은 것이기도 하다. 이와 유사한 경향은 최근 몇 년 사이 일부 이슬람 국가들에서도 점진적으로 관찰되고 있다. 경제학을 포함한 여러 학문 분야에서 여성은 학부와 대학원 과정을 포함한 고등교육의 다수를 차지하고 있으며, 점점 더 많은 여성 경제학자들이 대학과 정치·행정 분야의 최고 수준 기관들에서 탁월한 경력을 쌓아가고 있다. 여성의 대중적 고등교육, 특히 박사과정까지의 진학 확대는 이제 경제 분야의 고위 거버넌스, 특히 화폐 분야와 같은 핵심 영역으로의 진출에 가시적인 효과를 내기 시작한 것이다.

상류층 출신의 남성 중앙은행장을 선호하는 미국

여성의 진출이 실제로 공공정책에 어떤 영향을 미치고 있을까? 아직까지는 결론을 내리기 이른 단계지만, 일부 계량경제학 연구는 여성 중앙은행 총재들이 통화 및 금융 안정성 측면에서 더 '보수적인 성향'을 보인다고 지적한다. 이는 라가르드 여사가 언급한 상대적으로 낮은 위험 선호 성향과 관련이 있을 수 있다.(7) 반면, 특히 경영 분야와 OMFIF(공식통화금융기관포럼)를 통해 확산된 다른 연구들은, 이들이 더 큰 협력성과 사회적 포용에 대한 가치를 중시하며, 조직 운영 방식과 팀워크 문화에 중요한 영향을 미친다고 강조한다. 일부 분석은 나아가 이들이 환경, 금융 포용, 사회적 불평등 해소와 같은 보다 인본주의적이고 거시적인 방향성에도 긍정적인 영향을 줄 수 있다고 본다.

그럼에도 보다 '교차적인 관점'(성별, 인종, 계급, 장애, 성적 지향, 출신 지역, 교육 수준 등 여러 정체성과 사회적 위치가 동시에 겹쳐져 작동한다는 점을 인식하고, 사회적 불평등이나 배제 구조를 그 복합성과 맥락 속에서 이해하려는 시각-역주)에서 본다면, 통화 및 금융 정책 기관의 거버넌스 구조에는 단순한 성별 구성을 넘어, 더 직접적으로 정책 방향을 예측할 수 있는 다양성 기준들, 예컨대 통화금융에 대한 철학적 입장이나 공공선에 대한 헌신도 같은 요소들이 포함되어야 하지 않겠는가? (8)

여기에 주목해야 할 다른 요소들도 있다. 지금은 특정 이론(미국식 주류 경제학)을 따르는 사람들만이 중앙은행 인사에서 중용되는 현실이나, 경제 정책의 다양성과 포용성을 높이려면 다양한 학파의 관점을 가진 사람들도 인사에 포함되어야 한다. 또한, 구성원의 출신 계층이나 사회적·직업적 경로의 다양성 역시 정책 결정의 균형을 위해 중요한 요소다. 지금까지는 이 모든 것이 철저히 정치·경제 엘리트층에 국한되어 있었다.(9)

그렇다면, 언어적·문화적 다양성은 왜 다양성 기준에서 배제되어야 하는가? 이러한 문제들은 여전히 중앙은행과 세계 경제학계의 폐쇄적이고, 남성 중심적이며, 상류층 위주의 미국화된 구조 속에서 가시화되지 못하고 있다. 전 세계적 시스템이 불안정하게 흔들리는 지금, 중앙은행과 경제학계의 폐쇄적이고 엘리트 중심적인 구조 안에서 과연 페미니스트 혁명이 '공공 경제 운영 방식 전체'에 어떤 변화를 이끌 수 있을까? 그 해답은 중앙은행 같은 경제 권력의 정점이 아니라, 오히려 제도 밖의 시선과 아래로부터의 움직임 속에서 찾아야 할지도 모른다. **Ld**

글 · 아이키즈 도간 Aykiz Dogan & 프레데리크 르바롱 Frédéric Lebaron
루앙 대학교 박사후 연구원, 파리-사클레 고등사범학교 사회학 교수.

(1) 「중간 통화 목표에 대한 약속」, 〈쿼털리 저널 오브 이코노믹스〉, 제100권 제4호, 케임브리지, 1985년 11월.

(2) 조앤 자이너, 「반파시즘 재구성하기: 기억, 장르, 그리고 그레타 쿠크호프의 생애 글쓰기」, 팰그레이브 맥밀런, 베이징스토크, 2013년.

(3) 「성별 균형 지수 2025: 결정적 순간」, www.omfif.org.

(4) 〈파리 마치〉, 2018년 9월 21일자.

(5) 아이크리즈 도간(Aykiz Dogan)과 프레데리크 르바롱(Frédéric Lebaron), 「전 세계 중앙은행 총재들의 학문적 경로」, 〈파이낸스 & 소사이어티〉, 케임브리지 대학교 출판부, 제11권 제1호, 2025년.

(6) 앨리스 H. 우(Alice H. Wu), 「전문가 집단 내 루머에서의 성 편향: 정체성 기반 해석」, 〈리뷰 오브 이코노믹스 앤드 스태티스틱스〉, 제102권 제5호, 케임브리지, 2020년.

(7) 안드레아스 컨(Andreas Kern), 베른하르트 라인스베르크(Bernhard Reinsberg), 다비데 로멜리(Davide Romelli), 「중앙은행에서 여성의 권한 강화」, 〈저널 오브 유러피언 퍼블릭 폴리시〉, 2024년.

(8) 루이-필리프 로숑(Louis-Philippe Rochon)과 기욤 발레(Guillaume Vallet), 「국민의 기관, 국민에 의한, 국민을 위한? 민주주의에서 중앙은행 권력과 사회적 책임 문제」, 〈PSL 쿼털리 리뷰〉, 제75권 제301호, 로마, 2022년 6월.

(9) 애드리엔 로버츠(Adrienne Roberts), 「금융위기, 금융회사들… 그리고 금융 페미니즘? '초국적 기업 페미니즘'의 부상과 마르크스-페미니즘적 국제정치경제학(IPE)의 필요성」, 〈소셜리스트 스터디스 / 에튀드 소셜리스트〉, 제8권 제2호, 빅토리아, 캐나다, 2012년.

오렌지 포장지에 감춰진 이스라엘의 탐욕

오랫동안 오렌지는 비단 종이에 싸여 팔렸다. 그 종이에 인쇄된 그림들은 소비자들의 상상력을 자극했다. 팔레스타인에서 남아프리카에 이르기까지, 이 종이들은 감귤류의 경제적 · 사회적 · 정치적 역사를 기록하기도 했다. 한때는 달콤하고 찬란했지만, 지금은 잊히고 퇴색한 세계를 은유하는 '설탕과 먼지로 이루어진 세계'를 다시 돌아보는 전시가 지금 남프랑스 세트(Sète)에 위치한 국제 소박 예술 박물관(MIAM)에서 열리고 있다.

알랑 포플라르 & 그레고리 르젭스키 | 교사

보존하다

흰색이나 파스텔 색의 얇은 실크 종이는 19세기 말, 오렌지나 레몬을 감싸는 용도로 등장했다. 감귤류가 대중적인 소비재로 자리잡으면서, 이 얇은 종이는 과일을 운송 중 보호하는 기능뿐만 아니라, 브랜드와 원산지, 크기, 위생 검사를 나타내는 표식의 역할도 수행했다. 고무 스탬프로 찍힌 이 이미지들은 쭈글쭈글한 표면에도 불구하고 선명하게 빛났으며, 세계 곳곳을 떠돌았다.

이 그림들은 때때로 대중문화를 차용하기도 했고, 대부분은 작가가 알려지지 않았다. 드물게 예외도 있었다. 화가 장 르 가크(Jean Le Gac)는 수입업자 친구를 위해 '화가(Le peintre)'라는 브랜드를 디자인했고, 시칠리아의 한 인쇄소에서는 '예술가의 오렌지(oranges d'artistes)' 시리즈를 의뢰하기도 했다.

이후 살균제의 사용과 냉동 트럭의 도입은 이러한 종이들을 쓸모없게 만들었다. 종이가 오염을 유발한다는 비판도 제기되었고, 가격이 지나치게 높다는 지적도 나왔다. 게다가 대형 유통업체는 표준화된 제품을 선호하게 되었다. 이들 유통망은 오렌지 열 개 중 아홉 개를 라벨을 붙이거나 보기 흉한 그물망에 담아 판매한다. 이처럼 종이 포장지는 점점 사라졌지만, 여전히 수집의 대상이 되고 있다.

기존 미술 제도의 경계를 넘어, 일상적이고 대중적인 오브제들을 수집·전시함으로써 '소박한 예술'의 가치를 탐색, 공유하고자 하는 MIAM은 프랑스에서 가장 큰 관련 컬렉션 중 하나를 소장하고 있으며, 수만 점에 이르는 포장지를 보유하고 있다. 그중 다수를 차지하는 것은 화가 파스칼 카송의 것이고, 바르베스에서 비평가 장 세이세르가 모은 것들, 님(Nîmes)의 시장에서 크리스티앙 보니파스와 엘렌 파브르가 주워 모은 것도 있다.

보이콧하다

타원형의 형태는 포장에 적합했고, 두꺼운 껍질은 배로 운송하는 동안 과일을 보호했다. 자파 (Jaffa) 오렌지(또는 샤무티)는 18세기 팔레스타인인들에 의해 개발되었다. 19세기 말에는 항구 도시 자파에 400여 개의 오렌지 과수원이 있었다고 전해진다. 1917년 말, 터키군이 팔레스타인 북부로 후퇴하던 시기, 프랑스 외교관은 에드먼드 앨런비 장군의 영국군 부대를 따라가며 이렇게 기록했다. "자파는 멀리서 보면 인상적이다. 퇴각한 군대가 남긴 냄새와 달리, 이 도시에 이르러 오렌지 나무 정원을 지나게 되면, 그 향기가 전장의 잔해와 유쾌하게 대조된다."(1)

이 오렌지 품종은 원래 아랍-팔레스타인 정체성의 상징이었으나, 두 차례 세계대전을 거치는 동안 팔레스타인 땅에 이주한 시온주의자 유대인 공

1961년, 프랑스에서 제작된 남아프리카산 오렌지 광고.

전시에 소개된 과일 포장지와 관련 문서 전체는 〈쉬페르마르셰: 감귤 포장지 & 그 밖의 것들〉 전시의 일환으로, 2026년 3월 8일까지 MIAM(국제 소박예술 박물관)에서 관람할 수 있다.

동체(유슈브)의 선구적인 농업경제이자 시오니즘 프로젝트의 핵심 기둥"으로 변모했다고 역사학자 카트린 니코는 지적했다.(2) 이는 단순한 상징적 점유에 그치지 않고, 토지 자체의 소유로 이어졌다. '유대민족기금'의 주

도 아래, 팔레스타인 내 유대인 경작지가 전체 농지에서 차지하는 비율은 1922년 9%에서 1947년 30%로 증가했다.

자파를 비롯해 영국 위임통치령 하의 팔레스타인 전역에서는 감귤류 재배가 혼합농업을 대체했다. 텔아비브 농업 정착촌이 세워졌고, 오렌지는 수출 1위 품목으로 올라섰다. 연간 최대 1,500만 상자에 달하는 오렌지가 파르데스와 같은 협동조합을 통해 주로 영국으로 수출되었다.

1948년, 8만 5천 명의 팔레스타인인이 살던 자파는 이스라엘의 4,000발이 넘는 폭탄으로 폐허가 되었다. 그 결과, 자파에 남은 팔레스타인인은 3,000명에 불과했다.(3) 같은 해 'Jaffa'라는 브랜드를 등록한 신생 이스라엘 국가는, 오렌지 농장과 수자원을 모두 장악했다. 오렌지는 식민화의 상징 중 하나가 되었고, 이후 수십 년에 걸쳐 국제적인 저항의 대상이 되었다. 보이콧·투자철회·제재(BDS) 운동은 이스라엘 기업 아그렉스코의 농산물이 프랑스 세트(Sète) 항구에서 하역되는 것을 막기 위한 항의 운동을 벌였으며, '자파' 브랜드의 유통업체이자 대형 도매상인 메하드린도 그 저항의 대상이 되었다.

또 다른 사례, 또 다른 오렌지

1959년, 아파르트헤이트 시기, 아프리카 민족회의(ANC) 의장이자 훗날 노벨평화상을 수상하게 되는 앨버트 루툴리는 서구 소비자들에게 남아프리카공화국산 제품의 불매를 촉구했다. 이 보이콧으로 프리토리아의 백인 정권은 320억에서 400억 달러의 손실을 입었고, 재계 역시 큰 타격을 받았다.(4) 1970년대 중반, 여러 나라에서 '아웃스팬' 브랜드의 남아프리카공화국산 오렌지를 겨냥한 불매운동이 벌어졌다.(5)

유럽 시장에서 흔히 볼 수 있었던 이 회사의 오렌지는 노동자들이 극도로 열악한 조건에서 수확한 것이었다. 네덜란드의 슈퍼마켓 체인 알버트 하인은 이 오렌지의 판매를 중단하기로 결정했다. 프랑스에서는 검은 아이의 머리가 선홍빛 오렌지처럼 짜이고 있는 모습의 포스터가 등장했고, 그 결과 1975년에서 1976년 사이 오렌지 판매량이 25% 급감했다.

---

(1) 카트린 니코 인용, 「제2차 세계대전 이전의 '자파 오렌지': 의미로 가득한 '팔레스타인산' 과일」, 「유대인 아카이브」, 제47권, 제1호, 파리, 2014년.
(2) 위와 같음(Ibid.).
(3) 「자파, 오렌지의 메커니즘」, 에얄 시반(Eyal Sivan) 감독의 영화, 2010년.
(4) 클로드 쥘리엥, 「인종주의의 가면들」, 〈르몽드 디플로마티크〉, 1990년 3월.
(5) 「보이콧·투자철회·제재 캠페인: 보이콧은 과연 효과가 있는가?」, www.lacimade.org

판매하다

세상의 경계, 헤스페리데스의 정원에는 황금 사과가 열리는 나무가 있었다. 헤라클레스는 티탄 아틀라스를 속여 그 열매를 훔쳤고, 그렇게 그의 열한 번째 과업을 완수했다. 식물학자들은 오렌지를 다른 감귤류들과 함께 헤스페리디아라는 과일 분류군에 포함시켰다. 그러나 네덜란드어에서 오렌지는 여전히 '중국 사과'(sinaasappel)로 불린다. 얀 반 에이크는 1434년 작품 「아르놀피니 부부의 초상」에서, 로히어 반 데르 베이던은 1435년 「수태고지」에서 이 오렌지를 원죄의 열매와 연결지어 표현했다.

최근 한 연구에 따르면, 감귤류는 약 800만 년에 걸친 진화 끝에 10종의 품종으로 분화되었다. 이 과일들은 동남아시아에서 처음 재배되기 시작했으며, 최초의 품종들은 기원전 8세기에서 4세기 사이에 지중해 지역에 도달한 것으로 보인다. 이때까지 지중해에서는 시트론이 오랫동안 독보적인 지위를 누리고 있었다.(1) 이후 '대항해 시대'에 접어들며 감귤류는 아메리카 대륙으로 전파되었고, 유럽의 궁정에서는 권력의 상징으로 오렌지 농장이 조성되기 시작했다. 감귤류 소비는 20세기 들어서야 비로소 대중화되었다.

모양이 불량하거나 산도가 지나치게 높아 생과로 먹기 어려운 과일들을 산업에 활용하기 시작하면서, 최초의 탄산음료가 탄생했다. 1950년대 초 알제리 부파리크에서는 '베리구드'

가 탄생했고, 1969년에는 독일 남서부 바덴뷔르템베르크의 햇볕 아래에서 '카프리썬'이 만들어졌다. 오렌지는 즐거움과 활력을 상징하는 과일이었으며, 때로는 대중문화의 영웅들처럼 만화책 스타일의 포장지에 등장해 초능력을 상징하기도 했다. 단어와 기호, 문양을 통해 변모한 오렌지는 단순한 상품을 넘어 이야기의 매개체가 되었다. 일련번호가 매겨진 일부 포장지는 마치 연재물처럼 구성되어 소비자들은 로빈슨 크루소의 모험이나 독일의 막스와 모리츠의 이야기를 수집하도록 유도했다. 오스트리아에서는 카이저라는 브랜드가 몰락한 제국의 영광을 상기시키는 기묘한 역사 조각들을 소환하기도 했다.

하지만 가장 자주 묘사되는 것은 서로 경쟁하는 산지(産地)들이다. 형태, 색, 맛의 다양성이 줄어들수록, 재배자들은 각 지역의 고유성과 진정성, 그리고 민속적·역사적·관광적 고정관념을 강조하며 가치를 부여한다. 이는 지리학자 데이비드 하비가 와인 무역을 통해 설명한 바 있는 '독점적 지대(monopoly rent)' 개념과 부합한다.

하비에 따르면, 특정 지역의 고유한 지리적·문화적 특성이 경제적 가치를 창출할 때, 이는 시장 경쟁을 초월한 초과 이윤, 즉 독점적 지대로 작동한다.(2)

얇은 실크 종이는 에로틱한 매혹을 불러일으키기도 한다. 그것은 유혹하며, 벗겨지고, 마침내 금단의 열매에 이르게 한다. 감귤류의 곡선과 여성의 몸을 겹쳐보는 이러한 상상력은 때때로 더 정치적인 지평으로까지 확대된다.

"그러나 언젠가, 분명 언젠가 오렌지빛 날이 올 것이다 / 종려나무와 이파리로 이마를 장식한 날이 / 사람들이 서로를 사랑하게 될 날이 / 가장 높은 가지 위의 새처럼 다가올 날이"(루이 아라공).

(1) Albert Wu Guohong 외, 「감귤류의 기원과 진화에 대한 유전체학」, 〈네이처〉, 런던, 2018년 2월 7일.
(2) David Harvey, 「지배의 지리학」, 암스테르담 출판사, 파리, 2018년.

유통되다

회색, 갈색, 녹빛이 감도는 색조들. 단색의 작은 식탁 위에서 단 한 조각의 레몬만이 유일하게 빛을 발한다. 또 다른 정물화에는 중국산 자

기, 바닷가재, 유리 물병, 그리고 뢰머 잔(운두가 높은 와인잔)이 흰 식탁보 위에 놓여 있다. 그 앞 전경에는 다시 반쯤 껍질이 벗겨진 레몬 하나가 놓인다. 이와 같은 모티프는 17세기 네덜란드 황금시대에 유행한 '과시적 정물화'(Pronkstilleven)에서 자주 등장한다. 이 양식은 값비싼 도자기와 금은 보화 등을 통해 부와 세속적 성공을 과시하려는 욕망을 드러낸다. 피터르 클라스(Pieter Claesz)와 얀 다비츠드 헤임(Jan Davidsz de Heem)의 작품에서는, 결코 충족되지 않는 욕망이 물건과 동물, 식물의 형상을 통해 가시화된다.

감귤류는 이 시기 네덜란드 17세기 회화 작품 가운데 절반 가까이에서 모습을 드러낸다. 당시 안트베르펜(앤트워프)은 장거리 무역의 주요 거점 중 하나였다. 하역 인부들이 에스코 강변 선착장에서 지중해산 감귤류를 내리고 있었다. 이 과일은 매우 희귀했으며, 특히 '소빙기(Little Ice Age)'라 불리던 기후기에는 더더욱 그러했다. 1654년에서 1676년 사이, 극심한 한파로 인해 중국의 오렌지와 만다린 농장이 큰 피해를 입었다.(1) 그러나 세계화가 막 시작되던 시기, 정물화에 그려진 레몬은 이미 지구 곳곳의 노동과 시간이 점차 하나의 체계로 묶여가고 있음을 보여주는 상징이었다.

물류 체계의 통합은 시간을 완전히 지워버리고, 공간을 축소시켰다. 연중 내내 북반구의 식탁은 비시즌 수출 시장 덕분에 오렌지로 채워졌다.

오렌지가 인공 환경에서 재배되지 않는 한, 그것은 지구 반대편에서, "겨울처럼 즙이 풍부한" 상태로 운송되어야 한다. 이 과정은 처음부터 순탄했던 것은 아니다.

아르헨티나의 페드로 솔라리의 사례가 그것을 잘 보여준다. 그는 이 무역 방식을 처음 고안한 인물로, 1932년 안트베르펜과 런던으로 향한 그의 첫 화물은 냉장 설비가 부족했던 탓에 40%의 손실을 입을 수밖에 없었다.(2) 오늘날 남아프리카공화국은 세계 3위의 오렌지 수출국으로, 거의 이집트와 맞먹는 수준이며 스페인에 이어 뒤따르고 있다. (3)

오렌지 수출은 언제까지 지속될 수 있을까? '황룡병(黃龍病)'으로 알려진 병이 열대 지역의 감귤 농장을 휩쓸고 있다. 이 지역은 이미 태풍이나 가뭄에 취약한 상황에서, 이제는 심식성 흡즙 해충(피해를 주며 즙을 빨아먹는 곤충)인 심식나방 두 종이 옮기는 박테리아에 직면하고 있다.

국제농업개발협력센터(Cirad) 소속 연구자들은 이렇게 설명한다. "감염된 나무는 이에 반응해 다량의 당을 생성하게 되며, 그 당은 관다발(물과 영양분을 수송하는 조직)에 과도하게 축적되어 통로를 막아버립니다. 그 결과 열매는 형태가 일그러지고 색이 비정상적으로 변하며, 맛도 쓰고 떫어져 상품성이 사라집니다. 몇 년이 지나면 관다발이 완전히 막히고 나무는 결국 죽게 됩니다."(4)

현재로서는 감귤 농장을 폐쇄하거

나, 살충제를 집중적으로 살포하거나, 격리 조치를 취하는 방식 모두 효과가 없다. 브라질과 과들루프에서는 생산량이 붕괴 수준으로 감소했고, 플로리다에서는 지난 20년 동안 오렌지 생산량이 60% 이상 줄어들었다. 국제농업개발협력센터(Cirad)에 따르면, 이로 인해 오렌지 주스 산업은 30억 달러 이상의 손실을 입었으며, 관련 일자리의 절반 가까이를 잃었다.

호주와 지중해 연안 지역은 아직 피해를 피하고 있지만, 심식성 해충(psylles)은 이미 새로운 환경에 적응하고 있어 신규 감염지 발생에 대한 우려가 커지고 있다. 이러한 확산의 원인 중 하나는 감염 지역에서 가져온 접목용 묘목이나 관상식물의 자유로운 이동이다.

(1) 티모스 브룩, 『페르메이르의 모자 – 세계화의 여명기 17세기』, 파요(Payot), 파리, 2012.
(2) 델핀 메르시에, 마르코 쉬페르비엘, 「신선한 오렌지의 역사 또는 라플라타 유역 지역에서의 '민족적' 네트워크의 역사」, 『지리, 경제, 사회』, 제9권 3호, 아르퀼, 2007.
(3) 「2023년 국가별 오렌지(신선 및 건조) 수출 자료」, 세계은행, https://wits.worldbank.org
(4) Barbara Hufnagel 외, 「우리는 감귤 없는 세상에서 살게 될까?」, 2024년 8월 12일, www.cirad.fr

투쟁하다

한때는 크리스마스에 오렌지를 선물하곤 했다. 오늘날 감귤류는 사과, 바나나와 함께 프랑스인들이 가장 좋아하는 과일 중 하나로 꼽히며, 프랑스인의 1인당 오렌지 주스 연간 소비량은 약 25리터에 이른다.

연간 7천만 톤의 오렌지를 생산하기 위해서는, 북위 40도에서 남위 40도 사이에 걸친 지역에서 수많은 노동자, 기계, 그리고 농약이 동원된다. 브라질 상파울루 지역의 감귤 농부들은 살충제를 뿌리느라 몸이 망가지고 있으며, 하루에 최대 2톤까지 짐을 나르기도 한다. 어린이들마저 하루 12시간씩 노동에 투입되고 있다.

브라질의 다국적 대기업 세 곳은 세계 오렌지 주스 농축액 시장의 75%를 독점하고 있으며, 이들은 농장 노동자, 지방 행정, 소비자 모두에게서 수익을 거둬들인다. 2016년 브라질 정부는 이 카르텔에 3억 100만 헤알(약 4,800만 유로)의 벌금을 부과했지만, 농민들은 그 어떤 보상도 받지 못했다.(1)

"오렌지 생산 체계는 나무에서 슈퍼마켓 카트에 이르기까지 극도로 분절되어 있다고 볼 수 있습니다. 자본은 거의 들지 않지만 노동력에 대한 수요는 매우 큽니다." 연구자 질 레킹거는 이렇게 설명했다. 이탈리아 남부 칼라브리아의 로사르노에 위치한 감귤 농장에서는 아프리카 출신 일용직 노동자들이 노예 상태로 전락해 있다. 이들은 판자촌에서 농장까지 5킬로미터를 걸어가야 하거나, 고용주들이 운영하는 낡은 밴 차량에 5유로를 내고 꽉 껴서 타고 가야 한다. 운전 겸 감독을 맡은 관리자들의 자의적 지시에 따라 노동시간은 하루 13시간에 이르기도 하며, 그 대가는 25유로에 불과하다. 그러나 수확 노동자 수는 계속 늘고 있으며, 이탈리아의 비공식 농업 부문에서는 30만 명 이상을 고용하고 있는 것으로 추정된다. 이런 상황에서는 한 달에 열흘 이상 일하는 것도 쉽지 않다.(2) 2010년 1월, 이 이주노동자들은 결국 봉기했다.

그들의 봉기는, 같은 지역에서 이탈리아 공산당이 벌였던 투쟁의 연장이었다. 이는 이른바 '종이 오렌지' 제도에 맞선 투쟁이었다. 2000년대 후반까지, 마피아 조직 은드랑게타와 결탁한 일부 생산자들은 실제보다 과장된 생산량을 신고해 EU의 보조금을 부정하게 챙기고 있었다.(3) 또한 이 봉기는 2008~2009년, 유럽 시장에 오렌지를 공급하기 위해 혹사당하던 모로코 아틀라스 산맥 지역 여성 농민들의 분노와도 맞닿아 있었다.(4)

이 투쟁은 프랑스-스페인 국경의 철도 연결 지점인 세르베르에서 벌어진 여성 노동자들의 파업과도 닮았다. 양국은 철도 궤간이 달라 감귤류 화물을 환적해야 했고, 이 작업에 투입된 여성 노동자들은 극심한 노동 강도에 시달렸다. 결국 1906년, 그들은 반란을 일으켜 노동조합을 결성했고, 이는 프랑스 최초의 전면적인 여성 파업 중 하나였다.(5)

이 여성들은 운송업자들에게 임금 인상을 요구하며 철도 선로에 드러누워, 오렌지를 실은 열차의 진입을 막았다. 사측이 투입한 '노란 조합' 노동자들 역시 저지되었다. 이 역사적 승리를 기리기 위해 예술가 파스칼 에르프는 감귤 포장지를 디자인해 제작했다. **ID**

---

(1) 참고: 「오렌지 무역의 무자비한 세계」, *Déclics et des claques*, 제18호, 벨기에 와브르(Wavre), 2014년 9월. 또한 참조: Adrià Budry Carbó, Britta Delmas, 「적발된 상인들」, 2024년 9월 17일, www.publiceye.ch

(2) 질 레킹거, 「쓴 오렌지: 유럽에서의 새로운 노예제 얼굴」, 파리, 레종 다지르, 2023.

(3) William Bonapace, Maria Perino, 「쓴 오렌지: 로사르노와 조이아 타우로 평원의 사회 투쟁, 폭력, 착취」, On Borders, 2025년 3월 8일, https://onborders.altervista.org

(4) 세실 랭보, 「모로코 아틀라스 산맥 여성 농민들의 분노」, 〈르몽드 디플로마티크〉, 2009년 4월.

(5) 마티외 레핀, 「그녀들은 '아니오'라고 말할 용기를 가졌다: 1906년 세르베르의 오렌지 환적 여성들」, Une Histoire populaire, https://mathieulepine.wordpress.com, 2015년 8월 18일. 파스칼 에르프- 「저항의 감귤 포장지 10점」, 2017년. 세르베르 오렌지 환적 여성들에게 바치는 헌사.

글 · 알랑 포플라르 Allan Popelard &
그레고리 르젭스키 Grégory Rzepski
교사

---

* 국제 소박 예술 박물관(MIAM)은 베르나르 벨릭과 에르베 디 로자가 공동 설립한 기관으로, 〈쉬페르마르세〉 전시를 2026년 3월 8일까지 개최한다. 이 전시는 감귤류 포장지를 비롯해 소비자의 삶을 따라붙는 다양한 이미지들을 중심으로 구성되어 있으며, 소비와 이미지의 관계, 일상 속 시각문화의 흐름을 예술적 맥락에서 성찰하는 기획이다. 이번 전시는 MIAM과 몽펠리에의 예술센터 La Fenêtre, 그리고 디자이너 듀오 Rovo(세바스탱 데게이유와 가엘 상드레)가 공동 큐레이션을 맡았다. Rovo는 본 프로젝트를 위해 연구 장학금을 받기도 했다. 자세한 정보는 MIAM 공식 웹사이트에서 확인할 수 있다.

"표를 얻기 위해 극단을 중도화하라"

프랑스가 나치 점령에서 해방된 이후 처음으로, 극우 성향의 미디어 진영이 공적 담론의 공간에 형성되었다. 이 진영은 막대한 자금력과 강력한 영향력, 그리고 다층적인 매체 구조를 바탕으로 보수 언론을 자기 쪽으로 끌어당기는 동시에, 자유주의 성향의 언론에는 위기감을 조성하고 있다. 이처럼 극우와 자유주의라는 두 축으로 양분된 프랑스 언론계는 이제 각자의 진영에서 2027년 대통령 선거를 앞두고 정치 지형 재편에 본격적으로 나서고 있다.

세르주 알리미 & 피에르 랭베르 | 언론인

1995년 프랑스 대선 1차 투표를 불과 3주 앞두고, 『르몽드』의 감사를 지낸 뒤 정치·재계 자문역으로 활동하던 알랭 맹크는, 미테랑 정부 시절 총리를 지낸 자유주의 성향의 에두아르 발라뒤르와 전 유럽연합 집행위원장 자크 들로르가 맞붙지 못한 현실을 안타까워하며 이렇게 말했다. "우리는 독일처럼 중도우파와 중도좌파가 맞붙는, 선진국다운 선거전을 치를 수도 있었습니다. 하지만 정말 한 끗 차이로 그 기회를 놓치고 말았지요. 지금의 선거는, 정치를 통해 모든 것을 바꿀 수 있다는 환상과 꿈, 오로지 감성에 짓눌린, 프랑스 특유의 뿌리 깊은 극단성이 드러난 결과가 되고 말았습니다."(〈LCI〉, 1995년 4월 1일 방송)

이러한 중도 좌우 후보의 배제에 총력을 기울였던 프랑스 주류 언론 엘리트들 역시, 결국에는 대중의 선택에 대한 씁쓸한 회한을 곱씹게 되었다. 그들은 "포퓰리즘"에 물든, 지나치게 투박하고 교양 없는 민중을 비난했다.

하지만 종종 투표함 속에 가라앉곤 했던 자유주의자들의 희망은 여전히 되살아난다. 마치 30년 전의 메아리처럼, 지난 4월 영국 지방선거에서 양대 정당이 참패한 것을 두고 주간지 〈이코노미스트〉는 다음과 같이 논평했다. "불과 1년 전만 해도, 영국은 브렉시트 이후 10년의 광기를 벗

어나는 듯했다. 당시 리시 수낙과 키어 스타머 경이 맞붙은 선거는 무미건조했기에 오히려 신선하게 다가왔고, 두 사람 모두 소박한 옷차림의 기술관료이자, 전통적인 경제관을 지닌 성실한 일벌레로 여겨졌다."

이 매체는 손에 잡힐 듯했던 중도파의 낙원이 이제 영국에서도 물러나고 있다고 한탄했다. "노동당 대표 스타머가 승리한 뒤, 장관들은 영국이 격랑의 바닷속 '안정의 섬'이 되어 투자자들이 앞다투어 몰려들 것이라며 자랑했다. 그러나 오늘날 다시 고개를 들고 있는 것은 포퓰리즘의 맹렬한 기세다." (2025년 5월 2일자, 〈이코노미스트〉)

프랑스에서도 주요 언론 인사들은 2년 뒤 예정된 대통령 선거에서 비슷한 혼란이 재현되지 않도록 분주히 움직이고 있다. "정치적 위기에서 벗어나려면 극단을 중도화해야 한다"라고 〈르몽드〉 정치 칼럼니스트 프랑수아즈 프레소즈는 경고했다(2024년 12월 31일자). 그렇다면 어떻게 해야 할까? 1995년, 당시 국민전선(FN)은 지지율 15%에 머물렀지만, 오늘날 그 후신인 국민연합(RN)은 그 수치를 두 배로 끌어올렸다.

반동적 민족주의는 전 세계적으로도 바람을 타고 있다. 30년 전만 해도 〈르몽드〉, 〈TF1〉, 〈프랑스 텔레비지옹〉, 〈리베라시옹〉, 〈르 누벨 옵세르바퇴르〉, 〈프랑스 앵테르〉 등 주요 정치 보도 매체들은 강력한 영향력을 행사했으며, 그 사설의 논조는 자유주의적 보수와 사회자유주의 사이에서 움직였다. 이제 이들의 영향력은 프랑스 본토의 고학력 계층 일부에만 국한되며, 극우 매체의 부상은 주류 언론의 입지를 더욱 위태롭게 만들고 있다.

극우 진영이 노리는 '중도화' 전략

볼로레 미디어 그룹(〈CNews〉, 〈Europe 1〉, 〈Le Journal du dimanche〉 등을 소유)의 부각, 극우 억만장자 피에르-에두아르 스테랭의 빈번한 언론 개입, 인플루언서와 유튜브 채널들이 형성한 영향력 있는 네트워크, 그리고 극우 주간지 〈발뢰르 악튀엘〉, 〈프롱티에르〉, 보수적인 시각의 〈르피가로 매거진〉, 〈르피가로〉의 '오피니언' 지면(극우정치인 에리크 제무르가 배출된 곳)의 협력 덕분에, 프랑스의 언론 지형은 두 개의 축을 중심으로 재편되었다.

하나는 문화적으로 자유주의적이며, 다른 하나는 극우에 가까운 초보수주의적 성향을 띠고 있다. 그러나 이 두 축 모두 에마뉘엘 마크롱 대통령이 이끄는 정부의 경제 정책과 충분히 양립할 수 있는 성격을 지닌다.

이러한 상황에서, 30년 전 꿈꾸었던 들로르–발라뒤르식 대결의 현대판, 즉 프랑스 출신 유럽의회 의원인

라파엘 글룩스만과 마크롱 정권 초대 총리였던 에두아르 필리프 간의 맞대결은 실현 가능성이 점점 낮아지고 있다. 국민연합(RN)이 차기 대선 결선에 진출할 가능성이 매우 높기 때문에 기존의 시나리오는 조정이 불가피한 상황이다.(1)

극우 진영에서는 '극단을 중도화한다'는 명목 아래, 내무장관 브뤼노 르타이오나 국민연합의 조르당 바르델라 대표를 밀어주는 쪽으로 전략이 바뀔 수 있다. 국민연합 대선주자였던 마린 르펜은 지나치게 '사회적'이고, 유럽연합에 대해 비판적이며, 우크라이나에 대한 군사 지원에 무관심하다는 이유로, 다루기 까다로운 인물로 여겨지고 있기 때문이다.

24시간 뉴스 채널을 통해 대대적으로 보도되고, 정치담당 기자들이 주도하고 소비하는 여론조사는 이러한 전략에 힘을 실어준다. 5월 12일 〈르 피가로〉에 실린 여론조사는 "2027년 대선-르펜은 하락, 바르델라는 상승, 필리프는 중도 진영에서 선호"라는 제목을 달았다. 이 조사는 마치 똑같은 복제품 백 개쯤은 손쉽게 찍어낼 수 있는 '틀'을 제공한 셈이다. 왜냐하면, 여기서 강조된 '하락'은 실제 투표 의향이나 출마 희망 여부와는 무관하고, "다음 인물이 결국 출마할 수 있을 거라고 생각하십니까?"라는 질문에 대한 응답을 말하기 때문이다.

마린 르펜의 경우, 2~5월 사이 해당 응답률이 74%에서 53%로 20%포인트 이상 떨어졌다. 그럴 만한 이유도 있다. 3월 31일, 그녀는 항소하지 않으면 출마할 수 없는 형을 선고받았기 때문이다. 이에 대해 여론조사기관 IFOP의 조사원은 이렇게 '과감하게' 예상한다. "어쨌든 조르당 바르델라는 시간이 지날수록 자연스레 그의 진영을 대표하는 후보로 떠오를 수 있습니다." 그렇다면 한 인물의 '등장'을 돕는 가장 효과적인 방법은 무엇일까? 바로 다른 인물의 '퇴장'을 앞당기거나, 두 인물 간의 '경쟁 구도'를 조장하는 일이다.

여론조사 조작의 스펙트럼

같은 방식의 여론조사 조작은 정치 스펙트럼의 반대편에서도 나타난다. 주로 라파엘 글룩스만을 부각시키기 위한 것이며, 급진 좌파정당 '불복하는 프랑스'(La France Insoumise 라 프랑스 앙수미즈, 약칭 LFI)에 소속되지 않은 다른 많은 잠재 후보들 가운데 그는 언론이 특히 편애하는 인물이다. LFI와 장뤽 멜랑숑에 대한 지속적인 비난은 프랑스 언론 보도의 '시그니처 메뉴'로 자리 잡은 지 오래다. 도대체 파리 언론계는 이 임무에 몇 명의 전담 인력을 두고 있는 걸까 싶을 정도다. 더욱 기이한 것은, 이런 공격에 열을 올리는 이들조차 LFI의 승리를 거의 불가능하다고 보고 있다는 사실이다.

2025년 4월 24일, 공영방송 〈France 2〉의 탐사 보도 프로그램 '추가 조사(Complément d'enquête)'가 장뤽 멜랑숑을 겨냥해 방영된 뒤, 프랑스 전역에서 그 방송을 둘러싼 논란이 일었다. 그리고 단 2주 뒤, 같은 논조를 담은 『집단(La Meute)』이란 책이 전례 없는 조명을 받으며 출간되었다. 장뤽 멜랑숑의 '불복하는 프랑스'를 비판적으로 분석한 폭로성 책이다.

2025년 5월 6일부터 8일까지, 인도와 파키스탄이라는 두 핵보유국 사이에서 무력 충돌이 벌어지고, 가자 지구에서는 기근의 참혹함이 일어나는 동안에도, 〈리베라시옹〉, 〈프랑스 앵테르〉, 〈RTL〉, 〈발뢰르 악튀엘〉, 〈르몽드〉, 〈르 누벨 옵세르바퇴르〉, 〈BFM TV〉, 〈마리안느〉, 〈LCI〉, 〈프랑스 퀼튀르〉 등 주요 언론은 이 책의 출간 소식을 보도하는 데 한목소리를 냈다. (2)

미디어 감시단체 '아크리메드(Acrimed)'는 이 '거대한 보도 쏠림 현상'을 "다양성의 쓰나미"라 꼬집으며, 두 차례에 걸쳐 그 실태를 분석해야 했다.(3) 온갖 사회적 갈등으로 분열된 이 나라에서, 좌파 정당을 겨냥한 언론의 '거룩한 연대'는 거의 기적이라 할 만하다. 예컨대 5월 6일, 〈르 푸앙〉 웹사이트에서는 〈리베라시옹〉 기자와 〈렉스프레스〉 전직 기자이자 〈르몽드〉의 새 필진이 공동 집필한 이 책에 대한 찬사가 실렸다.

곧이어 〈프랑스 앵테르〉에서는 이들 두 저자를 청취율이 가장 높은 황금시간대에 초대해 극진히 대우했고, 곧이어 〈프랑스 퀼튀르〉 역시 같은 방식으로 호응했다. 이후

〈마리안느〉, 〈RTL〉, 〈미디어파르〉가 바통을 이어받았다. 그날 아침, 〈프랑스 앵테르〉의 소니아 드빌레르는 방송에서 이들에게 이렇게 물었다.

"오늘날 '불복하는 프랑스'(LFI)란 조직이 반유대주의를 생산하는 기계라고 보십니까? 예, 아니오로 답해주세요." 지나치게 단순화시킨 질문에 당황한 두 저자는 결국 부정적인 답변을 내놓을 수밖에 없었다.

정형화된 편집 주제, 다섯 가지 'I'

이러한 일시적인 광란 상태(혹은 단순한 유착 관계)를 제외하면, 오늘날 프랑스 언론 지형의 변화는 비교적 간단히 요약된다. 즉, 좌파 성향의 주요 언론 매체가 부재한 상황에서, 지친 중도 진영을 대신해 극우 진영이 확장되면서 전체적인 담론이 극우 쪽으로 기울고 있는 것이다.

이러한 흐름은 종종 뱅상 볼로레가 소유한 미디어 그룹의 영향력과 연결되곤 한다. 이 그룹은 국민연합(RN)이나 그 위성 정당들, 이를테면 과거 '공화당(LR)'이라 불렸던 옛 공화 우파를 밀어주는 것으로 알려져 있다.

그러나 이 설명만으로는 부족하다. 볼로레라는 브르타뉴 출신 억만장자와 관련이 없는, 수많은 언론들뿐 아니라, 과거에는 르펜 일가의 정당에 '방어선'을 쳤던 지식인들과 정치인들까지 이제는 그 정당의 '선전원' 역할을 하고 있다. 더욱이, 〈CNews-EUROPE 1〉 모델은 저비용, 시청률 면에서의 수익성, 그리고 낮은 직업적 요구 수준이라는 이유로 매력을 끈다.

세상이 어떻게 돌아가든 간에, 편집 일정은 정형화된 세 가지 'I' 주제에 집중된다. 즉, 치안 불안(Insécurité), 이슬람(Islam), 이민(Immigration)이다. 그런데 지난 18개월 사이에 여기에 네 번째 주제가 추가되었는데, 바로 "이스라엘(Israël) - 방어하라"이며, 심지어 다섯 번째 항목까지 더해졌다. 그것은 "Insoumis(불복하는 프랑스의 약칭-역주) - 제거하라"다.

이러한 '정신적 오각형' 구조에서는, 어떤 알고리즘이든 논란을 연쇄적으로 만들어내기에 충분하다. 그리고 소셜미디어라는 '반향실'(la chambre d'écho)은 이 과정을 식은 죽 먹기처럼 쉽게 만든다. 〈CNews-EUROPE 1〉의 대표 질문자이자, 〈르 주르날 뒤 디망슈〉의 칼럼니스트인 소니아 마브루크가 즐겨 쓰는 방식은 다음과 같다.

우선, 불복하는 프랑스(LFI)나 생태주의 진영 활동가가 한 어리석거나 서툴거나 왜곡된 발언(트윗 하나면 충분하다)을 포착한다. 그다음, 해당 정당의 책임자에게 이 발언을 비판하고 징계하라고 압박한다. 이후, 말 많은 인사들을 돌며 극우 의원, 무명 상태를 벗어나고 싶은 마크롱 진영 하급 여성 장관, 혹은 로베르 메나르('국경없는 기자회'를 창설한 언론인-역주)의 '분노 발언'을 채집한다. 이 모든 것을 'X(옛 트위터)'에 올려 썰고 다듬은 다음, 이제는 프랑스의 대표 뉴스 채널이 된 〈CNews〉 스튜디오에서 요리해 내놓는다.

"개똥지빠귀가 없으면 티티새라도 먹는다"라는 속담처럼, 저급한 사건 하나쯤으로도 방송은 충분히 채워진다. 이를테면 "경찰에도 악명 높은 인물"이 "할머니와 손녀를 공격"한 사건은 유명 방송인 소니아 마브루크가 국민연합 조르당 바르델라 대표에게 "이건 어떤 징후라고 생각하십니까?"라고 묻기에 안성맞춤이었다(2023년 6월 20일). 국민연합(RN) 대표가 당황할 만도 했지만, 그는 주저 없이 이렇게 답했다.

"이 공격은 프랑스 사회가 야만적으로 되어가는 것을 보여주는 징후입니다." 가자지구 전쟁이 시작된 지 사흘 후, 마브루크는 주저하지 않고 마린 르펜에게 물었다. "이러한 테러 행위를 비난하지 않은, 특히 '불복하는 프랑스' 계열의 의원들의 면책특권을 박탈하자는 제안에 동의하십니까?" 그리고 이것은 거의 〈CNews〉에서 일상적인 질문에 가깝다.

지난 3월 24일 루앙에서, 한 랍비가 "때리고, 모욕하고, 물기까지 한" 사건이 있었다. 가해자는 "모로코인, 팔레스타인인 등 여러 정체성을 가진 16세 소년"으로 보도됐다. 이 사건에 대해 마브루크는 마누엘 발스 전 총리를 초대해 이렇게 질문했다. "이 공격은 극좌, 특히 '불복하는 프랑스'(LFI)가 조장한 '반유대주의적 분위기' 때문이라고 볼 수 있지 않습니까?"

그러나 마법처럼, 이같은 질문 스타일은 한 달 후 〈CNews〉에서 사라졌다. 가르(Gard) 지역의 한 모스크에서 한 젊은 무슬림이 칼에 찔려 살해당한 사건 이후였다. 이번에는 브뤼노 르테이오 내무장관이 조장한 '이슬람 혐오적 분위기'가 이번 공격의 배경이라는 지적이 제기되자, 〈CNews〉 스튜디오에 있던 한 기자가 격분해 소리쳤다. "장관 등에 표적을 그려놓는 건 정말 역겹다고 생각합니다!"(2025년 4월 27일 방송)

한때 엄격히 분리된 범주에 속해 있던 극우 저널리즘은 이제 자유주의 진영의 주변부까지 강력한 영향력을 행사하고 있다. 〈누벨 옵세르바퇴르〉에서 언론 경력을 시작한 프란츠-올리비에 지스베르는 〈르푸앙〉에 실은 칼럼의 제목을 "소니아 마브루크 대통령"이라 붙였다(2024년 10월 3일). 그리고 마크롱 지지 성향의 억만장자인 로돌프 사아데는 자신이 소유한 방송사 〈BFM TV〉에서, 국민연합(RN)을 포함한 '우파 연합'을 지지해온 마브루크에게 '대선 정국의 중심 토론 무대 중 하나'의 진행을 제안하기도 했다. 마브루크는 이를 고사했지만, "이토록 주의를 기울여준 사아데의 노고에 감사합니다"라며 이렇게 덧붙였다. "평범한 자리에서도 저는 종종 잊혀진 작은 선율, 곧 '사상의 선율'을 들려드리려 노력하고 있습니다."(4)

유명 극우 언론인,
"'불복하는 프랑스'는 국민연합보다 더 끔찍해"

그녀만이 이 '파트'를 연주하는 것은 아니다. 극우 성향에 가까운 언론인 알렉상드르 드베키오는 〈르 피가로〉 및 〈르 피가로 매거진〉에서 이데올로기적 지휘자 역할을 맡고 있다. 그의 칼럼은 현재 이들 매체에 정기적으로 실리고 있으며, 그가 책임지는 〈르피가로〉의 「토론」 지면은 대체로 국민연합(RN)에 직접적으로 찬성하거나, 혹은 '불복하는 프랑스'(LFI)를 견제하기 위해서라도 RN에 투표할 용의가 있다고 밝힌 인사들―지식인, 학자, 대학 교수들―의 글을 싣는다.

드베키오는 이에 그치지 않고 〈CNews〉에도 활발히 출연하며, 〈르피가로〉「사상」면의 동료이자 동지인 외제니바스티에 역시 그와 함께 활동하고 있다. 또한 뤽 페리 전 교육부 장관은 〈르피가로〉에 매주 목요일 칼럼을 연재하고 있으며, 〈LCI〉(텔레비전 TF1 그룹)에서는 매주 일요일 자신의 프로그램을 진행한다.

자크 시라크 정권 당시 교육부 장관이었던 그는 2025년 4월 6일 방송에서 "'불복하는 프랑스'는 국민연합보다 훨씬 더 끔찍하다"라고 거듭 주장하며, 르펜 대 멜랑숑 구도의 결선 투표라면 르펜에게 투표할 것이라고 밝혔다. 비록 그러한 결선 구도는 현실적으로 가능성이 낮아 보이지만, 이 가상의 양자 대결은 프랑스 언론에서 끊임없는 논쟁과 발언의 원천으로 작용하고 있다.

뤽 페리의 선택은 부르주아 우파 진영 내에서 결코 예외적인 사례가 아니다. 2024년 7월, 파스칼 페리노―대학 교수이자 과거 시앙스포(Sciences Po)의 핵심 인사―는 〈르피가로〉(2024년 7월 5일 자) 지면을 통해 "신인민전선(NFP)에 맞서야 한다"라고 촉구했다. 예전의 방어선이 이처럼 완전히 무너진 덕분에, 드베키오는 억만장자 다니엘 크레틴스키 산하 언론 부문을 총괄하는 마크롱 지지자 드니 올리벤으로부터 〈마리안느〉 편집국장직을 두 차례 제안받기도 했다.(5)

그리고 〈르피가로 매거진〉과 〈르푸앙〉 같은 간행물들이 아직은 어느 정도 차별성을 유지하고 있는 것처럼 보일 수 있으나, 이는 편집 방침 때문이 아니라 단지 정도의 차이일 뿐이다. 두 매체 모두 극우 담론의 다섯 가지 'I'―치안 불안, 이슬람, 이민, 이스라엘(옹호), 불복하는 프랑스(파괴 대상)―를 빠짐없이 다루고 있다. 이들이 국민연합(RN)을 향해 가하는 주요 비판은 다름 아닌, 신자유주의적 충격요법을 거부한다는 점이다. 하지만 이 비판은 그다지 결정적인 장애물이 되지 않을 것이다. 특히 바르델라가 2027년 국민연합(RN)의 대선 후보가 되고, 자본가 계층이 그에게 점점 더 성공적으로 구애하고 있는 지금이라면 더욱 그렇다.

프랑스 언론이 균형을 회복하나?

피상적인 시선으로 보자면, 프랑스 언론 지형의 극우화

는 일종의 '균형 회복'으로 해석되기 쉽다. 전체 유권자의 약 40%를 차지하는 다양한 극우 성향 이념이, 그 정치적 영향력에 비례하는 언론 자원을 갖는 것이 당연하다는 논리다. 요컨대, 언론은 정치 세력 간의 힘의 균형을 단순히 '반영'하는 데 그치지 않고, 오히려 그 균형을 '형성'하기도 한다. 프레소즈와 민크가 주장한 '극단의 중도화'는 그 대표적인 사례.

프랑스 저널리즘의 두 주요 진영 모두 이 작업에 일조하고 있다. 좌파 언론은 '불복하는 프랑스'를 향한 끊임없는 공격을 통해 이 기조를 분명히 드러내며, 우파 언론은 치안, 이슬람, 이민, 이스라엘, '불복하는 프랑스'라는 다섯 가지 'I' 주제로 공적 담론을 잠식하면서 같은 흐름을 더욱 은밀하게 재현하고 있다.

하지만 언론이 수행하는 이 '중심으로의 회귀 작업'은 경제 및 사회적 의제에 초점을 맞출 때 더욱 뚜렷해진다. 〈CNews–Europe 1〉, 〈르피가로〉, 〈르 주르날 뒤 디망슈〉, 볼로레와 스테랭의 언론 네트워크는 기업 중심의 경제, 자유무역, 대서양 동맹, 우크라이나 지지와 같은 사안을 중심으로 국민연합(RN)을 이끌어가기 위해 전력을 기울이고 있다.

이러한 우파 통합은 이미 이탈리아의 조르자 멜로니 총리(6) 사례에서 관찰된 바 있으며, 프랑스에서도 마찬가지로, 초보수 언론 진영이 르테이오 계열 공화당(LR)과 성향이 유사한 RN 내부 분파에 힘을 실어줄수록 더 빠르게 진행될 것이다. 르테이오는 마린 르펜을 향해 "그녀는 더 이상 우파가 아님을 스스로 입증했다"라고 단언하며, "그녀의 경제적 사고방식은 우리보다도 CGT(프랑스 노동총동맹) 사무총장 쪽에 더 가깝다"라고 강조했다.(〈르피가로〉, 2025년 5월 16일자)

사회, 문화, 이민 문제에만 초점을 맞춘 우파와 중도파 간의 치열한 대립, 그리고 좌파는 언론에 등장하더라도 공격의 대상이 되거나, 중도파 진영이 '극단'에 맞서 싸운다는 명분을 세우기 위한 들러리 역할에 그치는 현실. 이런 조건들 속에서 공론장을 성공적으로 통제하려면, 시민들이 정치에 무관심하고 과거를 잊고 있어야만 한다. 그러나 1995년에도 이와 유사한 시도는 좌절을 겪은 바 있다. 30년이 지난 지금, 같은 실수가 반복되지 않으리란 보장은 어디에도 없다. **ld**

글 · 세르주 알리미 Serge Halimi & 피에르 랭베르 Pierre Rimbert
언론인. 프랑스 및 국제 정치에서 언론의 권력 작동 방식과 담론 통제 문제를 비판적으로 다루고 있다.

(1) 2024년 6월 유럽의회 선거에서 국민연합(RN)은 유효 투표의 31.3%를 획득했고, 직후에 열린 총선에서는 동맹 세력을 포함해 33.2%를 얻었다.
(2) 샤를로트 벨라이슈(Charlotte Belaïche)와 올리비에 페루(Olivier Pérou), 『Maute 무리』, 플라마리옹(Flammarion), 파리, 2025.
(3) 막심 프리오(Maxime Friot), 「멜랑숑: 정치 기자들은 무리 사냥을 한다」, 그리고 폴린 페르노(Pauline Perrenot), 「앙수미즈에 대한 언론의 집요함이 말해주는 것」, 2025년 5월 6일 및 15일, www.acrimed.org
(4) 〈르피가로〉, 파리, 2025년 5월 7일.
(5) LeMonde.fr, 2024년 12월 19일.
(6) 브누아 브레빌(Benoît Bréville), 「멜로니 모델」, 〈르몽드 디플로마티크〉, 2023년 7월.

의문이 계속되는 유럽의 이스라엘 지지

가자에서 드러난 서구 자유주의 진영의 위선

민간인 학살이 18개월간 계속되고, 이스라엘 국가 최고위층에서 집단학살적 담론이 일상화된 이후에야, 런던과 오타와, 브뤼셀은 텔아비브에 경제적 압박을 가하는 방안을 검토하기 시작했다. 이 와중에도 베냐민 네타냐후 이스라엘 총리는 가자지구 전체를 장악하겠다는 의지를 굽히지 않고 있다. 이처럼 미온적인 서방 강대국들의 뒤늦은 반응은 국가 이익보다 인권, 민주주의 등 보편적 가치를 우선시하고 있다는 '가치 외교'의 근본적인 모순을 적나라하게 드러낸다.

질베르 아슈카르 | 런던대 동양 · 아프리카학부(SOAS) 국제관계학 교수,
중동 · 북아프리카(MENA) 지역 전문가.

2023년 10월 7일 이후, 팔레스타인 민중의 오랜 수난사 중 가장 참혹한 국면이 펼쳐지고 있다. 이는 1948년의 나크바(Nakba)보다도 더 끔찍하다. 아랍어로 '재앙'을 뜻하는 나크바는, 지금은 흔히 '민족 정화'라고 불리는 사건을 가리킨다. 하지만 오늘날의 재앙은 그보다 훨씬 더 심각한 집단학살을 동반하고 있다. 팔레스타인을 덮친 이 비극을 제대로 지칭하려면, 나크바보다도 더 강한 아랍어가 필요하다. 그 단어는 '카리타

(karitha, 참화)'다.

이스라엘은 가자지구 주민 일부를 학살하면서도, 서안지구와 가자 양쪽 모두에서의 '정화' 작업을 결코 멈추지 않고 있다. 2024년 5월 6일, 이스라엘 재무장관 베잘렐 스모트리치는 요르단강 서안의 정착촌 오프라에서 열린 한 회의에서 다음과 같이 말했다. "가자는 완전히 파괴될 것이다. 그 이후 민간인들은 남쪽으로 보내지고, 그곳에서 대규모로 제3국으로 떠나기 시작할 것이다."(1)

도널드 트럼프는 이번 사태를, 2020년에 외면받았던 '세기의 거래'를 새롭게 추진하고 아랍 국가들을 끌어들이는 계기로 활용할 수 있다.(2) 그러나 '민족 정화'라는 시나리오를 고려할 때, 비록 형식적이고 무력한 위성국가에 불과하더라도, '팔레스타인'이라는 이름을 지닌 국가가 존재하는 편이 오히려 그것보다는 더 나은 선택처럼 보일 수도 있다.

트럼프 복귀 이전부터, 심각하게 붕괴된 국제질서

사우디아라비아가 이스라엘과의 관계 정상화에 나서면, 바레인과 아랍에미리트, 모로코, 이집트, 요르단과 같은 국가들의 대열에 합류하게 된다. 이는 미국 트럼프 대통령과 이스라엘 네타냐후 총리에게 외교적 성과로 포장될 수 있지만, 팔레스타인 문제의 본질을 해결하지는 못한다. 결국 중동의 미래는 국제 질서 전반의 불안정성과 맞물려 더욱 어두운 전망을 낳고 있다.

국제 질서의 붕괴는 트럼프의 백악관 복귀로 시작된 것이 아니다. 〈뉴욕타임스〉의 언론인 미셸 골드버그는 이렇게 보도했다. "트럼프가 집권하기 전부터, '규칙에 기반한 국제 질서'는 이미 심각하게 붕괴된 상태였으며, 그 주요 원인 중 하나는 바이든 대통령이 가자지구 파괴에 공모했다는 점이다."(3)

사회학자 야길 레비도 다음과 같이 지적했다. "이스라엘은 과거처럼 국제 사회의 묵인이 없었다면, 이번처럼 가자지구에 대한 지상군 작전을 감행하지 못했을 것이다."(4) 이는 곧, 이스라엘에 실질적인 영향력을 행사할 수 있는 국가들, 특히 1960년대 말부터 이스라엘의 주된 후원국이 되어온 미국을 가리킨다. 그런데 워싱턴은 동맹을 자제시키기는커녕, 오히려 적극적으로 동참했다. 비록 미군이 직접 가자지구를 폭격하지는 않았지만, 몇 달간에 걸쳐 '미국-이스라엘 공동 전쟁'에 열정적으로 가담한 것이다.(5)

조 바이든 대통령의 이스라엘에 대한 열성적인 지지는 본질적으로 이념적이다. 이는 오히려 트럼프보다 더한 수준이었는데, 트럼프의 첫 임기는 미국 내 초당적 합의의 한계를 넘는 친이스라엘 정책으로 주목받았다. 민주당 소속인 바이든은 전임자 트럼프 때의 친이스라엘 조치를 철회하겠다고 약속했지만, 실제로는 그 정책을 계승했을 뿐만 아니라, 가자지구에 대한 이스라엘의 장기적 군사 공세를 무조건적으로 지지함으로써 그 선을 훨씬 넘어서 버렸다. 따라서 이러한 행보는 놀랍다고 할 수 없다.

2020년 민주당 경선 전, 언론인 피터 바이너트는 바이든의 "이스라엘 관련 기록은 매우 우려스럽다"라고 경고한 바 있다. 그는 2020년 1월 27일 〈쥬이쉬 커런츠(Jewish Currents)〉에 발표한 글에서 오바마 행정부 초기에, 백악관이 팔레스타인 국가 수립 가능성을 지키기 위해 네타냐후에게 압박을 가하려 했을 때, 바이든이 누구보다 적극적으로 이스라엘 총리를 옹호했다고 주장했다.(6)

바이든, "이스라엘을 나보다 더 도운 정부는 없다"

1973년 아랍-이스라엘 4차 전쟁(욤키푸르 전쟁) 중, 리처드 닉슨 대통령은 미국의 유대계 사업가 레너드 가먼트에게 이렇게 말했다. "나는 시온주의자요. 시온주의자가 되기 위해 유대인일 필요는 없소." 바이든 대통령 역시 재임 중 여러 차례 공식 석상에서 똑같은 발언을 했다. 그리고 2023년 10월 7일의 하마스 공격 이후 1년이 지난 시점에, 가자에 대한 이스라엘의 공세가 집단학살적 성격을 띠기 시작했다고 유수의 인권단체들이 경고하고 있었음에도,(7) 조 바이든 대통령은 이렇게 자랑했다. "어떤 행정부도 나보다 이스라엘을 더 많이 도운 적은 없다. 없다. 없다. 없다."(8)

하마스가 감행한 이번 공격의 트라우마적 성격은, 무엇보다 서구 사회에 깊은 충격을 안겨주었다. 자신들과 비슷한 이들이 재난을 겪는 데 민감한 서구인들은, 그 장면들을 보며 '자기 동일시적 연민'(self-identificatory compassion)이라 부를 만한 반응을 보였다. 이러한 정서는, 서유럽 국가들—특히 독일, 오스트리아, 프랑스, 이탈리아—이 나치의 유대인 집단학살에 가담했거나 이를 방조했다는 죄책감과 맞물리며, 이스라엘에 대한 전례 없는 수준의 무조건적 연대감을 낳았다. 아이러니하게도, 오늘날 이스라엘 지도부는 과거 나치가 박해했던 이들과 유사한 사람들—인종차별의 피해자, 좌파 운동가 등—을 공격하고 있다.

이스라엘이 가자지구와 같은 좁은 인구 밀집 지역에 대해 대규모 군사작전을 벌이며, 사실상 집단학살에 가까운 폭력을 가하고 있는 상황은 매우 모순적으로 보인다. 왜냐하면, 이스라엘이라는 국가는 본래 1940년대 유대인들이 나치로부터 당한 '홀로코스트'의 비극을 계기로, 세계가 보편적 인권과 인도주의 정신을 교훈으로 삼아야 한다는 전제에서 출발한 세계 질서의 일부이기 때문이다.

그러나 오늘날 이스라엘과 서구 국가들은, 이 역사적 비극을 특정 민족(유대인)만의 고유한 고통으로 한정하는 민족주의적 관점을 취함으로써, 팔레스타인인에 대한 폭력을 정당화하고, 그들의 고통에 둔감한 이중적 태도를 보이고 있다. 이는 결국, 유엔 헌장에 기반해 인류 보편의 평화와 인권을 약속했던 전후 국제 질서가 이념적으로도, 현실적으로도 무너지고 있음을 보여준다.

이처럼 전후 국제질서가 흔들리는 가운데서도, 국제 평화와 인권을 제도적으로 뒷받침하려는 노력은 중요한 진전을 이뤘다. 대표적으로, 국제사법재판소(ICJ)의 창설은 1922년 설립된 국제연맹 산하 상설 국제사법재판소를 대체하며 국가 간 분쟁의 중재 기능을 이어받았다. 또한 1949년에 채택된 새로운 제네바 협약은 국제인도법의 틀을 강화하고, 전쟁 규범의 적용 범위를 민간인 보호까지 확대하는데 기여했다. 그러나 1945년 4월 프랭클린 루스벨트 미국 대통령의 서거와, 그 뒤를 이은 우익 성향의 해리 트루먼 대통령은 중요한 전환점으로 작용했다.

1945년에 수립된 국제질서는 그리 오래가지 못해 빠르게 무너졌다. 냉전은, 한쪽에겐 공산주의에 맞서 싸우는 전쟁, 다른 쪽에겐 미국 제국주의에 저항하는 투쟁이라는 명분 아래, 유엔 헌장을 전반적으로 무시하는 구실이 되었고, 그 중심에는 특히 미국의 태도가 자리했다. 그 결과, 보편적 자유주의는 대서양주의적 자유주의 즉, 미국 중심의 서방 자유주의로 대체되었다. 그리고 1990년대 소련 블록의 붕괴는, 단지 세계 권력 균형의 급격한 변화에 그치지 않고, 서방 진영에겐 하나의 '이념적 승리'로 받아들여졌다.

미국이 개입한 코소보 전쟁, 국제법을 정면으로 위반한 중대 사례

워싱턴은 세계 질서를 재편할 수 있는 이 기회를 적극적으로 활용하고자 했다. 미국이 압도적인 영향력을 행사하던 일극 체제(unipolaire) 시대에, 워싱턴은 자국의 패권적 위상이 위협받지 않는 범위 내에서, 인권과 민주주의의 확대를 위한 국제기구 설립 등 이상주의적 시도들이 일부 실현되도록 허용했다.

이러한 노력은 한편으로는 2002년, 국제형사재판소(ICC)의 설립으로 구체화되었다. 이 재판소는 개인을 대상으로 집단학살, 반인류범죄, 전쟁범죄, 침략범죄 등 네 가지 범죄를 기소하고 처벌하는 국제 사법 기구다.

다른 한편으로는, 2005년 9월 16일 유엔 총회가 '보호할 책임' 원칙을 채택하면서 그 방향이 더욱 명확해졌다. 이 원칙은 국가 주권을 초월하여, 다음과 같은 경우 유엔 안전보장이사회를 통한 단호한 집단적 행동을 허용한다. 평화적 수단이 효과를 발휘하지 못하고, 각국 정부가 자국민을 집단학살, 전쟁범죄, 민족 정화, 반인류범죄로부터 명

백히 보호하지 못할 경우, 유엔 헌장(특히 제7장)에 따라, 필요시 유관 지역기구와 협력하여, 사례별로 집단적 조치를 취할 수 있도록 한다.

이러한 국제 사법 기구들이 설립되기 이전, 미국은 아프리카의 '아프리카의 뿔' 지역(소말리아 등)과 발칸 반도에서 일련의 '인도적 개입'을 주도한 바 있다.(9) 그들은 세르비아군에 의해 자행된 보스니아계 민간인 학살을 '집단학살'로 규정할 것을 강하게 주장했다. 하지만 오늘날 가자에서 벌어지고 있는 대규모 학살에 비하면, 당시의 학살은 그 규모와 강도 면에서 초라해 보일 정도다. 그럼에도 미국은 당시 내세운 이상주의적 명분과는 달리, 실제로는 새로운 '냉전' 구도를 촉발하는 방향으로 국제 정책을 전개했다. 바르샤바 조약기구가 해체된 이후에도 북대서양조약기구(NATO)는 해산되지 않았으며, 오히려 모스크바와 과거 밀접한 관계를 맺었던 국가들, 심지어 옛 소련의 일부 공화국들까지 북대서양조약기구(NATO) 가입을 목표로 삼는 점진적인 동진(東進)을 이어갔다.

이로써 미국은 동맹국들과 함께 군사적 집단개입이라는 새로운 단계로 나아가게 되었고, 그 첫 번째 사례가 1999년 코소보 전쟁이었다. 이 전쟁은 러시아와 중국의 거부권을 피하기 위해 유엔 안전보장이사회를 우회하면서 진행되었고, 1990년 이후 국제법 질서를 정면으로 위반한 첫 중대한 사례로 기록된다. 이처럼, 잠시 등장했던 '신세계 질서'는 결국 허망한 순간에 불과했다.

'보호할 책임' 원칙이 배제된 가자 지구, 서방이 주장한 '자유주의적 정당성' 실추

1998년 로마 회의에서 미국과 이스라엘은 국제형사재판소(ICC) 규정의 채택에 반대표를 던졌다. 두 나라 모두 이후에는 서명은 했지만, 비준하지 않았고, 오히려 최종적으로 탈퇴했다. 미국은 2002년 이라크 침공에 앞서 ICC에서 탈퇴했는데, 이는 1990년 이후 국제법 질서를 두 번째로 중대하게 위반한 사건이었다. 이스라엘 역시 2001년부터 시작된 제2차 인티파다(팔레스타인 민중 봉기)에 대한 무력 진압 과정에서 국제인도법을 반복적으로 위반한 끝에 ICC에서 탈퇴했다. 이렇게 해서 조지 W. 부시 미 행정부와 아리엘 샤론 이스라엘 정부가 각각 주도한 전쟁들은 이제 '테러와의 전쟁'이라는 공동의 깃발 아래 진행되었으며, 이는 과거의 반공주의처럼, 국제질서의 원칙들을 짓밟는 '면책 허가장'으로 기능하게 되었다.

국제사회가 대규모 인권 침해로부터 민간인을 보호할 책임이 있다는 인도주의적 국제규범, 즉 '보호할 책임(R2P)' 원칙은 사실상 2011년 리비아에 대한 군사 개입을 정당화하는 데 가장 적극적으로 활용되었다. 이 개입은 미국, 영국, 프랑스 등이 주도했으며, 당초에는 유엔 안전보장이사회 결의에 근거한 제한적 개입으로 시작되었지만, 곧 그 범위를 넘어서게 되었다.

해당 결의는 러시아와 중국이 기권한 채 채택되었지만, 개입이 정권 붕괴와 내정 개입으로 확대되자, 이는 곧 '보호할 책임' 원칙이 강대국의 개입 명분으로 악용될 수 있다는 정당한 의심을 불러일으켰다. 이러한 불신의 전례 때문에, 이후 시리아를 비롯한 대규모 학살 사태에 대해서는 더 이상 R2P가 국제 개입의 근거로 활용되지 않게 되었다.

가자에서 현재 진행 중인 집단학살과 관련하여, '보호할 책임(R2P)' 원칙을 배제한 것은 서방 강대국들이었다. 더 일반적으로 보자면, 국제 질서 전체의 구조 자체가 무너지고 있는 상황이다. 국제질서의 두 축이라 할 수 있는 국제사법재판소(ICJ)와 국제형사재판소(ICC)가 이스라엘 혹은 그 지도자들을 상대로 각각 기소와 제소 절차를 진행하자 서방 주요국들은 이에 강한 반발을 드러냈고, 그 결과 국제사회가 표방해온 '자유주의적 정당성'은 결정적인 타격을 입게 되었다. 그 불신은 특히 국제형사재판소가 발부한 두 개의 체포영장에 대한 서구의 상반된 반응을 통해 더욱 심화되었다. 하나는 2023년 3월 17일, 블라디미르 푸틴에 대해 우크라이나 침공과 관련하여 발부된 체포영장, 다른 하나는 2024년 11월 21일, 베냐민 네타냐후에 대해 발부된 체포영장이었다. (10)

자유 진영의 국제질서 재구성 시도, 이미 파산 상태

게다가 이스라엘 내 극우 연합 정부의 범죄 행위를 묵인함으로써, 서방의 정부들, 대다수 정당들, 지식인들은 자국 내 극우 세력의 존재를 점점 더 당연시하게 만들고, 그동안 네타냐후가 조장해온 극우의 유대인 혐오를 세탁하는 데 사실상 정당성을 부여하고 있다.(11) 이른바 '신(新)반유대주의'는 전체적으로 무슬림들, 또는 무슬림을 옹호하거나 이스라엘을 비판하는 이들에게 그 책임이 전가된다.

이러한 논리는 유럽과 미국의 극우 세력이 과거 혹은 현재에 보여온 유대인 혐오를 면죄할 수 있는 기회를 제공하며, 그들과 손잡고 '진짜 공통의 적'을 규탄하는 데 이용된다. 그 결과는 팔레스타인 민중의 고통에 대한 무관심을 조장하고, 현재 벌어지고 있는 집단학살의 현실을 부정하는 분위기로 이어진다. 이러한 태도를 취하는 서구 자유주의자들은 결국 자신들의 정치적 전통을 스스로 훼손하는 것이며, 그들은 지금 자기 무덤을 파고 있는 셈이다.

서구 자유주의는 지금 결정적인 불신과 실각의 순간을 맞고 있다. 급진 우파 세력들은 NATO 내부 곳곳에서 세력을 확장하고 있으며, 이는 2차 세계대전 당시 추축국에 맞서 싸운 중심축이었던 미국과 영국조차 예외가 아니다. 냉전 이후 국제질서를 재구성하려는 시도는 처참하게 실패했다.

그 원인은 극우 세력의 부상이 아니라, 오히려 그보다 앞서 존재했던 자유주의 진영 내부의 일관성 결여와 패권적 오만이었다. 이 질서는 이미 파산 상태에 있으며, 서방이 가자 집단학살을 묵인한 행위는, 그 질서의 관에 박힌 마지막 못과도 같다. 1945년에 선언되었고, 1990년대에 다시금 강조되었던 '법의 지배'라는 약속은 이제 영원히 물거품이 되었다. 돌이킬 수 없이. **lb**

글 · 질베르 아슈카르 Gilbert Achcar
런던대 동양·아프리카학부(SOAS) 국제관계학 교수, 중동·북아프리카(MENA) 지역 전문가. 이 글은 『가자, 예고된 집단학살: 세계사적 전환점』(파리, 라디스뷔트, 2025)의 내용을 바탕으로 편집된 것이다.

(1) 제레미 샤론, 「스모트리치, '가자는 완전히 파괴될 것', 주민들은 '좁은 지역에 집중될 것'이라 발언」, 2025년 5월 6일, 〈타임스 오브 이스라엘〉. (www.timesofisrael.com)
(2) 관련 내용은 알랭 그레쉬, 「이스라엘-팔레스타인, 하나의 전쟁 계획」, 〈르몽드 디플로마티크〉 2020년 3월 참조.
(3) 미셸 골드버그, 「트럼프의 가자 거래: 해변 땅과 맞바꾼 전쟁 범죄」, 〈뉴욕타임스〉, 2025년 2월 7일.
(4) 야길 레비, 「군대의 도덕성은 단 하나의 기준으로 측정된다. 이스라엘군(IDF)은 이 시험에 실패했다」, 〈하아레츠 텔아비브〉, 2024년 12월 12일.
(5) 「미국의 구원 등장」, 〈마니에르 드 부아르〉, 제193호, 특집 "이스라엘, 팔레스타인, 생채기 난 땅", 2024년 2~3월호.
(6) 피터 바이너트, 「이스라엘에 대한 조 바이든의 우려스러운 기록」, 〈쥬이쉬 커런츠〉, 뉴욕, 2020년 1월 27일.
(7) 관련 기사: 안세실 로베르, 「국제사법재판소, 가자에서의 집단학살 가능성을 언급」, 2024년 2월. 아크람 벨카이드, 「이스라엘, 집단학살 혐의로 고발되다」, 2025년 1월, 각각 〈르몽드 디플로마티크〉에 게재.
(8) 콜린 롱, 「바이든, "이스라엘이 2024년 미국 대선에 영향 주기 위해 평화 협상을 지연하는지 모르겠다"고 주장」, 〈AP통신〉, 2024년 10월 4일. 또한 1973년 10월 18일 자 「백악관 녹취록」, 리처드 닉슨 대통령 도서관 참조.
(9) 안세실 로베르, 「'개입 권리'의 기원과 우여곡절」, 〈르몽드 디플로마티크〉, 2011년 5월.
(10) 마티아스 들로리, 「푸틴, 재판관들, 그리고 핵무기」, 브누아 브레빌, 「유럽이라는 걸레」, 각각 〈르몽드 디플로마티크〉 2023년 5월, 2024년 12월.
(11) 그레고리 르젭스키, 「이런 친구를 두다니…」, 〈마니에르 드 부아르〉, 제199호, 특집 "반유대주의와 그 정치적 도구화", 2025년 2~3월.
   또한 세르주 알리미와 피에르 랭베르, 「정치적 중상 모략의 기술」, 〈르몽드 디플로마티크〉, 2024년 10월.

중동 지역의 새로운 질서를 향하는 지정학적 판도

시리아의 희망, 팔레스타인의 절망, 이스라엘의 오만

냉전 종식 이후, 이란은 근동 지역에서 반제국주의 연합의 지도자로 자처해 왔다. 그러나 테헤란의 약화는 이 지역의 지정학적 판도를 뒤흔들고 있다. '아랍의 봄' 이후 15년 만에 다마스쿠스에서 독재 정권이 종식되자, 사회 정의에 대한 열망이 여전히 충족되지 않은 민중들 사이에서 새로운 희망이 살아나고 있다. 한편, 가자 지구의 학살은 이들 민중의 분노에 기름을 붓고 있다.

히샴 알라위 | 정치학자, 민주화 이론가

중동의 지정학적 균형은 탈식민 시기 이후 크게 달라졌다. 20세기 중반까지만 해도 이스라엘과 아랍 세계의 대립은 비교적 명확한 구도를 보였다. 한쪽은 아랍 민족주의 국가들의 연합이었고, 다른 한쪽은 서방의 지지를 받는 시온주의자들(이스라엘)이었다. 하지만 1970년대 말부터 이 단순한 대립 구도는 점차 복잡해졌다.

이슬람 혁명을 통해 등장한 이란 이슬람 공화국은 수니파의 보수적 아랍 왕정들을 '반동적'으로 규정하고, 이들을 전복하는 것을 목표로 삼으며 중동 지역에 독자적인 영향력을 확대해 나갔다. 동시에, 아랍 국가들 사이의 연대는 점차 약화되기 시작했고, 그 분열은 1979년 이집트가 이스라엘과 맺은 캠프 데이비드 평화 협정을 통해 결정적으로 드러났다. 이 협정은 아랍 세계 내부의 균열을 더욱 심화시켰다.

냉전의 종식은 중동에서 두 가지 전략적 격변을 동반했다. 첫 번째는 1990~1991년 걸프전으로, 이를 계기로 미국의 일극 체제가 본격화되었다. 두 번째는 1993년 체결된 오슬로 협정으로, 팔레스타인 국가 설립에 대한 국제적 약속이 담겼다. 이 시점부터 이스라엘-아랍 간의 대립은 더

이상 지역 전체의 분열선으로 인식되지 않고, 이스라엘과 팔레스타인 간의 주권 갈등이라는 보다 국지적인 문제로 전환되기 시작했다.

이란이 주도하던 '저항의 축' 갈라져

이후 이란은 2001년 9·11 테러와 미국의 아프가니스탄 및 이라크 전쟁을 계기로 보다 광범위한 시아파 혁명 전선을 조직했다. 이 전선에는 레바논의 헤즈볼라, 시리아의 아사드 정권, 이라크의 시아파 민병대, 예멘의 후티 반군, 그리고 제한적이지만 팔레스타인의 하마스도 포함됐다. 2011~2012년의 '아랍의 봄'은 이 시아파 연합에게 반시온주의와 반제국주의 저항의 선봉으로 재부상할 기회를 제공했다. 이에 맞서 수니파 반혁명 진영은, 대중 봉기를 진압하기 위해 그간 분열돼 있던 친서방 수니파 정권들을 하나로 규합하기 시작했다. 그러나 시아파와 수니파 양 진영 모두, 팔레스타인 해방이라는 공동의 명분보다 자국 내 거리의 민중을 억누르고 기존 체제를 유지하는 데 더 많은 관심을 기울였다.

사마 알샤이비 - 「허구의 본질-팔림프세스트 시리즈 중」, 2025년

이러한 배경 속에서 거의 동시에 발생한 두 가지 중대한 사건이 중동 정세를 다시 뒤흔들었다. 하나는 2023년 10월 7일 하마스의 공격 직후, 이스라엘이 가자지구에 대한 제노사이드(민족청소) 작전을 감행하고, 레바논까지 치명적인 공습을 확대한 일이다. 다른 하나는 2024년 12월, 이란의 보호를 받아온 시리아 독재자 바샤르 알 아사드 정권이 마침내 전복된 사건이다. 이 정권 전복은 주로 이슬람주의 반군 세력에 의해 이루어졌으며, 이로써 시리아는 독재 정권의 붕괴 이후 민주주의로 나아갈 가능성을 지닌 과도기에 접어들었다.

이 두 사건은 중동 지역의 정세를 다시금 깊이 뒤흔들었다. 이스라엘의 하마스에 대한 전쟁, 헤즈볼라 지도부의 제거, 후티 운동에 가해지는 점점 더 강력한 압박, 그리고 이란의 자체 군사 능력 약화는 테헤란이 주도하던 이른바 '저항의 축' 와해로 이어졌다. 동시에 외부 강대국들도 이 지역에서 점차 이탈하고 있다. 이스라엘의 강력한 요청에도 불구하고, 서방 열강은 이란을 공격하는 데 별다른 의지를 보이지 않고 있으며, 러시아와 이란 역시 시리아 정권의 몰락을 그저 지켜보는 관전자에 머물렀다.

아랍 민중에게 가장 중요한 구호, '존엄에 대한 권리'

기존의 전선이 사라져가는 가운데, 권력의 공백을 메울 새로운 패권 세력은 아직 등장하지 않았다. 오히려 지정학적 갈등은 그 어느 때보다 불확실하고 복잡하게 얽혀 있으며, 이제는 여러 개의 분쟁 지점들이 흩어진 '열점의 별자리'를 이루고 있다.

그중 하나는 자유와 민주주의를 향한 민중들의 움직임과 관련된다. '아랍의 봄'과 2018~2019년의 그 여진들은 팔레스타인 문제나 다른 지역 분쟁들에 큰 관심을 두지 않았다. 이들 분쟁 자체가 그들이 저항하던 정권들에 의해 상당 부분 만들어진 것이기 때문이다. 권위주의의 틀에 갇혀 있던 이들 민중에게 있어 가장 중요한 구호는 '존엄에 대한 권리'였다.

이 저항의 정신은 여전히 살아 있으며, 아랍 세계는 물론 튀르키예에서도 마찬가지다. 이 정신은 뚜렷한 지도자 없이 움직이는 거대한 군중에 의해 이끌리고 있다. 그들은 새로운 미디어 기술을 활용해 생각을 공유하고 국가의 탄압에 맞선다. 높은 실업률과 만연한 부패 속에서, 그들의 요구는 주로 경제적 생존에 집중되어 있다. 그러나 민중으로부터 자생한 이 운동들은 다음 단계로 나아갈 준비가 부족하다. 활동가들은 아직도 조직 능력을 갖추기 위해 애쓰고 있으며, 혁명 이후의 구체적인 정치 프로그램도 없고, 선거를 앞두고도 무력한 상태다. 그 때문에 '아랍의 봄'이 시작된 이래, 독재자를 대체하는 사람들은 언제나 처음 거리로 나섰던 봉기자들이 아니라, 대중을 조직할 수 있는 능력을 갖춘 집단들이었다. 그리고 시리아의 사례가 보여주듯, 그런 집단은 대체로 이슬람주의 세력이었다.

민중의 저항 정신, 여전히 살아 있어

아랍 정권들은 민중의 요구에 응답하기보다는, 여전히 탄압, 신자유주의적 약속, 그리고 국제 사회의 지지에 의존해 권력을 유지하고 있다. 이집트와 같은 일부 국가에서는 지배 엘리트들이 국민과 사실상 완전히 단절되었다. 새 행정수도 건설과 같은 각종 대형 프로젝트들은 이러한 단절을 상징한다. 하지만 시민사회는 인내하고 있을 뿐 결코 수동적이지 않다. 그들은 정치의 희극을 냉정히 지켜보며, 다시 행동에 나설 적절한 순간을 기다리고 있다.

봉기 일어난다면, 과연 폭력 없이 민주주의에 도달할 수 있을까? 수단에서처럼 지속적으로 이어지는 과도기는 실질적인 진전보다는 오히려 갈등을 더 많이 유발하는 경향이 있다. 반대로, 새 정부 선출로 이어지는 속전속결의 승리는 이집트와 튀니지의 사례에서처럼, 독재적 반동과 반혁명적 본능의 복귀로 인해 좌초될 수 있다.

지정학적 맥락의 특수성과 반체제 인사들의 끈질긴 투지 덕분에, 시리아에서는 혁명의 불씨가 다시 지펴지고 있으며, 중동 전역을 매혹시키는 상징적 이미지를 만들어 내고 있다. 이는 오랜 교착 상태와 가장 잔혹한 정권이 들어서더라도, 의지가 흔들림 없고 전략이 치밀하다면 야권 세력이 승리할 수 있음을 입증한다. 또한 시리아의 경험은, 처음으로 '아랍의 봄'이라는 추상적 운동에 인간의 얼굴을 부여했다. 아마도 그것이 비폭력적 불복종이 아니라 무장 투쟁에 기반하고 있기에 사람들의 의식에 더 강렬한 인상을 남긴 것일 수 있다. 반세기 이상 권력을 유지해온 알 아사드 일가의 몰락은, 전 세계에 흩어져 있던 수백만 시리아인들에게 엄청난 안도감을 안겨주었다. 그들은 이제, 더 다원적이고 자유로운 국가가 시민권, 권리, 자유의 경계를 새롭게 정의해 주길 간절히 기다리고 있다.

이스라엘의 우회 전술, 아사드 시리아 정권 붕괴시켜

가자지구 전쟁은 이번 역사적 전환의 도화선 역할을 했다. 이스라엘의 군사 작전이 레바논과 예멘까지 확대되면서, 이란과 연계된 모든 세력들이 일제히 공격을 받았다. 헤즈볼라는 지도부와 상당수 무기 체계를 상실했고, 후티 반군은 타격이 비교적 덜하긴 했지만, 이스라엘과의 무력 충돌이 어떤 참사를 불러올 수 있는지를 미리 경험하게 되었다. 게다가 그러한 충돌은 미국의 개입까지 불러올 가능성이 매우 컸다. 한편 알 아사드 대통령은, 자신의 군대가 붕괴되고 있음에도 불구하고 후견인 역할을 해온 러시아와 이란의 경고를 무시하는 치명적인 실수를 저질렀다.

텔아비브가 이란 연계 세력에 대해 거둔 군사적 성공은 일련의 전략적 전환에 기인한다. 2006년 이스라엘-레바논 전쟁 당시, 헤즈볼라가 승리를 거둔 저항의 상징이 되었을 때, 시아파 혁명 전선은 자신들의 영향력이 최고조에 이르렀다고 판단했다. 이후 이스라엘은 서방 동맹국들의 지원을 받아 '우회 전술'을 채택하기로 결정했다. 특히 정보기관은, 헤즈볼라가 바샤르 알 아사드를 지원하기 위해 수천 명의 병력을 시리아로 파병한 틈을 타, 그 내부에 침투하는

사마 알샤이비 – 「허구의 본질–팔림프세스트 시리즈 중」, 2025년

데 성공했다.

2020년, 이란의 지역 팽창 전략을 설계한 핵심 인물이었던 가셈 솔레이마니 장군이 미국에 의해 암살되면서, 시아파 연합 내부에는 커다란 군사적 공백이 발생했다. 그의 후계자라 여겨졌던 헤즈볼라 지도자 하산 나스랄라도, 자신이 암살되기 전부터 그를 대체할 수 없는 인물이었다. 그리고 오늘날, 다마스쿠스의 정권 교체는 이 판도를 다시 한 번 뒤흔들고 있다.

위험한 정치 곡예가 필요한 시리아 새 정권

새로운 시리아 권력은 수많은 도전에 직면해 있다. 2025년 1월, 임시 대통령으로 지명된 아흐메드 알샤라(전투명 아부 모하메드 알줄라니)는, 이미 붕괴 직전인 경제를 회복시켜야 한다. 이제 시리아는, 세계 최대 생산국이었던 합성 마약 캡타곤의 수익에 더 이상 의존할 수도 없다. 그는 또한 내부 치안을 확보해야 한다. 현재 시리아 내 치안은 수많은 민병대와 그 하위 분파들에 의해 유지되고 있으며, 여전히 상당수 남아 있는 외국인 전투원들의 지위 문제도 해결해야 한다.

알줄라니는 위험한 균형 감각을 요하는 정치적 곡예를 펼치고 있다. 구정권 충성파를 무력화하려는 동시에, 알아사드 일가가 속했던 알라위파 소수민족이 보복을 당하지 않도록 보호하려 애쓰고 있다. 그러나 큰 성과는 없다. 알라위파 거주 지역 대부분은 중앙정부의 통제를 벗어난 상태이며, 이미 여러 민병대들이 유혈 보복 행위를 자행했고, 그 결과 수만 명의 알라위파 주민들이 레바논으로 피난하고 있다.

가장 시급한 문제는 다원주의에 관한 것이다. 알샤라는 8년 동안 이들립 주를 통치한 경험을 통해, 시리아 사회의 종교적·민족적 다양성을 존중하는 것이 매우 중요하다는 점을 잘 알고 있으며, 이를 존중하겠다고 약속했다. 현재로서는 그는 무엇보다도 현실적인 접근을 택하고 있다. 연방제보다는 단일 공화국 체제를 지지하며, 대통령 권한의 극단적 중앙집중 체계를 문제 삼거나 변경하려는 시도는 하지 않고 있다.

쿠르드 민족 자치권, 시리아에는 생존의 위협

다양성을 용인하는 것과 제도적 수준에서 모두에게 공정한 대표권을 보장하는 것은 전혀 다른 문제다. 시리아 사회에서 수니파든, 알라위파든, 기독교인이든, 드루즈족이든, 쿠르드족이든, 모두가 동등하게 대우받을 수 있을까 하는 물음은 여전히 유효하다. 특히 쿠르드족의 경우는 특별한 주의가 필요하다. 그들이 통제하고 있는 시리아 북동부 지역 로자바(Rojava)는 사실상 자치권을 행사하고 있다. 시리아 정부는 이 지역을 다시 자국의 통제 아래 두려 하지만, 쿠르드 민족 자결권을 존재적 위협으로 간주하는 튀르키예의 도움이 없이는 그 목표를 달성할 수 없다.

그러나 시리아와 튀르키예가 군사적으로 연합해 이 거점을 파괴한다는 시나리오는 실현될 가능성이 낮다. 그 대신 알샤라는 쿠르드족에게 일종의 협약을 제안할 수 있다. 무장 해제와 맞바꾸는 문화적·정치적 권리 보장이다. 이런 식의 협상 가능성을 보여주는 사례로는, 2025년 5월 12일, 쿠르드 지도자 압둘라 오잘란이 발표한 쿠르드노동자당(PKK)의 해산 선언이 있다. 이 선언은 튀르키예 당국과의 합의를 바탕으로 이루어졌으며, 이는 협상에 기반한 해결 방식이 실현 가능한 선택지임을 시사한다.

그렇다면 양심의 자유, 특히 다른 종교로 개종할 권리는 어떻게 보장될 수 있을까? 많은 시리아인들은 종교나 민족적 고려보다 평등의 원칙을 우선하는 세속 민주주의의 수립을 요구하고 있다. 공동체 간 분열이 뿌리 깊은 이 나라에서, 그러한 체제만이 안정적인 정치 질서를 세울 수 있는 유일한 길일지도 모른다. 그러나 이 목표가 모두에게 받아들여지는 것은 아닐 것이다.

이것은 시리아의 과도기에서 이슬람이 어떤 자리를 차지할 것인가라는 더욱 민감한 문제를 제기한다. 알줄라니

가 지하디스트 반군 지도자의 옷을 벗고 국가수반의 자리를 맡게 되었지만, 그는 여전히 이슬람주의자다. 그가 이끄는 조직 하야트 타흐리르 알샴(HTS, 레반트 해방 조직)이 샤리아에 따라 운영되는 칼리프 국가 수립을 포기했다고 선언했음에도 불구하고, 그는 국가 권력을 잡은 이후에도 자신의 교리를 근본적으로 바꾸지 않았다.

아랍의 딜레마, 이슬람적 정체성과 세속적 통치

따라서 시리아의 이슬람주의자들은 고전적인 딜레마에 직면하게 된다. 권력 획득의 결정적 수단이었던 종교가 정작 권력을 행사하는 데 있어 가장 큰 장애물로 작용하는 역설적인 상황이다. 만약 그들이 약속했던 종교 전쟁을 시작한다면, 세계는 물론 자국 사회의 나머지 구성원들, 특히 여성과 소수자들로부터 고립될 위험이 있다. 반대로, 이슬람적 정체성을 포기하고 세속적 통치를 선택한다면, 결국 기존의 다른 독재 정권들과 다를 바 없는 체제를 세우게 될 것이다.

새로운 시리아 지도부가 이 모순을 어떻게 해결하느냐에 따라, 중동 지역의 정치적·종교적 지형에 깊은 영향을 미치게 될 것이다. 이슬람주의자들이 다른 집단들과 협력하지 않고는 통치할 수 없다는 점에서, 종파적 다양성이 정치적 온건함을 유도하는 요소가 될 수 있기를 기대할 수 있다.

현재로서는 시리아의 과도기 과정에 개입하려는 외부 세력은 드물다. 러시아와 이란은 이미 발을 뺐고, 이란은 훼방꾼 역할을 자처하고 싶어 하지만 그럴 여력이 없다. 미국과 유럽은 상황의 추이를 관망 중이고, 튀르키예 역시 마찬가지다. 튀르키예는 쿠르드 문제의 위험성을 완화하고 싶어 하면서도 군사적 확전을 피하려 하고 있다. 이스라엘은 민주주의 시리아의 가능성을 철저히 무너뜨리려는 입장을 분명히 하고 있다. 그들은 2003년 이라크 침공 직전 미국이 취했던 방식처럼, 시리아를 믿을 수 없는, 분열되고 불안정한 국가로 묘사하는 전략을 그대로 답습하고 있다.

이집트, 국민 통제의 사회 치안에 더 신경 써

시리아의 다른 이웃 국가들도 각자의 위기에 발이 묶여 있다. 이집트는 압델 파타 알시시 장군이 집권한 이후로 국제적 위상이 꾸준히 하락해왔다. 이번 가자지구 전쟁에서는 처음으로 인도적 지원이나 중재에서 어떤 주요한 역할도 하지 못하고 있다. 말 그대로, 이집트 정부는 국민을 불평등 심화, 물가 상승, 실업의 늪에 방치하고 있다. 군대에 점점 더 많은 경제적 역할을 부여하고, 밀 수입 감독 권한을 군이 독점하게 만들면서, 이집트 정부는 새로운 방식의 억압 전술을 발전시키고, 부족 민병대와 같은 점점 더 치안 중심적인 기구들에 의존해 국민을 통제하고 있다.

사우디아라비아와 아랍에미리트(UAE)는 '아랍의 봄' 이후 반혁명의 선봉에 섰던 국가들이지만, 이제는 새로운 지역 질서에 적응해야 한다는 현실을 갑작스럽게 깨닫고 있다. 한때 성공적이었던 이들의 저항 세력 교란 전략은, 변화를 요구하는 목소리를 완전히 잠재우기에는 부족했다. 이들은 한동안 알 아사드 정권 복권을 위해 막대한 영향력을 행사했으며, 이제는 시리아에 대한 국제 제재의 완화까지 지원하고 있다.

사우디와 UAE, 이스라엘과 관계 개선 실패

이는 무함마드 빈 살만 사우디 왕세자가 지역 내 패권보다 더 중요한 과제로 자국의 경제 개혁과 안정을 인식하고 있음을 보여준다. 시리아와의 관계 정상화 역시 그러한 전략의 연장선상에 있다.

반면, 아랍에미리트와 바레인에게 있어서는 이스라엘과의 관계 개선 전략이 완전히 실패로 돌아갔다. 2020년에 체결된 아브라함 협정과, 이후 논의된 사우디-이스라엘 간 별도의 협정은 이 지역의 안정을 도모하고 이스라엘과 팔레스타인 간 평화를 가져올 것으로 기대되었다. 그러나 현실은 정반대였다. 걸프 지역의 군주국들에게 있어 이스라엘은 이제 외교적으로 '방사능과 같은' 위험한 존재가 되어버렸다.

이스라엘의 군사적 팽창주의는 아랍 세계 전체의 국경선마저 다시 그리게 만들 위험을 안고 있다. 결국 사우디와 아랍에미리트가 이스라엘을 대신해 가자지구 재건을 맡게 될 가능성도 배제할 수 없다. 그러나 이것은 애초에 그들이 이스라엘과의 국교 정상화에서 기대했던 그림과는 전혀 다른 모습일 것이다.

중대 선택의 기로에 선 이란

이란 이슬람 공화국은 이미 영향력의 상당 부분을 상실했으며, 이스라엘 군대와 정보기관이 자국 영토 내에서 반복적으로 작전을 수행하면서 외부 공격에 대해 그 어느 때보다도 취약한 상태가 되었다.

이란은 이제 중대한 선택의 기로에 서 있다. 하나는 기존 입장을 고수하며, 시아파 연합을 인내심 있게 재건하고, 이스라엘과 그 서방 후원 세력들과의 다음 대규모 충돌에 대비해 군사력을 강화하는 길이다. 다른 하나는, 최근 사우디아라비아와의 관계 개선을 발판으로 미국 및 서방과 새로운 화해 국면을 모색하는 길이다.

이란 지도부는 도널드 트럼프 미국 대통령이 강경한 언사를 구사하면서도, 실제로는 중동 정세에 대해 철저히 거래 중심의 현실주의적 접근을 취하고 있다는 점을 잘 이해하고 있다. 즉, 타협이 가능하다면, 그는 과거의 적대 관계도 기꺼이 정리하려 할 것이라는 얘기다. 이러한 태도는 근본적 대결노선을 고수하는 베냐민 네타냐후 이스라엘 총리와는 분명히 구별된다.

미국은 그동안 이스라엘군의 행동을 제어하거나 자제시키는 어떤 시도도 하지 않았지만, 미국 대통령은 텔아비브와 테헤란 사이의 긴장이 고조될 경우, 고립주의적 태도만을 유지할 수 없다는 사실도 잘 알고 있다. 게다가 트럼프는 자신과 가족의 사업 이해관계도 고려해야 하는 입장이다.

국내적으로 이란의 상황은 더욱 복잡하다. 혁명 이후 아야톨라 체제는 세 가지 축, 즉 민족주의, 시아파 정체성, 그리고 초국가적 영향력에 의존해 권위를 유지해 왔지만, 이 중 종교적 기반은 점점 약해지고 있다. 이를 보여주는 대표적인 사건이 바로 2022년 가을, 마흐사 아미니의 사망

이후 벌어진 대규모 시위다. 이 시위는 여성의 권리와 민주주의를 요구하는 민중의 분명한 목소리였다.

레바논에 의존해야 하는 헤즈볼라

한편 아랍 국가들 가운데 알 아사드 정권의 몰락과 헤즈볼라의 약화로 인해 가장 큰 이익을 기대할 수 있는 나라는 레바논이다. 오랫동안 레바논 국가를 경멸하면서도 지배하려 했던 시아파 정당 헤즈볼라는, 이제는 오히려 자신들의 조직과 자산을 보호받기 위해 레바논 국가에 의존해야 하는 역설적인 처지에 놓였다. 헤즈볼라 내부의 고위 간부들 역시, 더 이상 이란으로부터 무제한적 군사·재정 지원을 기대할 수 없다는 현실을 받아들이고 있다. 이제 중동 내에서 오만함과 자신감을 드러내는 쪽은, 오히려 이스라엘이 되었다.

레바논은 지금 중대한 갈림길에 서 있다. 드루즈파의 카말 줌블라트, 마론파 기독교도의 바쉬르 제마엘, 수니파의 라피크 하리리, 시아파의 하산 나스랄라에 이르기까지, 각 주요 종파를 대표하던 카리스마 있는 지도자들이 하나둘씩 암살되었다. 오늘날 레바논 국민은 부패를 억제하고, 오랫동안 권력을 독점해온 종교 과두 체제를 해체할 수 있는 시민 정부 체제를 요구하고 있다. 사실상, 현재 레바논 국민으로부터 최소한의 신뢰를 받고 있는 유일한 국가기관은 군대다. 이 점이, 서로 대립해온 종파 공동체들 사이에 새로운 협력과 합의를 유도할 가능성도 있다.

이스라엘 사회 내부에 깊어지는 분열

그 사이 가자지구에서의 전쟁은 계속되고 있다. 이 전쟁의 끔찍한 잔혹성은 이스라엘 전략가들의 계산된 작전과 2023년 10월 7일 하마스의 무차별적 폭력 모두에서 비롯된 것이다. 하마스는 민간인과 군인을 구분하지 않고 공격함으로써, 이스라엘 국민에게 깊은 트라우마를 남겼고, 이미 사회를 통제하는 데 몰두하던 네타냐후 정부의 보복심리를 더욱 자극했다. 그 당시 이스라엘 정부는 사법 시스템을 해체하며 통제력을 강화하고 있었다.

이 같은 복수심은 수십 년간 시온주의 담론에 스며 있던 메시아주의적 성향을 더욱 강화하고 있다. 그러나 오늘날의 시온주의는 신학적 정당성으로 포장된 팽창주의 프로젝트에 불과하다. 유대 민족 국가의 경계를 끊임없이 확장하려는 것으로, 필요하다면 다른 아랍 국가의 영토까지 병합하는 것도 서슴지 않는다.

이스라엘 군이 가자지구, 요르단강 서안, 레바논 남부, 시리아 등지에서 새로운 점령지를 계속 늘려가고 있는 것은 결코 우연이 아니다(여기에 이미 1967년부터 점령해온 골란 고원도 포함된다). 좌파든 우파든 시온주의자들은 팔레스타인의 주권이나 두 국가 해법을 전혀 받아들이려 하지 않는다. 그들의 태도는 마치 알제리 식민지 시절 프랑스 정착민들이 토착민에게 보였던 무감각함을 떠올리게 한다.

점점 더 군사화되어 가는 이스라엘 사회는, 주저함 없는 식민주의를 뒷받침하는 구조로 작동하면서 내부적으로 분열을 낳고 있다. 일부 이스라엘인들은, 박해받던 민족의 피난처로서 그려온 이상적인 국가의 이미지와 이웃 국가들과 전쟁을 멈추지 않으려는 공격적 성향을 도저히 조화시킬 수 없어 괴리감을 느끼고 있다. 이러한 문제의식은, 이미 네타냐후의 권력 남용에 대한 분노로 촉발된 시위의 물결과 맞물리며 점점 더 커지고 있다.

하마스를 배제한 팔레스타인 문제 해결은 비현실적

한편 팔레스타인인들에게는 상황이 크게 달라졌다. 무장 투쟁은 더 이상 선택지가 아니며, 이제 그들은 국제적 연대에 기반한 지지를 통해 자신들의 권리를 방어해야 한다. 팔레스타인 문제는 더 이상 '아랍 세계의 문제'가 아니며, 이제는 보편적 인권의 관점에서 바라봐야 할 사안이 되었다. 팔레스타인인들이 지속 가능한 국가를 가질 자격이 있는 이유는, 그들이 동정받아야 할 소수자이기 때문이 아니라, 점령 세력에 의해 강제이주, 아파르트헤이트, 집단학살에 시달리고 있는 민족이기 때문이다.(1)

이런 맥락에서 본다면, 가자지구에서 이스라엘이 거둔

전술적 승리는 장기적으로는 도덕적 패배에 가까울 수 있다. 비록 네타냐후는 그 사실을 아직 인식하지 못하고 있지만. 국제 인도법을 뻔뻔하게 위반한 이스라엘 지도자들은 전쟁범죄로 기소될 위험에 직면하고 있다.

비극적으로도, 팔레스타인인들이 해방을 이루는 데 가장 큰 장애물 중 하나는 바로 그들 내부에 있다. 오슬로 협정에 따라 임시 자치정부로 창설된 팔레스타인 자치정부(AP)는 부패에 찌든 조직으로 전락했고, 이스라엘과 그 서방 동맹국들의 하수인처럼 변모했다. 자국민을 보호하고, 요르단강 서안에서 지속적으로 확장되는 이스라엘 정착촌에 맞서기보다, 이 정부는 오히려 2023년 10월 이후로 반대 세력에 대한 탄압을 강화해왔다.

2024년 4월, 팔레스타인 자치정부 수반 마흐무드 압바스가 임명한 후세인 알-쉐이크 부통령 역시 이러한 점령 세력과의 협조 노선의 연속선상에 있는 인물이다. 한편, 규모는 줄었지만 여전히 하마스는 무장 저항의 상징으로 여겨진다. 그렇기에 향후 팔레스타인 문제의 해결을 논의하는 어떠한 협상에서도 하마스를 배제하는 것은 현실적으로 상상하기 어렵다.

트럼프의 '세기의 거래 2.0', 시큰둥한 아랍권

이렇게 해서 비극적인 악순환이 계속된다. 팔레스타인 자치정부가 비옥한 토지를 점점 더 이스라엘에 내어주면서, 팔레스타인 농촌 주민들은 도시로 내몰리고, 그 결과 도시는 비록 시위가 평화적일지라도 정부에 대한 저항이 들끓는 중심지가 됐다. 이러한 내부의 취약성은 요르단강 서안 전체를 외부의 지정학적 개입에 노출시키고 있다. 만약 트럼프가 '세기의 거래 2.0'을 통해 이 지역 전체를 이스라엘의 병합에 넘긴다면, 팔레스타인 저항 세력은 더 이상 거의 움직일 여지가 없게 된다. 팔레스타인 자치정부가 이에 동의한다면 상황은 더욱 악화될 것이다.

다른 아랍 국가들 또한 미국의 새 행정부로부터 이런 '선택 불가능한 선택'을 강요받는 상황에 처하게 되었다. 이런 방식은 중동 지역에서 미국의 대표적인 외교 수단처럼 굳어진 모습이다. 트럼프 대통령은 취임 직후 외국 원조의 전면 중단을 선언했고, 단 두 나라, 이집트와 이스라엘만 예외로 지정했다.

동시에 그는 이집트와 요르단에 압박을 가했다. 특히 워싱턴의 군사적·경제적 지원에 크게 의존하고 있는 요르단을 대상으로 가자지구에서 쫓겨날 예정인 팔레스타인인들을 받아들이도록 강요했다. 요르단은 자국 정권의 생존이 걸린 문제인 만큼 이에 응하지 않을 것이다. 반면 이집트는 자신의 이해관계가 가자지구 재건 과정에서 충분히 보장된다면, 그러한 계획에 부분적으로 협조하거나 동의할 가능성도 있다.

예상과 달리, 아랍 정권들은 트럼프 대통령에게 별로 협조적이지 않았다. 그의 가자지구 계획이 너무 갑작스럽게 공개되어, 각국은 이를 저지하기 위해 형식적인 연대를 꾸리는 모습을 보였을 뿐이다. 그들의 공통된 목표는, 자국 내에서 불만이 폭발하는 것을 막는 것이었다. 결국 아랍 외교는 무기한 방관하는 처지에 놓이게 되었고, 그러한 소극성은 결국 비참한 결과를 초래할 수밖에 없다. 그런 태도에 안주하는 이들에게는, 특히 탐욕에 따른 방관자들에게 큰 대가가 돌아올 가능성이 있다. 이스라엘에 '가자 전쟁 이후의 날'은 존재하지 않는다. ld

글·히샴 알라위 Hicham Alaoui
정치학자, 민주화 이론가. 『이슬람과 민주주의: 아랍 세계의 얼굴을 어떻게 바꿀 것인가 (2024, 파리, 르 셰르슈 미디 출판)』의 저자이며, 캘리포니아 대학교 버클리 캠퍼스에서 강의하고 있다.

(1) 가자지구에서 이스라엘이 감행한 군사 작전의 파괴적 규모를 고려하여, 국제사법재판소(ICJ)는 2024년 1월 26일 명령을 통해 이스라엘에게 다음과 같은 조치를 요구했다. "가자지구 내 팔레스타인 집단에 대한 집단살해를 선동하거나 유도하는 행위를 예방하고 처벌하기 위해, 자국이 가진 권한을 모두 동원하라."

영국 제국이 분할한 인도·파키스탄의 비극

인도–파키스탄 두 핵강국 갈등의 지구적 위협

1947년, 영국령 인도 제국의 분할은 인도와 파키스탄이라는 두 적대적인 형제 국가를 탄생시켰다. 양국은 그동안 갈등 관계 속에 카슈미르 접경 지역에서 빈번히 총격전을 벌여왔다. 이러한 충돌은 양국의 민족주의 세력에게는 정치적 호재로 작용하지만, 두 나라 모두 핵무기를 보유하고 있다는 점에서 전 지구적 위협으로 이어질 수 있다.

하심 빈 라시드 **|** 파키스탄 출신의 언론인. 연구원

2025년 5월 6일, 인도는 파키스탄 영토를 향해 최소 아홉 발의 미사일을 발사했다. 이는 4월 22일, 카슈미르의 파할감에서 발생한 테러에 대한 보복 조치였다. 당시 테러로 인해 28명이 목숨을 잃었고, 그중 27명 모두가 인도인 관광객이었다. 인도 정부는 이번 군사 작전에 '신두르(Sindoor)'라는 이름을 붙였다. '신두르'는 힌두교 결혼식에서 남편이 아내의 이마에 바르는 붉은 가루로, 기혼 여성의 상징이다. 이 작전 명칭은 여성의 존재를 결혼이라는 관계 속에 고정시키는 전통적 시각을 반영하며, 남성 희생자들의 죽음을 '과부 보호'라는 감정적 명분 아래 군사 보복의 정당성으로 포장하려는 국가의 의도가 드러난다.

인도 정부는 이번 작전이 테러리스트 인프라만을 겨냥했다고 주장했다. 그러나 파키스탄은 이 공격으로 민간인 25명 이상이 사망했다고 반박했다. 파키스탄은 이를 뒷받침하는 듯한 초기 보고서가 존재한다고 했지만, 그 신빙성에는 의문이 제기되고 있다. 파키스탄이 인도 전투기 5대를 격추했다고 주장한 가운데, SNS상에서는 이슬라마바드가 도입한 중국제 전투기 '청두 J-10(용맹한 드래곤)'이 인도군의 프랑스제 전투기인 라팔 및 미라주 2000보다 우세하다는 여론이 쏟아졌다.(1)

암묵적인 경계를 넘어서 마침내 무력 충돌

이번 충돌은 1947년 영국령 인도 제국의 분할과 두 이웃 국가의 탄생 이후, 핵무기를 보유한 인도와 파키스탄 양국 간에 발생한 다섯 번째 군사적 충돌이다. 그러나 작전이 분쟁 지역인 카슈미르를 넘어 외부 지역까지 확산된 것은 1971년 전쟁 이후 처음 있는 일이었다. 인도는 미사일을 펀자브 중부와 남부에 위치한 무리드케와 바하왈푸르에 발사했는데, 이 두 지역은 유엔이 '테러 조직'으로 지정한 파키스탄 이슬람 무장단체 라슈카르-에-타이바(LeT)의 근거지로 알려져 있다.

뉴델리는 이 단체가 이슬라마바드의 지원을 받아 4월 22일 테러를 감행했다고 비난하고 있다. 이로써 인도는 양국 간 잠복 갈등 속에서 오랫동안 지켜져 온 암묵적인 경계를 넘어선 셈이다. 이에 맞서 파키스탄도 오랜 자제 기조를 깨고, 지대지 미사일을 이용해 인도의 군사 기지와 미사일 저장고, 방공망을 타격했다. 5월 9일, 갈등이 전면전으로 확산될 조짐을 보이자 주요 국가들이 개입에 나서 휴전을 중재했다. 이번 휴전은 양국이 갈등의 핵심 요인들을 풀어낼 수 있을 때에만 지속될 수 있다. 여기에는 카슈미르와 파키스탄 내 분리주의 갈등 지역인 발루치스탄의 지위

문제, 인더스강 수자원 분쟁, 그리고 양국 시민들이 바라는 평화로운 미래에 대한 열망 등이 포함된다.

파할감 테러는 'LeT'와 연계된 이슬람주의 무장 조직인 '저항 전선'이 범행을 자처했다. 이 조직은 2019년에 결성되었으며, 같은 해 인도국민당(BJP) 정부는 잠무-카슈미르 주에 특별 지위를 부여하던 헌법 제370조를 폐지했다. 이 조항은 해당 지역에 일정 수준의 자치권과 주요 법률 제정 권한을 보장해왔다.(2) 그 후 뉴델리 정부는 해당 지역에 2년간 통행금지를 시행하고 모든 통신을 차단했다. 이러한 상황 속에서 카슈미르의 분리주의 무장세력은 급격한 변화를 겪었다. 인도와 파키스탄 양국의 점령을 동시에 비판해오던 잠무-카슈미르 해방전선(JKLF)과 같은 좌파 성향 단체들은 세력이 약화되었고, 그 자리를 보다 노골적인 이슬람주의 성향의 친파키스탄 조직들이 대신하게 되었다.

분쟁 지역에 무장 조직들이 확산되는 이유

파할감 테러 발생 한 달 전인 2025년 3월 11일, 발루치스탄 해방군(BLA) 소속 무장대원들이 500명 이상의 승객이 탑승한 자파르 익스프레스 열차를 납치했다. 승객 중에는 파키스탄 군인들도 있었다. 이 공격으로 최소 64명이 사망하고 그중 33명이 BLA 소속 게릴라였다고 파키스탄군이 발표했다. BLA는 또한 '중국-파키스탄 경제 회랑'(CPEC)으로 추진 중인 인프라 시설들을 공격했다.

이 회랑은 중국 신장 지역과 인도양 연안의 중국 통제 하에 있는 과다르 항구(중국이 2015년부터 43년간 장기 임대 계약 중-역주)를 연결하는 대규모 프로젝트다. 이 항구는 중국이 자국 내륙의 고립을 해소하고 인도양까지 직접 연결되는 항로 확보를 위한 전략적 거점이다. 동아시아 전역에 배치된 미국의 군사기지(일본, 한국, 필리핀 등)들이 중국 동부 해안을 압박하는 상황에서, 중국은 파키스탄 과다르항의 전략적 가치를 그 어느 때보다 높게 평가하고 있다. BLA는 발루치스탄의 해방을 목표로 활동하는 무장 단체 중 하나로, 2004년경부터 그 존재가 알려지기 시작했다. 이후 이 지역은 사실상 군사 점령 상태에 놓였으며, 발루치 민간인들은 카슈미르 주민들과 유사한 일상을 견디고 있다. 검문소 설치, 신원 확인, 통행금지는 물론, 심지어 강제 실종과 불법 처형도 일상적으로 벌어지고 있다. 파키스탄 정부는 '살해 후 폐기(kill and dump)'라 불리는 전술을 적용해 왔으며, 지난 15년간 훼손된 상태의 발루치인 활동가 시신 수백 구가 집단 매장지에서 반복적으로 발견되고 있다.

인도가 카슈미르 반란의 책임을 파키스탄에 돌리는 것처럼, 파키스탄군도 "발루치 해방군이라 불리는 테러리스트들이 인도를 위해 일하고 있다"고 주장한다.(3) 숙적 관계의 양국이 소수민족 갈등이나 분리주의 같은 상대국의 내부 문제에 은밀히 개입하고, 이를 통해 정치적·전략적 이득을 얻기 위해 무장단체를 비밀리에 지원하는 일은 드문

일이 아니다. 그러나 이러한 비난을 뒷받침할 만한 구체적인 증거는 존재하지 않는다.

실제로 이 같은 주장은 자원이 풍부한 지역들의 주민들에 대한 폭력을 은폐하기 위한 것이며, 해당 주민들의 열망은 흔히 '제5열'(내부의 반역자)로 취급되며 묵살된다. 발루치와 카슈미르 지역에서 무장 조직이 확산되는 이유는, 그 지역 주민들의 삶이 이미 군사화된 억압 구조 속에 있기 때문이다. 군사화된 일상 그 자체가 분노와 저항을 키우는 토양이 되는 것이다.

인더스강 '수자원'을 놓고 벌이는 양국의 갈등

2025년 4월 16일, 이슬라마바드에서 파키스탄 육군참모총장 아심 무니르는 카슈미르를 "파키스탄의 핏줄"이라 표현했다.(4) 그는 파키스탄이 추구하는 국가 정체성과 그 문화적 우월성을 강조했지만, 이 발언은 무엇보다 파키스탄이 수자원 확보에 있어 얼마나 카슈미르에 의존하고 있는지를 드러낸 것이기도 하다.

이 같은 취약성은 뉴델리 역시 놓치지 않았다. 4월 말 발생한 공격 직후, 인도는 인더스강 유역의 수자원 이용을 규정한 조약의 효력을 정지하겠다고 발표했다.

1947년의 분할은 이 수자원 문제를 해결하지 못했다. 이 문제는 1960년, 세계은행의 중재 아래 협상 테이블에 올랐다. 같은 해 체결된 조약은 인도에 동쪽의 세 강(비아스강, 라비강, 수틀레지강), 파키스탄에는 서쪽의 세 강(인더스강, 체납강, 젤룸강)에 대한 통제권을 각각 부여했다(지도 참조).

그런데 인더스강과 그 두 지류는 인도에서 모두 발원하거나 인도 영토를 통과한 후 파키스탄으로 흘러 들어가기 때문에, 조약은 인도가 이 강물들을 항해, 양식업, 그리고 제한적인 범위 내에서 수력발전에 사용할 수 있도록 허용하고 있다.

그러나 이 수력발전 허용 조항은 끊임없는 논란의 대상이 되어 왔으며, 파키스탄은 바글리하르(2008년 가동)와 키샨강가(2018년 준공) 댐 건설에 반대해 왔다.

자국민들도 조롱하는 과도한 민족주의적 국가 전략

"지금부터 인도의 물은 인도를 위해 흐를 것이다"라고 나렌드라 모디 인도 총리는 5월 6일에 선언했다.(5) 그러나 인더스강이나 그 지류의 발원지에는 수도꼭지가 달려 있는 것이 아니다.

1960년의 협정은 1965년과 1971년, 두 차례의 형제 국가 간 전쟁, 그리고 1999년 카르길 전투와 같은 격렬한 충돌 속에서도 살아남았다. 댐 건설에는 수십 년이 걸리는 만큼, 단기적으로는 파키스탄의 수자원 확보에 중대한 위협이 될 가능성은 낮다. 그럼에도 파키스탄 농업용수의 약 80%는 인더스강 유역에 의존하고 있기 때문에, 인도의 위협은 이슬라마바드에 충분한 공포감을 안겨주었다.

파키스탄을 하루아침에 물에서 차단하겠다는 약속처럼 비현실적인 경우도 있지만, 국경 양측의 허세와 호언장담이 항상 대중을 열광시키는 것은 아니다. 오늘날 인도인과 파키스탄인은 디지털 미디어를 통해 서로 연결되어 있으며, 때로는 상대국을 조롱하기도 하지만, 자국의 민족주의를 풍자하는 이야기들을 공유하기도 한다. 예를 들면, 인도인들이 자국에서 인기 있는 가수 아티프 아슬람이 사실은 파키스탄인이라는 사실을 알고는, 그에게 물을 공급하기 위해 수로를 건설해야 한다는 우스갯소리가 나오기도 했다.

또는 파키스탄의 안전 문제 때문에 양국 간 전쟁이 두바이로 이전될 것이라는 풍자도 있다. 이는 2009년 라호르에서 스리랑카 크리켓 대표팀을 겨냥한 테러 이후, 파키스탄 크리켓 국가대표팀이 자국에서 홈 경기를 치르지 못하고 아랍에미리트에서 대부분의 경기를 치러야 했던 현실을 풍자하는 것이다. 이러한 풍자들은 지난 15년간 양국 정부가 소셜미디어를 통해 확산시켜온 민족주의적 선전 담론에 대한 조롱이자 대응이다. 그렇다고 해서 이러한 풍자적 정보 흐름을 근본적으로 차단하지는 못한다. 파키스탄발 콘텐츠를 자국 내에서 금지한 인도 정부는, 그 대신 파키스탄의 공격이 강화되고 있다거나, 카라치항이 파괴되었으며, 파키스탄의 방공망이 무력화되었다는 식의 허위 정보를 퍼뜨리는 데 주력하고 있다.

양국은 한편으로는 '승리'와 '군사적 성공'이라는 발표를 늘어놓으면서도, 양측 군대의 공식 담화는 사태 진정을 위해 안간힘을 쓰고 있다. 5월 6일, 인도의 첫 공습 직후, 뉴델리는 어떠한 군사 시설도 표적으로 삼지 않았다고 강조하는 보도자료를 발표했다. 동시에, 파키스탄군 역시 자국의 행동이 방어 작전에 국한된 것이며, 사태를 더 이상 확대하지 않기를 바란다고 밝혔다.

5월 10일, 도널드 트럼프 미국 대통령은 자신이 운영하는 소셜네트워크 '트루스소셜'을 통해 평화적 합의를 선언했다. "미국의 중재 아래 장시간 이어진 밤샘 협상 끝에, 인도와 파키스탄이 즉각적이고 전면적인 휴전에 합의했음을 기쁘게 발표합니다. 양국이 현명함과 뛰어난 지혜를 보여준 데 대해 축하를 보냅니다."

제할 것, 그리고 갈등의 확산을 막기 위해 노력할 것을 거듭 촉구하였습니다.(…) 중국은 앞으로도 인도 및 파키스탄과의 소통을 이어가며, 양국 간 포괄적이고 지속가능한 휴전 실현과 이 지역의 평화와 안정을 위해 건설적인 역할을 할 준비가 되어 있습니다."(6)

카슈미르와 발루치스탄 주민들의 열망에 양국이 귀 기울이지 않는 한, 무기가 영구적으로 사용되지 않을 가능성은 거의 없다. 파키스탄 육군총참모장은 4월 16일 연설에서 "발루치스탄은 파키스탄의 운명이자 보석 같은 존재"라고 선언했다. 모디 총리는 카슈미르 자치권 철회가 안정을 가져왔다고 주장했으나, 그 신화는 깨졌다. 현재 정세는 다시금 갈등이 재개될 수밖에 없는 구조로 재편 중이다. ID

중국의 막후 조정, 휴전에 들어간 인도-파키스탄 분쟁

세계는 두 핵보유국이 나흘간의 교전 끝에 합의에 도달했다는 사실에 안도했지만, 한편으로는 인도 외무장관 수브라마냠 자이샨카르의 X 계정에는 수많은 댓글이 쏟아졌다. "뉴델리는 과연 애초 목표로 내세운 '파키스탄 내 테러 인프라 전면 파괴'를 이뤘는가?"라는 의문이 제기된 것이다. 그 답은 곧바로 현실로 드러났다. 파키스탄에서 출발한 드론들이 여전히 인도 국경을 넘어오고 있었기 때문이다. 이번 휴전 합의에 대한 국제사회의 환호 속에서도 모습을 드러내지 않은 주요 행위자가 하나 있었다. 그것은 바로 중국이었다.

파키스탄의 포격은, 베이징과 이슬라마바드 간의 외교 접촉과 왕이 중국 외교부장과 아지트 도발 인도 국가안보 보좌관 간의 통화 이후에야 멈췄다. 이에 따라 5월 12일, 린젠 중국 외교부 대변인은 적대 행위의 종료를 환영했다. 그는 이어 다음과 같이 덧붙였다. "인도와 파키스탄 사이에 긴장이 고조된 이후, 중국은 관계 당사국들과 긴밀히 소통해 왔으며, 인도와 파키스탄 모두에게 냉정을 유지하고 자

글 · 하심 빈 라시드 Hashim Bin Rashid
파키스탄 출신의 언론인. 연구원

(1) 사이드 샤와 이드리스 알리는 2025년 5월 9일 자 〈로이터〉 기사 「단독: 파키스탄의 중국산 전투기가 인도 전투기 두 대를 격추했다고 미국 관리들이 밝혀」에서 관련 사실을 보도했다. 또한 리시 아이옌가르는 2025년 5월 8일 자 〈포린 폴리시〉 기사 「네 대의 전투기 이야기」에서 이 사건을 다뤘다.
(2) 바이주 나라바네는 2019년 10월호 〈르몽드 디플로마티크〉에 실린 「카슈미르에서, 힌두교가 칼을 빼들다」에서 관련 상황을 분석했다.
(3) 〈Dawn〉지는 2025년 5월 6일 자 기사 「발루치스탄 마치 지역에서 '인도의 대리(proxy)' 테러범이 설치한 급조폭발물(IED)로 인해 파키스탄 병사 7명이 전사 – ISPR 발표」를 통해 당시 사건을 전했다.
(4) 아심 무니르 파키스탄 육군참모총장의 전체 연설은, 2025년 4월 17일 인도 매체 〈더 프린트〉의 유튜브 계정을 통해 공개된 「「카슈미르는 우리의 경정맥」라는 제목의 영상에서 확인할 수 있다.
(5) 안바라산 에디라잔과 티퍼니 베르트하이머는 2025년 5월 7일 자 〈BBC〉 기사 「모디, 인도는 국제 국경을 넘는 물의 흐름을 차단할 것」에서 해당 발언을 전했다.
(6) 장 윤비는 2025년 5월 12일 자 〈차이나 데일리〉 기사 「중국, 인도와 파키스탄 간 휴전을 환영하며 지역 평화를 촉구」에서, 린젠 중국 외교부 대변인의 발언을 인용했다.

전쟁 중에도 수백만 관광객들이 찾는 크림반도

우크라이나 전쟁의 휴전 합의를 위해 미국은 크림반도를 러시아 영토로 인정할 용의가 있다고 밝혔다. 이러한 결정은 크림반도에 퍼져 있는 특유의 낙관주의를 더욱 굳히는 결과를 낳을 것이다. 이미 1990년대부터 러시아와의 병합을 선호해왔던 이 반도의 주민들은, 전쟁 중임에도 불구하고 여전히 '조국으로의 귀환'을 고대하고 있다.

크리스토프 트롱탱 | 언론인

크림반도 북부에서는 여전히 전투가 계속되고 있다. 그러나 오늘, 병합 기념일을 맞아, 안토니나(1)는 2014년 3월 16일 국민투표 당시를 회상하며 잠시 기쁨에 젖었다. "그날은 마치 축제 같았어요. 모든 창문에 삼색기가 걸려 있었고, 사람들은 모두 단정히 차려입었죠. 투표를 마친 뒤에는 시내에서 커피를 마셨고, 거리에서는 낯선 사람들끼리도 자연스럽게 말을 걸며 각자의 심정을 나누고 기뻐했어요."

소속이 드러나지 않은 러시아 군인들이 배치된 가운데 급히 진행된 국민투표였으나 주민 다수의 열망이 반영된 결과가 나왔다. 80%가 넘는 투표율 가운데, 96% 이상이 러시아와의 병합에 찬성표를 던진 것이다. 키이우(우크라이나 정부)에게는 이 '재통합'이 아물지 않은 상처를 덧나게 하는 행위였지만, 대다수 주민들에게는 오히려 그 상처를 봉합하는 일이었다.

'마차의 맨 마지막 바퀴'였던 크림반도

2014년 이후, 크림반도에는 20만 명 이상의 러시아 연방 시민들이 정착한 것으로 추산된다. 이들은 주로 모스크바, 상트페테르부르크, 크라스노다르 지역 출신이다. 그 결과, 크림반도의 총인구는 약 230만 명(2014년)에서 250만 명으로 증가했고(2), 러시아어 사용 인구 비율은 2013년의 65%에서 73%로 상승했다.

반면, 자신을 '우크라이나인'이라고 밝히는 크림 주민의 비율은 16%에서 8%로 절반 가까이 감소했다. 그중 일부는 반도를 떠났고, 다른 일부는 러시아 시민권을 취득했다(러시아 국적은 의료 서비스 이용과 연금 수령을 위한 전제 조건이다). 2022년, 귀화 절차가 '간소화'된 이후, 이 과정을 밟지 않은 사람들은 외국인으로 간주되어 추방될 수 있다. 비록 우크라이나어는 러시아어, 타타르어와 함께 여전히 세 개의 공식 언어 중 하나로 지정되어 있지만, 우크라이나어의 교육은 사실상 거의 사라진 상태다.

이 지역 경제가 점차 발전하면서, 삶은 새로운 현실에 맞춰 재편되고 있다. "크림반도는 제로에서부터 다시 태어나고 있습니다. 25년 동안 이곳은 우크라이나에게 '마차의 맨 마지막 바퀴'에 불과했지만, 이제는 러시아가 가장 우선시하는 지역 중 하나가 되었습니다." 매년 이곳에서 일주일씩 휴가를 보낸다는 모스크바 출신의 알렉세이는 이렇게 말했다. 여전히 관광 산업이 최우선 과제다. 차르 시대부터, 크림반도는 결핵이나 호흡기 질환의 환자들이 멀리서, 심지어 외국에서조차 요양을 위해 찾아오던 곳이다. 러시아 제국의 유력 가문들은 이곳에 궁전과 겨울 별장을 지었고, 소련 시절에는 '사회주의 리비에라'로 불리며 전 세계 공산당 지도자들이 모이던 장소이기도 했다.

1991년 8월, 소련 지도자 미하일 고르바초프는 소련 붕괴의 전환점이 된 쿠데타 시도 당시, 이 반도의 남쪽 끝 포로스(Foros)에 있는 자신의 다차(별장)에 연금되기도 했다. 그 이후 크림반도는 포스트 소비에트 시대의 일종의 '이비자'(Ibiza, 스페인 발레아레스 제도에 속한 지중해의 섬. 세계적인 파티 문화의 중심지-역주)로 변모했다. 여름이면 유파토리아(Eupatoria) 해변에는 야영지, 현란한 음악이 넘실대는 파티, 콘서트, 페스티벌이 열리며 활기를 띠었다.

식수난에도 고급 관광호텔들이 계속 들어서

이 지역은 식수 부족에도 불구하고 유럽행 직항편이 끊긴 러시아인들을 유치하기 위해, 주요 도시 중심지 곳곳에 수십 개의 4성급 또는 5성급 호텔들이 우후죽순처럼 들어섰다. 러시아의 텔레비전과 신문에서는 새로운 중앙 정권의 지난 10년간의 성과들이 자화자찬식으로 도배된다. 케르치(Kertch) 해협을 가로지르는 도로 겸 철도용 대교도 그중 하나다. 총길이 18km에 달하는 이 다리는 크림반도와 모스크바를 잇는 새로운 고속도로에 연결되며, 중간에 크라스노다르를 지난다.

또 하나는 고대 그리스 시대에 크림반도를 가리키던 명칭 '타우리드(Tauride)'를 딴 A219 고속도로인데, 케르치에서 심페로폴, 세바스토폴까지 이어진다. 여기에 2019년에 가동을 시작한, 총출력 940 메가와트 규모의 열병합발전소 두 곳과 최근 신축 또는 개보수된 학교와 병원들도 성과의 하나로 홍보되고 있다.

그러나 언론의 스포트라이트를 받는 대형 개발 프로젝트들에서 시선을 조금만 돌려보면, 낙후되고 열악한 풍경의 또 다른 현실과 마주하게 된다. 곳곳에 움푹 패인 보조도로를 따라, 수 km에 걸쳐 버려진 산업지대와 중단된 공사 현장이 이어지고, 그 사이를 들개 무리와 길고양이 떼가 어슬렁거린다. 불법 쓰레기 더미와 각종 폐기물은 장엄한 산악 지대와 나무 한 그루 보기 어려운 드넓은 스텝 지대, 청록빛 바다가 어우러진 절경마저 오염시키고 있다.

낙후된 현실에도 낙관주의는 여전해

하지만 현지 주민들은 이러한 풍경에 무감각한 듯 보인다. 그보다는 올 한 해 동안 660만 명의 관광객을 맞이할 준비로 그저 분주할 뿐이다. 비록 이는 2021년, 전면전이 재개되기 이전에 공식 집계된 950만 명에 비해 줄어든 다소 암울한 수치이지만, 그럼에도 크림반도 전역에는 여전히 낙관주의가 자리하고 있다. 2020년 러시아 서부 스몰렌스크에서 크림반도로 이주한 40대 여성 나탸샤는, 반도 동쪽 해안의 소도시 오르조니키제 중심가에서 찻집을 운영하고 있다. 찻집에서는 지역 특산품을 비롯해 먼 지역에서 온 와인, 꿀, 이국적인 차, 기념품, 수채화 그림 등 다양한 물품을 판다. 그녀는 "우리처럼 새로 터를 잡은 사람들은 좀 더 부지런하고 적극적인 태도로 살고 있어요. 덕분에 재통합 이후 큰 걱정 없이 살고 있어요. 본토(러시아) 출신인 우리는 단수나 정전 같은 일에 예민해요. 그러면 바로 시청, 도로관리국 등에 전화하여 끈질기게 따지면 결국 고쳐줍니다."라고 말했다. 마침 그녀의 가게에 들른 토박이 크림 출신의 식당 주인은 익살스러운 말을 이어갔다. "맞아요, 우리는 그런 불편에 무덤덤해요. 여름철엔 발전기 돌리고, 물이 끊기면 빗물 저장 탱크로 때우고요…"

이 바위 많은 지역에서 수자원 확보는 여전히 고질적 문제다. 소련 시절, 크림반도는 1961년부터 1971년 사이에 건설된 북부 운하를 통해 드니프로강과 연결되어 상수도를 공급받았다.

그러나 크림 병합에 대한 보복 조치로 우크라이나가 이 운하를 차단하면서, 크림반도의 식수 공급량은 기존의 5분의 1 수준으로 감소했다. 이후 크림 당국은 심층 양수 시설을 설치하고, 해수를 담수화하는 설비의 용량도 확대했지만, 여전히 매년 약 10억 m^3(10조리터)에 달하는 식수가 부족한 상황이다.

전쟁 속에서도 삶은 계속된다

언제든지 전투는 코앞에서 벌어지고 있다는 사실을 주민들에게 상기시킨다. 휴대전화가 윙윙 울린다. 한 문자 메시지는 "드론 경보"를 알리며, 실내에 머물 것과 창가에서 떨어질 것을 권고한다. 이 경고는 크림반도 전체와 크라스노다르 지역에 일괄 전송된다. 하지만 이런 경보가 너무 자주, 또 불분명하게 울린다는 이유로 대부분의 사람들은 경보 기능을 아예 꺼두었다. 우크라이나군의 반복되는 공격

에도 불구하고, 삶은 계속된다.

"새해 전날, 자폭 드론이 정유소를 공격했어요. 정말 불꽃놀이 같았죠!"라고 세르게이는 당시 상황을 설명했다. "밤이었는데, 불길이 몇 킬로미터 밖에서도 보일 정도였어요. 그래도 다행히 저장 탱크 두 개만 불에 탔고, 정유소는 며칠 뒤 다시 가동됐습니다." 반면, 세바스토폴 항구는 대부분의 러시아 군함들이 철수한 상태다. 우크라이나의 해상 드론 공격에 러시아군 지휘부는 흑해 함대의 대부분을 노보로시스크나 페오도시아처럼 더 동쪽의 항구로 옮길 수밖에 없었다.

모두가 이번 전쟁이 여름 시즌 전에 끝나기를 바란다. 온화한 기후와 독특한 풍경의 크림은 역사적인 관광·휴양지로서의 역할을 되찾고자 한다. 바실리 악쇼노프는 1979년에 발표한 정치 픽션 소설에서 "심페로폴 공항 당국은 승객들이 이곳을 떠나고 싶지 않도록 온갖 노력을 기울였다"라고 썼다. 그 소련 작가는 미래적 파도 모양으로 설계된 크림 수도의 신공항을 예견했던 것일까? 2018년에 개항한 이 공항은 2022년부터 러시아군의 '특별 군사 작전'을 이유로 민간 항공 운항이 중단된 상태다. lɒ

글 · 크리스토프 트롱탱 Christophe Trontin
언론인

(1) 인터뷰에 응한 이들이 익명을 요청함에 따라, 이들의 이름은 가명으로 표기되었다.
(2) Krymstat(크림 자치공화국 통계청, 2014년) 러시아 당국이 2014년 10월에 크림 연방구 지역에서 실시한 인구조사 자료.
(3) 바실리 아크시오노프, 「크림 섬」, 갈리마르 출판사, 파리, 1982년.

우크라이나 정부, 군인들과 민간인들에 대한 정신보건 지원은 뒷전

'전쟁국가' 우크라이나에 정신질환자들이 넘친다

우크라이나는 정신 질환이 폭발적으로 증가하는 상황에 처해 있다. 장기간 전투에 노출된 군인들, 끊임없이 울리는 드론의 굉음, 민간 지역에 대한 반복적인 폭격 등으로 인해, 이 나라는 전쟁 의학과 정신의학의 실험장이 되어버렸다. 하지만 모든 트라우마 피해자들에게 적절한 치료를 제공하기에는 자원이 극도로 부족한 실정이다.

카롤린 티리옹 | 언론인

리비우의 '언브로큰(Unbroken)' 센터 심리치료 병동에서

2024년 5월 어느날 아침, 우크라이나 동부 도네츠크주의 포크로우스크 인근 초원 한가운데에 자리한 작은 숲에서 기타 소리가 희미하게 흘러나왔다. 수풀 사이로 설치된 위장망 그늘 아래, 나무로 대충 만든 벤치에 전투복 차림의 남성 열다섯 명가량이 나이를 가리지 않고 지친 얼굴로 식사를 기다리고 있었다. 굉음을 울리며 떨어지는 포격 소리와 이어지는 헬리콥터의 소음은, 이곳이 최전선에서 불과 20km도 채 떨어지지 않았음을 상기시켰다.

올렉시 추리가는 식사 준비에 분주하다. 그는 전투 임무를 마치고 돌아온 병사들 곁에서 일하고 있다는 것에 적잖은 긍지를 갖고 있다. 드미트로와 테티아나와 함께, 그는 우크라이나군 제47기계화여단의 심리 지원 부대 소속이다.(1) 이 여단은 전선에서 가장 격렬하게 싸우는 부대 중 하나다. "이 친구들은 이제 좀 쉴 수 있어요. 씻고, 옷도 빨수 있죠." 드미트로는 이동식 사우나로 쓰이고 있는 낡은 카키색 급수 차량을 가리키며 낮은 목소리로 말했다. "병사들의 사기를 유지하는데 사우나 시설이 정말 큰 몫을 합니다."

사회문제로 급속히 확산되는 '외상 후 스트레스 장애'

불안, 적응 및 행동 장애, 불면증, 공황 발작 등 외상 후 스트레스 장애가 확산되고 있다고 추리가는 귀띔했다. 죽음에 대한 두려움이나 폭발로 인한 충격 외에도, 병사들이 겪는 극심한 정신적 압박에 대해 이 상급 장교는 다음과 같은 요인들을 냉철하게 분석했다. "디지털 기술의 활용, 하늘을 장악한 드론 감시 때문에 병사들은 끊임없이 누군가에게 감시당하고 있다는 느낌을 받는다. 그들은 완전히 지쳐 있다. 군 심리학자의 수는 증가하고 있지만, 현재의 교

육 체계로는 이런 종류의 전쟁에서 필요한 수요를 감당하지 못한다."

2022년 2월 전쟁이 시작된 이후, 우크라이나인의 정신건강은 우크라이나 사회의 가장 중대한 과제로 떠올랐다. 설문에 응한 우크라이나인 중 3분의 1은 자신의 문제가 치료를 필요로 하지 않는다고 응답했지만, 90% 이상이 불안 장애 증상을 적어도 하나 이상 보이고 있으며, 60%는 심각한 정신질환으로 발전할 가능성이 있는 상태로 평가된다.(2) 세계보건기구(WHO)에 따르면 민간 지역 공격으로 약 390만 명이 '심각한 수준의 스트레스 증상'을 겪었고, 동시에 이들을 치료할 시설들마저 파괴되었다.(3)

이에 우크라이나 대통령의 부인인 올레나 젤렌스카 여사는 대규모 정신건강 인식 개선 프로그램을 시작했다. '요즘 당신, 어떻게 지내세요?'라는 제목의 이 캠페인은 정신건강을 위한 돌봄 문화의 확산을 목표로 한다.

전쟁 정신의학의 뿌리를 공유한 두 적대국

우크라이나인과 러시아인은 전쟁으로 인한 정신의학의 오랜 역사를 공유하고 있다. 러시아 제국 시절, 폭발이나 강한 충격으로 인한 뇌진탕 또는 '외상성 뇌손상'에 대한 최초의 의학적 관찰은 1877~1878년 러시아-터키 전쟁 중 이루어졌다. 이 전쟁은 유럽에서 포병과 지뢰와 같은 근대 무기

키이우 교외에 위치한 정신건강 및 '재활' 센터인 '포레스트 글레이드'에서.

가 처음으로 대량 사용된 분쟁 중 하나였다.

이어 1904~1905년의 러일전쟁에서는 '전방 정신의학' 개념이 등장했다. 이는 장군이자 정신과 의사였던 표트르 미하일로비치 아브토크라토프가 고안한 것으로, 전선 가까이에서 정신적 외상을 입은 병사를 조기에 식별해, 간호사와 정신과 의사로 구성된 기동팀이 신속히 응급 치료를 제공하는 방식이었다.(4) 이와 같은 맥락에서, 독일 출신 정신과 의사 게오르크 호니히만도 러시아 적십자 소속으로 참전하면서 '전쟁 신경증'이라는 개념을 발전시켰다.(5)

이 개념은 제1차 세계대전 직후 널리 퍼졌으며, 당시에는 '포탄 충격'이라는 이름으로도 불렸다.(6) 이 진단은 전선이나 후방에 있는 병사들이 겪는 다양한 신체적·심리적 증상을 설명하는 데 사용되었다. 떨림, 구토, 마비, 실어증, 경련성 웃음, 청각 및 시각 상실, 기억 상실 등이 대표적 증상인데, 외상이 명확히 드러나지 않는 경우도 많았다.

문제는 이 같은 증상들이 종종 히스테리, 심지어는 비겁함이나 나약함으로 폄하되었다는 점이다. (7) 전쟁으로 인한 정신건강 심각성에 대한 사회적·의학적 인식은 제2차 세계대전을 거치며 점차 확산되었고, 특히 베트남 전쟁 이후 본격적인 전환점을 맞았다. 미국의 정신과 의사들은 '외상 후 스트레스 장애(PTSD)'라는 개념을 도입하고, 1980년 이를 정신질환 진단 분류 체계에 공식적으로 포함했다. 프랑스는 1992년에 이를 도입했다.(8) 이후 PTSD 개념은 군인뿐 아니라 민간인에게까지 확대되었고, 다양한 폭력과 트라우마 상황에 적용되는 보편적 진단 범주로 자리잡았다.

"제대 군인들이 겪는 심각한 PTSD, 지금 당장 조치 필요"

전투로 인한 정신적 외상 문제는 1990년대 후반, 러시아의 전문 학술지들에서 다시금 제기되기 시작했다. 아프가니스탄 전쟁(1979~1989)과 제1차 체첸 전쟁(1994~1996)의 심리적 후유증을 다룬 논문들이, 당시 서방 전문가들과의 협력에 개방적이었던 러시아에서 출간되었다. 아프가니스탄 참전 용사들의 귀환 이후 나타난 증상들

이 베트남전 참전 병사들의 사례와 유사하다는 점은 PTSD 개념이 러시아 정신의학 용어로 편입되는 계기가 되었다. 이 전쟁에 62만 명의 병사가 참전했으며, 그중 15만 명이 우크라이나인이었고, 이 가운데 약 3,000명이 전사했다.(9)

우크라이나 및 해외 연구진으로 구성된 한 팀은, 2022년 2월 24일 이후 관찰된 '가족 시스템의 붕괴'(전쟁, 트라우마, 장기적인 부재 등으로 인해 보호자, 양육자, 의사소통자 등 가족 내 기존 역할이 더 이상 제대로 작동하지 않는 상태를 의미하는 사회심리학적 개념-역주) 현상을 보고서에서 지적했다.(10)

군의관으로서 2년간 전선에 있었던 안드리 졸로브는 자신이 PTSD를 앓고 있음을 알고 있다. 그의 아내 이레나는 남편이 전쟁에서 돌아온 직후 겪었던 끔찍한 악몽, 갑작스러운 분노 폭발, 그리고 일상 속 민간인들의 태평함에 느꼈던 극심한 거리감을 기억한다. 이제 40대 초반이 된 그는 현재 서부 도시 리비우에 있는 참전 용사 단체 활동에 헌신하고 있다. "심각한 PTSD를 겪는 전직 군인은 잠재적인 위협이 될 수 있습니다. 저는 문제를 폭력으로 해결하려 드는 참전용사들의 사례를 자주 접합니다. 지금 당장 조치가 필요합니다." 졸로브는 이렇게 경고했다. 폭력이 사회 전체로 확산되기 전에 대비 조치가 시급하다는 호소였다.

황폐한 치료 환경, 정신건강 관련 예산 너무 적어

"처음에는 PTSD나 뇌진탕을 앓는 사람들을 어떻게 대해야 할지 전혀 알지 못했습니다." 리비우 시립병원 산하 정신과를 이끄는 올레 베레지우크 교수는 이렇게 회상했다. 그가 지휘하는 병원의 새로 단장한 건물 내부에서는, 목발을 짚은 젊은이들, 휠체어를 탄 사람들, 의족을 착용한 환자들, 두부 외상을 입은 이들이 자주 눈에 띈다. 복합외상을 입은 부상자들의 급증에 대응하기 위해, 베레지우크 교수와 그의 팀은 프랑스 파리에 위치한 고문 피해자 지원 기관인 '프리모 레비 센터', 북대서양조약기구(NATO) 소속 군의관들, 미국과 이스라엘의 연구진 등으로부터 전문 교육을 받았다.

현재 이 병원은 운영비의 20%를 해외 기부금으로 충당하고 있으며, 검증된 치료법과 혁신적 기술을 결합한 '다차원적 접근법'을 제공하고 있다. 이 접근법에는 다음과 같은 치료들이 포함된다. EMDR(안구 운동을 통한 탈감작 및 재처리 요법. 탈감작(脫感作)은 '특정 자극에 대한 과도한 불안이나 공포 반응을 점진적으로 줄여나가는 과정'을 말한다-역주), 예술치료, 신체기반 심리치료, 경두개 자기자극 치료(TMS) 등. 2024년 한 해 동안 이 센터는 군인과 민간

인을 포함해 1만 5천 명 이상의 환자를 치료했으며, 그 가운데 군인 세 명 중 한 명은 우울, 불안, 수면장애 또는 자살 충동의 증상을 보였다.

하지만 이처럼 모범적인 치료 시설은, 전쟁 이전부터 이미 붕괴 상태에 놓여 있었던 우크라이나의 전반적인 의료 환경을 감안할 때 극히 예외적인 사례에 불과하다. 2016년 기준, 우크라이나의 보건의료 분야 총지출은 국내총생산(GDP)의 7%에도 미치지 않았으며, 이는 프랑스의 11%와 비교해도 현저히 낮은 수준이다. 이 중 정신건강 분야 예산은 고작 2~5% 수준에 불과했는데, 이는 프랑스의 약 14%에 비해 턱없이 적은 비중이다.(11)

게다가 2022년 전쟁 발발 이후, 전쟁으로 심화된 재정 위기 탓에 보건 공공 지출은 더욱 감소했다. 그 결과, 치료가 필요한 대다수 군인과 민간인 트라우마 환자들은 다음과 같은 열악한 조건을 감내할 수밖에 없다. 전쟁으로 노후되거나 파손된 의료 인프라, 과중한 업무에 시달리며 충분한 훈련을 받지 못한 의료진, 그리고 실질적으로 약물치료에 의존할 수밖에 없는 매우 제한된 치료 자원 등이다.

정신과 의사의 호소,
"한사람이 쉰 번의 외상을 연달아 겪는다면…"

28세, 전직 광부였던 블라디슬라프는 한밤중에 동료들이 곁에 있는 상황에서 '환영'(幻影)을 향해 총을 쏜 뒤 몇 달째 하르키우의 낡은 정신병원에 입원해 있다. 그가 머무는 병원 건물은 얼마 전 러시아의 폭격을 받은 흔적을 아직도 간직하고 있다. 그 폭격은 이곳에 머물던 환자들, 이미 전쟁의 폭력에 깊이 트라우마를 입은 사람들을 또다시 강제 대피하게 만들었다. 시설은 낙후되고 자원도 거의 없지만, 병원 측은 환자들을 돕기 위해 할 수 있는 모든 노력을 기울이고 있다.

블라디슬라프는 담당 심리치료사 이리나의 반려견인 마이야와 시간을 보내며 마음을 달랜다. 동물 매개 치료의 효과는 제한적이지만, 그에게는 위안이 된다.(12) 하지만

그의 정신 상태가 여전히 불안정함에도 불구하고, 그는 언제든지 전선으로 다시 보내질 수 있다. 전쟁 4년 차를 앞둔 지금, 우크라이나는 전투에 투입할 병력이 심각하게 부족한 현실에 처해 있기 때문이다.

"지난 50년 동안, 규모나 폭력성, 지속 기간 면에서 이 정도의 강도를 보인 전쟁은 없었습니다." 리비우 정신병원의 베레지우크 교수는 그렇게 말했다. 현재까지 전선 양측의 사망자와 부상자 수는 약100만 명으로 추산된다.(12) 이 노련한 정신과 의사는 절망에 찬 어조로 되물었다. "외상 후 스트레스 장애는 보통 하나의 충격적 사건에서 비롯되죠. 그런데 한 사람이 다섯 번, 열 번, 쉰 번의 외상을 연달아 겪는다면… 그땐 과연 어떻게 되는 걸까요?" ⒧

글 · 카롤린 티리옹 Caroline Thirion
언론인

*이 르포는 아르노 베르트랑과 함께 진행되었으며, 벨기에 '언론기금'의 지원으로 제작되었다.

(1) 이름만 언급된 인물은 익명을 요청했음.
(2) "잘 지내고 계신가요? 올레나 젤렌스카 이니셔티브의 일환으로, 우크라이나 국민에게 정신건강 관리의 중요성이 전해질 예정입니다", 2023년 3월 24일, www.president.gov.ua
(3) 「우크라이나는 혼자가 아니다」, 〈The Lancet Psychiatry〉, 제11권, 런던, 2024년 11월.
(4) 프레데리크 졸리, 「구호요원과 외상 후 스트레스 증후군」, 모든 형태의 인도주의 – 국제적십자위원회(CICR), 2023년 2월 10일, https://blogs.icrc.org
(5) 에블린 조스, 「성인의 정신적 외상」, 드 보에크 쉬페리외르, 루뱅라뇌브, 2023년.
(6) 칼 아브라함, 샌도어 페렌치, 지그문트 프로이트, 「전쟁 신경증에 관하여」, 파요, 파리, 2023년.
(7) 엘리자베트 시에카-코즐로프스키, 「전쟁으로 인한 정신적 고통에 대응하는 포스트소비에트 러시아 국가: 개념과 유산」, 〈동서 비교 연구 리뷰〉, 제43권, 제4호, 파리, 2012년.
(8) 「전투 스트레스, 외상 후 스트레스, 정신적 상처」, 비블리오베이유(Biblioveilles), 프랑스 국방부, 2023년 6월, www.defense.gouv.fr
(9) 장-피에르 필리우, 「우크라이나 아프가니스탄 참전용사들의 혼란스러운 역사」, 〈르몽드〉, 2023년 7월 23일.
(10) 이리나 프랑코바 외, 「우크라이나의 정신건강 및 심리사회적 지원: 전쟁 시기의 대처, 도움 요청, 그리고 보건 시스템 강화」, ARQ 국립정신외상센터 및 암스테르담 자유대학교, 디멘-암스테르담, 2024년 2월.
(11) 마리사 카사노바 디아스 외, 「우크라이나 정신건강에 대한 란셋 정신의학위원회 보고서」, 〈The Lancet Psychiatry〉, 위의 출처. 또한 「Data pathologies」 페이지, 프랑스 건강보험, https://data.ameli.fr
(12) 보안 판체브스키, 「러시아-우크라이나 전쟁으로 현재 사망자 및 부상자 수는 100만 명에 달해」, 〈월스트리트저널〉, 뉴욕, 2024년 9월 17일.

"내 개성을 팝니다"

인플루언서의 무기는 '인위적인' 진정성

프랑스인들은 매일 평균 1~2시간을 소셜미디어에서 보낸다. 이들의 시선을 붙잡기 위해, 인플루언서들은 세련되고 매우 효과적인 기법들을 구사한다. 디지털 시청률 경쟁이 벌어지는 가운데, 모두가 그들을 따라 하려 든다. 오늘날 우리는 철저히 알고리즘에 의해 움직이는 이 디지털 세계 속으로 더 깊이 들어가고 있다.

브누아 브레빌 | 〈르몽드 디플로마티크〉 프랑스어판 발행인

지난 5월 3일, 승객 16명을 태울 수 있는 반짝이는 테크노마르 포르 람보르기니 요트 한 척이 미국 마이애미 앞바다에서 좌초되었다. 선상에는 플로리다의 햇살 아래서 놀기 위해 모인 32명의 인플루언서들이 타고 있었다. 요트가 가라앉는 동안, 수영복에 형광색 구명조끼를 입은 이 파티 참가자들은 여전히 휴대폰으로 자신들을 촬영하며 웃고 있었다. 그날 오후는 망쳐졌지만, 이 장면은 곧 소셜 미디어를 휩쓸며 화제가 되었다. 이것은 지난 몇 년간 호화 인플루언서 문화가 겪고 있는 위기를 상징하는 하나의 은유처럼 비추어졌다.

그런데 문제의 핵심은 인플루언서 시장이 과도하게 경쟁적으로 변했다는 점이다. 리얼리티 TV 프로그램이 우후죽순 생겨나면서, 광고주들은 인스타그램에서 비키니나 선크림을 홍보할 인플루언서를 선택하는 데 있어 선택지가 너무 많아졌다. "예전엔 하루에 협찬받은 게시물이 세 개였어요. 지금은 이틀에 한 번 올릴까 말까 해요,"라고 줄리아 파레데스는 한 유튜버와의 인터뷰에서 푸념했다.(1)

〈프렌즈 트립〉, 〈상처받은 마음의 빌라〉, 〈엄마이자 유명인〉 등에 출연했던 이 전직 리얼리티 스타는 현재 111만 명의 팔로워를 거느린 인스타그램 계정을 운영하며, 두바이에서 싱글맘으로 사는 삶을 공유하고 있다. 아이들과의 일상 사진과 호화로운 파티 사진 사이사이에, 그녀는 수많은 브랜드들과의 상업적 협업(콜라보) 콘텐츠도 끼워넣는다. 예를 들면 화장품, 현지 레스토랑, 아기 침대, 유아 매트, 주류 판매점 등이다.

"한창 때는 한 달에 3만5천에서 4만 유로를 벌었지만, 지금은 (때때로) 5천 유로 수준이에요,"라고 그녀는 의기소침한 어조로 말했다. 이러한 위기의 징후로, 두바이에 거주하던 많은 인플루언서들이 최근 생활비가 더 저렴한 인도네시아 발리로 거처를 옮겼고, 일부는 커리어 초기에 하던 것처럼 클럽에서 '유료 출연'을 다시 시작했으며, 어떤 인플루언서들은 Mym이나 OnlyFans 같은 플랫폼에서 에로틱한 사진을 판매하는 처지에 놓이기도 했다.

그럼에도, 유명 인플루언서들의 그늘 아래에서 인플루언스 마케팅 시장은 여전히 번창하고 있다. 프랑스에서만도 2024년 그 규모는 약 65억 유로에 달했다.(2) 브랜드들이 SNS를 통해 자사 제품을 홍보하기 위해 지출한 비용은 그 어느 때보다도 많았고, 특히 패션, 화장품, 스포츠 분야에서 이러한 경향이 두드러졌다.

인플루언서들을 박살 냈던 '부바 보고서'

그러나 기업들은 2022년 '부바 보고서' 논란 이후 이미지에 심각한 타격을 입은 TV 출신 스타들보다는, 이제 훨씬 더 '무해한' 인플루언서들과 협력하는 것을 선호하게 되었다. 당시 래퍼 부바(Booba)는 그들을 '엥플뤼볼레르

알렉스 그로스 – 「쇼퍼홀릭 4」, 2024

(Influ-voleurs, 영향력 있는 도둑들)'라고 불렀다. 아울러 품질이 낮은 제품을 터무니없는 가격에 판매하고, 중국 온라인 쇼핑몰에서 훨씬 저렴하게 구할 수 있는 상품을 홍보하거나, 가짜 상품, 의심스러운 식품, 부적합하거나 위험한 화장품 등을 마구잡이로 광고하는 인플루언서들의 각종 사기와 횡포를 폭로하며 마치 십자군 전쟁을 벌이는 듯했다.

실제로 일부 인플루언서들은 광고를 숨기기도 했다. 이 논란은 2023년 6월 9일 제정된 '상업적 인플루언스 규제법'으로 이어졌다. 이 법은 SNS 상에서 활동하는 인플루언서들이 모든 유료 협찬, 수령한 선물, 이미지 보정 여부를 명확히 밝히도록 의무화했으며, 일부 제품—미용 성형, 도

박, 고위험 금융서비스 등의 홍보는 아예 금지되었다. "솔직히 말해서, 부바가 우리 비즈니스를 박살냈죠" 라고 줄리아 파레데스는 쓸쓸한 표정으로 말했다.

새 법은 이 활동을 공식적으로 정의하고 있다. '인플루언서'란, "자신의 유명세를 활용하여 디지털 방식으로 콘텐츠를 전달하고, 이를 통해 직접적 또는 간접적으로 상품, 서비스, 또는 어떠한 목적(대의)을 홍보하며, 그 대가로 경제적 이익이나 현물 형태의 혜택을 받는 개인 또는 법인"을 말한다. 프랑스에는 약 15만 명의 인플루언서가 활동하고 있는 것으로 추정되며, 이 중 약 75%가 여성이다.(3)

'나노 인플루언서'에서 '메가 인플루언서'까지

마케팅 전문가들은 이들을 계층별로 나눈다. 구독자('팔로워') 수가 100만 명을 넘는 계정을 가진 이들은 '메가 인플루언서', 10만~100만 명은 '매크로', 1만~10만 명은 '마이크로', 1만 명 미만은 '나노 인플루언서'로 분류된다. 계정 규모에 따라 기업은 마케팅 전략을 조정한다. 고객 입장에서 보면 공식은 비교적 단순하다. 소규모 인플루언서는 규모는 작지만 충성도 높은 커뮤니티를 보유하고 있어

21세기는 초연결시대입니다.
사람과 세상, 정보와 지식이 서로 이어져있는 네트워크 시대입니다.
언제 어디서든 정보의 바다에 접속할 수 있지만 반대로 가짜 뉴스,
거짓 정보도 넘쳐납니다.
경향신문은 특정 진영의 시각을 대변하지 않습니다.
오직 진실의 편에 서서 공정보도를 추구합니다.
경향신문은 독자 여러분을 사건과 역사의 현장으로 안내하겠습니다.
경향신문과 함께 '진실의 목격자'가 되어주십시오

오히려 팔로워들의 '참여율'이 더 높다.

이들의 게시물은 상대적으로 더 많은 '좋아요', 댓글, 공유, 클릭 등의 상호작용을 이끌어낸다. 반면 대형 인플루언서들은 '노출률'이 더 높다. 즉, 이들의 게시물은 더 많은 사람들에게 보여진다. 따라서 브랜드가 인지도를 높이거나 신제품을 알리고자 한다면 이들을 활용하게 된다. 반면 실제 매출을 일으키는 데 있어서는 소규모 콘텐츠 제작자들이 훨씬 효과적이며, 투자 대비 수익률도 가장 높다.

게다가 이 '게임'에 참여하기 위한 진입 장벽이 매우 낮다. 2019년에 다양한 규모의 인플루언서 1,361명을 대상으로 실시한 한 조사에 따르면, 당시 SNS에서 이뤄진 파트너십의 63%는 금전적 보상이 없었고, 대신 무료 제품, 외식, 여행, 선물 등의 형태로 보상이 이루어졌다.(4) 소규모 인플루언서들은 대부분 자신이 유도한 판매에 따른 판매 수수료만을 받는다. 브랜드는 제품을 무상으로 보내고, 인플루언서는 이를 개봉하고 이용 후기를 촬영한 뒤, 자신의 팔로워들에게 할인 코드나 홍보 링크를 제공한다. 팔로워가 이를 통해 구매를 하면, 인플루언서는 일반적으로 약 10% 수준의 수수료를 받는다.

이 방식은 광고주가 마케팅 효과를 정밀하게 측정하고, 인플루언서들 간의 성과를 비교할 수 있게 해준다. 한편, 금전적 보상이 수반되는 협업의 경우에도, 그중 87%는 500유로 이하의 낮은 단가에 그쳤다. 또 다른 조사에 따르면, 2024년 한 해 동안 인터넷 활동을 통해 2만 유로 이상의 세전 수입을 올렸다고 응답한 콘텐츠 제작자는 전체의 15%에 불과했다.(5) 결국, 대다수 인플루언서들은 최저임금에

도 미치지 못하는 수입을 올리고 있는 실정이다.

비좁은 정상의 자리, 0.23%만이 메가 인플루언서

이처럼 '화려함'과 '영향력'은 극소수에게 집중되고, 대다수는 그 주변을 맴돌 뿐이다. 수많은 무명의 인플루언서들이 부스러기만으로 만족해야 한다면, 패션과 뷰티 분야의 레나 마푸프(레나 시튀아시옹)나 스포츠·식이요법 분야의 티보 들라파르(Tibo InShape) 같은 스타 인플루언서들은 몇 개의 홍보 게시물만으로도 수만 유로를 청구한다. 이들은 비서나 매니저를 거느리고, 자신만의 브랜드를 론칭하거나 베스트셀러를 출간하기도 한다. 예를 들어, 레나 시튀아시옹이 2020년 출간한 자기계발서『언제나 더 많이 (Toujours plus), + = +』(로베르 라퐁 출판사)는 40만 부 이상이 팔렸다.

그러나 정상의 자리는 극히 비좁다. 프랑스 인스타그램 콘텐츠 제작자 중 단 0.23%만이 메가 인플루언서에 오를 수 있다. 그리고 지구 환경을 생각한다면, 이런 상황은 오히려 다행일지도 모른다. 유튜브, 인스타그램, 틱톡에서 팔로워 수가 300만 명인 인플루언서 한 명이 연간 1,072톤의 이산화탄소(CO_2)를 배출하는데, 이는 파리와 뉴욕 간 왕복 비행 481회에 해당하는 수치다.(6)

그럼에도 이 직업은 여전히 많은 이들의 꿈을 자극한다. 아무런 기반 없이 시작해 정점에 오른 인플루언서들의 성공담은 언론에 끊임없이 등장한다. "플랫폼은 능력주의의 공간이다. 더 이상 유리천장도, 사회 계층도, 생활 수준도, 학력도 문제가 되지 않는다. (…) SNS에서 주목받기 위한 유일한 기준은 '재능'뿐이다." 이렇게 클레망스 플로크 기자와 커뮤니케이션 전문가 에밀리 르기니에크는 열정적으로 말했다.(7)

물론 몇몇 성공 신화가 존재하는 것은 사실이지만, 처음부터 가진 조건들이 적지 않은 도움이 되는 경우가 많다. 예컨대, 레나 마푸프는 만화가 아버지와 스타일리스트 어머니 사이에서 자라며 예술과 문화 속에 젖어 있었다. 위고 트라베르는 상류층 가정이 밀집한 오드센주의 빌드아브레에서 성장했고, 아버지는 영국 출신 마케팅 임원으로 그 덕에 그는 어릴 때부터 영어에 능통했다. 그는 파리 정치대학(시앙스포) 재학 중 유튜브 채널을 시작했다. 라파엘 카를리에는 유명 방송 평론가 기 카를리에의 아들이며, 그의 파트너 다비드 코스카스는 클라마르 시장 이브 코스카스의 아들이다.

브랜드들이 인플루언서 마케팅에 열광하는 이유는 바로 그 효과성 때문이다. 미국에서는 기업들이 이 방식에 1달러를 투자할 때마다 평균 5.78달러의 수익을 거둔 것으로 나타났다.(8) 그러나 중요한 것은, 브랜드 이미지에 부합하면서도 팔로워들의 신뢰를 받고 있는 인플루언서를 찾아내는 일이다. 예를 들어, 출판사 네이션은 어떻게 해서 인스타그램 팔로워 2,700명을 보유한 '두 아이의 엄마 클로에' 계정을 골라 어린이 도서『T'choupi의 작은 학교』홍보에 활용했을까?

또 크로넨부르 양조장은 왜 팔로워 1만4,000명을 보유한 'Laeti_Testeuse'를 선택해 신제품 맥주 1664 로제(rosée)를 홍보했을까? 이들은 동시에 에벵 법(Lois Évin)의 허점을 교묘히 이용했다는 점에서도 주목된다. (※ 프랑스의 에벵 법은 알코올 광고를 엄격히 제한하지만, 인플루언서 콘텐츠는 법망의 사각지대가 될 수도 있다.)

친한 친구가 건네는 조언처럼 자연스럽게

브랜드는 인플루언서와 그들의 이야기 속에 자연스럽게 녹아들어, 소비자와 감정적 연결을 맺기를 기대한다. 이를 위해 기업들은 먼저 SNS를 정밀하게 모니터링하며, 자사 브랜드에 대한 긍정적인 언급이나 호의적인 반응을 지속적으로 탐색한다. 그 과정에서 눈에 띄는 이용자가 있으면, 기업은 곧바로 무료 제품을 보내고, 그는 이를 자발적으로 팔로워들에게 소개하기 시작한다. 이 가운데 특히 열정적으로 콘텐츠를 제작하고, 높은 반응을 이끌어내는 인물에게는 곧 정식 파트너십 제안이 이어진다.

한편, 또 다른 방식으로는 수많은 인플루언서 마케팅 전문 에이전시를 활용하는 경우가 있다. 이들 에이전시는 브랜드와 잘 맞는 인플루언서를 찾아주는 체계적인 발굴 시스템과 데이터베이스를 갖추고 있다. 이들은 다양한 식별 도구를 제공하며, 인플루언서들의 연령, 성별, 팔로워 수와 지역, 관심사, 참여율, 과거 협업 브랜드 등 여러 기준을 바탕으로 데이터베이스화된 목록을 운영한다.

이처럼 이름이 알려졌든 아니든, 수많은 인터넷 이용자들의 계정에는 각종 아마추어 영상들이 넘쳐난다. 예를 들어 '하울(haul)' 영상은 쇼핑한 옷이나 물건들을 보여주는 콘텐츠이고, '룩북(lookbook)'은 여러 가지 의상을 입어보며 스타일을 소개하는 형식이다. '모닝 루틴(morning routine)'에서는 자신이 아침에 사용하는 화장품을 칭찬하며 소개하고, '배치 쿠킹(batch cooking)'에서는 요리 과정을 보여주면서 사용한 브랜드 제품을 자연스럽게 언급한다.

또한 '언박싱(unboxing)' 영상에서는 협찬받은 택배를 열며 제품을 소개한다. 예컨대 팔로워 3만 명을 보유한 'Elenatestepourvous'는 "오늘 아침에도 당류 무첨가 제품으로 구성된 Gerblé의 예쁜 선물 세트를 받았어요. 새해를 더 건강하게 시작하기에 딱이에요!"라며 흥에 겨운 표현을 띄웠다.

그런데, 가만히 생각해보면 왜 우리는 이들의 말을 믿고 따를까? 전통적인 유명인들(운동선수, 배우 등)과 비교했을 때, 콘텐츠 창작자들, 즉 인플루언서들은 훨씬 더 진정성 있게 보인다. 예를 들어, 유도 선수 테디 리네르(파리올림픽 2관왕)가 브리오슈 피치를 진심으로 좋아한다기보다는, 광고료를 받고 좋아하는 척하는 것일 수 있다는 사실은 누구나 짐작할 수 있다. 하지만 수년 동안 팔로우하며 세 자녀의 일상까지 함께 지켜봐 온 엘레나라면 이야기가 달라진다.

그녀는 종종 어떤 제품에 대해 솔직한 비판도 서슴지 않았고, 그런 태도 덕분에 그녀의 추천은 광고가 아니라 진심에서 우러난 조언처럼 느껴진다. 이처럼 팔로워들을 설득하기 위해, 대형이든 소형이든 인플루언서들은 무엇보다 '진짜처럼 보이는 것'이 핵심이다. 그들은 돈을 받고 광고해서가 아니라, 자신이 정말 좋아하는 제품이라서 소개하는 것처럼 보여야 한다. 즉, 마치 친한 친구가 건네는 조언처럼 자연스럽고 믿을 수 있어야 한다.

'인위적인' 진정성 전략

'진정성'은 타고나는 것이 아니라, 만들어지는 것이다. 이런 신뢰의 아우라를 구축하기 위해, 인플루언서들은 누구나 비슷한 전략 도구 상자를 활용한다. 성공적인 인플루언서가 되는 법에 대한 가이드북들은 인터넷은 물론 서점과 앱 스토어에까지 넘쳐난다. 예를 들어 『인플루언서를 위한 매뉴얼』(9)에서는 인스타그램에서 효과적으로 노출되

알렉스 그로스 -「몽상」, 2020

기 위해 "월요일과 화요일, 오전 8~9시, 밤 2시, 오후 5시에 게시물을 올리는 것이 좋다"고 조언한다.

이런 기법들은 이제는 단순한 요령이 아니라 하나의 전문 교육과정으로 체계화되기 시작했다. 2022년 이후, 프랑스 최초의 인플루언서 마케팅 전문학교인 Ffollozz(폴로즈)에서는 5년 과정의 커리큘럼을 제공한다. 1인당 등록금은 무려 연간 7,500유로(약 1,200만원)이다.

철저한 계산 속의 진정성

이러한 '진정성'을 구축하는 데 사용되는 전략적 방법들은 구체적이고 치밀하다. 우선, 구독자와 친근하게 소통하는 태도, 예컨대 반말을 사용하는 것이 기본이다. 또한 자신의 사생활과 일상을 드러내야 한다. 그것도 무작위가 아니라, 사회학자 어빙 고프만이 광고 사진을 두고 말한 표현을 빌리자면, "정교하게 연출된 일상의 단면"을 노출하는 것이다.(10) 그래서 콘텐츠 제작자들은 식탁 앞, 잠옷 차림, 자녀나 친구들과 함께 있는 모습, 휴가 중의 한 장면, 할로윈 파티 준비, 개학 준비 모습 등을 게시한다.

마치 시리즈 드라마 속 등장인물처럼, 팔로워는 그들의 삶을 점차 알아가며 정을 붙이게 되는 것이다. 이를 위해 인플루언서는 자신의 약점, 두려움, 불안, 질병도 과감히 공유해야 한다. 수백만 팔로워와 두둑한 예금 통장을 가진 이들조차, 마치 우리와 똑같은 일상을 사는 듯 보여야 한다. 예를 들어, 패션·뷰티 분야의 메가 인플루언서 'Mayadorable'은 빨래를 널며 가사노동에 짜증을 내는 사진을 올리기도 하고(11), 레나 시튀아시옹은 촬영 후 협찬 제품을 반납해야 할 때 "이걸 돌려줘야 한다니 가슴이 찢어진다"면서, 마치 스스로는 감당할 수 없다는 듯이 말한다.

수년간 커리어를 이어온 인플루언서라 할지라도, 항상 초심자의 마음을 유지해야 한다. 즉, 철저하게 계산된 '조율된 아마추어리즘' 속에서 인위적 진정성의 구축을 이어가는 것이다.(12) 그래서 인스타그램에서 Ineslou는 이렇게 쓴다. "Omg 요가/필라테스 라이브 쇼핑을 Zalando랑 같이 하게 됐어요! 진짜 너무 떨려요, 처음이라서요!"

구독자와의 꾸준한 친밀감이 성공을 좌우해

구독자와의 친밀감을 유지하고, 그들이 다시 찾아오게 만들기 위해 인플루언서들은 이들을 적극적으로 참여시킨다. 의견을 묻고, 선호를 반영하는 식이다. 예를 들어, 피트니스 분야의 메가 인플루언서이자 티보 인셰이프와 커플로 활동 중인 쥬쥬 핏캣츠는 구독자들에게 자신들의 결혼 준비 과정 하나하나에 대한 의견을 묻고 결정하게 했다. 사회학자 사무엘 코아부와 노에미 로크는 게임 분야 인플루언서에 대해 이렇게 설명한다.(13) "'커뮤니티', 즉 영상을 꾸준히 시청하고 유대감을 형성한 관객 집단은 꾸준한 관리와 소통을 필요로 한다."

실제로 이들은 자신의 열혈 시청자들의 이름을 기억하고, 영상 시작 전 '프리라이브' 시간에 그들과 대화를 나누며, 댓글을 읽고 반영하고, 취향에 맞춰 콘텐츠를 조정하며,

직접적인 질문에도 성실히 응답한다. 이 모든 과정은, 그들과의 관계를 지탱해주는 '친밀감의 체계'를 유지하기 위한 필수 조건이며, 그것이 곧 커뮤니티의 충성도와 직업적 성공을 좌우한다.

정확히 말하자면, 그들이 일하는 것이 아니라 자신의 '열정'을 따르는 것이다. 왜냐하면 인플루언서들은 끊임없이 이렇게 말한다. "우리는 우리가 하는 일을 진심으로 사랑해요." 그들은 콘텐츠 제작자가 되기 이전부터 취미와 관심 분야에 깊이 빠져 있었던 사람들이다. 예를 들어, 공예, 정원 가꾸기, 컴퓨터, 스포츠에 열정을 가지고 있었다. 유명한 여성 라이프스타일 잡지 〈엘(ELLE)〉의 2021년 6월 18일자 보도에 따르면, 레나 시튀아시옹은 "패션과 사진에 대한 열정을 충족시키기 위해 유튜브 채널을 열었다"라고 말했고, 스퀴지는 비디오 게임을 사랑해서, 위고 트라베르는 어릴 때부터 뉴스와 정치에 흥미가 많아서 활동을 시작했다.

그리고 성공은 이들을 바꾸지 않았다. 레나 시튀아시옹은 지금도 인스타그램 프로필 상단에 "난 영상 만드는 걸 정말 좋아해요"라고 적어두고 있다. 또한, 많은 인플루언서들이 사용하는 전형적인 연출 방식에 따라, 그녀는 자신의 긴 하루, 새벽같이 일어나는 모습, 급하게 때우는 식사, 피곤에 지친 순간들을 자주 보여주며 자신의 헌신을 강조한다. 그녀는 인스타그램에 이렇게 적었다. "지난 두 달 정말 강행군이었어요, 근데 너무 좋아요. 저 어떤 사람인지 아시죠. 일이긴 하지만, 제가 좋아하는 일이에요. 낮엔 일하고, 밤엔 영상 편집하는데, 솔직히 꽤 잘 되어가고 있어서 기뻐요!"

스토리리빙, 실제 체험과 삶의 이야기 보여줘

효과적인 인플루언서가 되기 위해서는, 자신의 게시물이 가진 상업적 성격을 흐릿하게 만드는 것이 무엇보다 중요하다. 제품은 단순히 '광고'로 소개되는 것이 아니라, 현실적인 상황 속에서 자연스럽게 등장한다. 마치 그 제품이 실제 필요에 의해 사용되는 것처럼 보이도록 말이다. 연구자 스테파니 마르티는 이에 대해 다음과 같이 설명한다. "인플루언서들은 아침 기상, 출근, 식사, 취침 등 자신의 일상 흐름 속에

소비 시나리오를 녹여낸다. 그들은 브랜드와 제품을 자신의 존재 시간표 안에 통합시키는 것이다." 그녀는 이를 '스토리 리빙'이라 명명하며, 인플루언서들이 "브랜드를 중심으로 한 실제 체험과 삶의 이야기"를 보여준다고 분석한다.(14)

예를 들어, 유튜브에서 38만 4천 명의 구독자를 보유한 'Passion Rénovation' 채널의 미카엘 빔보에스는 스탠리 브랜드의 '트레이드 리프트'라는 무거운 물체를 쉽게 들어 올릴 수 있는 도구를 소개한다. 그는 문을 들어올리며 이렇게 말한다. "이제는 이 작업을 훨씬 부드럽고 편하게 할 수 있어요. 허리도 안 아프고, 정말 실용적이고, 효과도 좋고, 멋진 혁신이에요!" 또한 유튜브 구독자 150만 명, 인스타그램 팔로워 80만 명을 보유한 조한팝즈는 운동 후 갈증이 난 모습으로 Air Up 브랜드의 물병을 소개한다. "이건 '역후각 원리'(입으로 섭취한 음식이나 음료의 향이 코 뒤쪽을 통해 다시 감지되는 과정-역주)를 이용한 물병이에요. 쉽게 말해, 자기가 고른 향(복숭아, 사과, 패션후르츠 등)을 맡으면서 물을 마시면, 설탕이나 칼로리 없이도 마치 그 맛이 나는 것처럼 느껴지는 거죠."

브랜드는 단순한 '해결책'에 그치지 않고, 때로는 '친구'처럼 여겨지기도 한다. "이제 디올 친구들 보러 가요!"라고 말하며 촬영장으로 향하는 레나 시튀아시옹의 말은, 브랜드와의 관계를 광고주와 모델 이상의 친근한 연결로 표현한다. 또 어떤 경우에는 브랜드가 '후원자' 또는 '조력자'의 역할을 하기도 한다. 예를 들어, BiznessMatch라는 플랫폼이 없었다면, 미카엘 빔보에스는 '차고용 쉼터 만들기 팁'과 '세상을 떠난 아버지에 대한 개인적인 회상'을 엮은 이번 영상을 제작조차 하지 못했을지도 모른다.

브랜드는 단순히 제품만을 제공하는 것이 아니라, 창작자의 콘텐츠 제작 과정 전체를 가능하게 하는 실질적 후원자로 작동한다. 영상 말미에 그는 이렇게 말한다. "설명란에 올려둔 링크 꼭 클릭해보시고요, 사이트도 한번 둘러보시고, 궁금한 점은 문의도 해보세요. 진짜 친절하고, 대응도 빠릅니다. BiznessMatch, 이 영상의 파트너가 되어주셔서 감사합니다."

획일화되는 콘텐츠, 살길은 자신만의 콘셉트 만들기

모두가 비슷한 방식과 전략을 사용하다 보니, 콘텐츠의 획일화 현상이 나타나고 있다. 도대체 얼마나 많은 영상이, 그 억지로 들뜬 "안녕하세요 여러분, 잘 지내시죠?"라는 말로 시작될까? 그리고 얼마나 많은 다이어트 전/후 포토몽타주가 피트니스나 영양 관련 인플루언서들의 계정에 올라와 있을까? 이런 콘텐츠의 홍수 속에서 두드러지기 위해, 인플루언서들은 각자 자신만의 정체성을 만들어내려 애쓴다.

한 게임 스트리머는 이렇게 말했다. "그냥 그런 평범한 남자가 되어선 안 돼요." 그는 "트위치에는 빨강머리 스트리머가 없잖아요"라는 이유로 자신의 머리색이라는 신체적 특징을 차별화 요소로 삼았고, 이를 강조하기 위해 여우를 본뜬 아바타까지 만들어 활용하고 있다.(15) 요리 분야의 여성 인플루언서들 역시 마찬가지다. 그들은 경쟁이 치열한 환경 속에서 자신만의 고유한 캐릭터나 콘셉트를 구축한다.

예를 들면, 다정하고 보호적인 '엄마 닭' 이미지, 매력을 지닌 세련된 엄마, 풍성한 식탁을 차려내는 따뜻한 엄마 셰프, 혹은 절제된 감성과 신념을 지닌 고급스러운 비건 여성 등이 있다.(16) 이렇듯, 남성 인플루언서들은 자동차, 공구, 수리 등의 주제를 다루고, 여성 인플루언서들은 육아, 요리, 수영복 착용 같은 콘텐츠를 중심으로 활동하는 등, 성별 고정관념이 강하게 작동하는 세계 속에서 각자 자신만의 정체성을 사회적으로 수용가능한 틀 안에서 구축한다.

이 과정에서 인플루언서들은 "모순도, 깊이도 없는, 안심할 수 있는 비정치적 서사"를 통해 자신의 이미지를 공들여 만들고 강화해 나간다.(17) "저는 상품을 파는 게 아니에요. 저라는 사람 자체를 팔고 있는 거죠." 2021년 6월 18일자 〈엘(ELLE)〉과의 인터뷰에서 레나 마푸프는 이렇게 말했다. 그녀는 자신이 사용하는 활동명인 '레나 시튀아시옹'을 프랑스 산업재산권청(INPI)에 공식 브랜드로 등록하기도 했다. 이는 이녹스타그, 스퀴지와 마찬가지다. 결국 이들은 모두, 인스타그램이라는 무대를 중심으로 한 '자기 기업화'의 완성된 사례를 보여주는 셈이다. (18)

이처럼 관심사와 정체성에 따라 세분화된 생태계 안에

서, 모든 브랜드는 자신에게 꼭 맞는 인플루언서를 찾을 수 있다. 작은 동네 식당부터 글로벌 럭셔리 기업까지, 모두 예외는 없다. 예를 들어, 시니어 인플루언서는 노화 방지 크림을 홍보하고, 정원 가꾸기 전문가는 관개 시스템(물 주는 장치)을 소개하며, 기술 마니아는 대형 통신기업의 신제품을 알린다. 심지어 정치 성향이 뚜렷한 인플루언서들조차 자신과 잘 맞는 브랜드를 찾아낸다.

극우 성향의 인플루언서들은 근육질 몸매를 약속하는 프로지스 보충제, 혹은 애국적 제품을 표방하는 테르 드 프랑스와 협업한다. 반대로, 페미니스트 인플루언서들은 생리용 속옷, 섹스토이, 에로틱 팟캐스트 등과 협업한다. 한편, 환경주의 인플루언서들은 지속가능한 관광, 태양광 패널 등과 연계된 브랜드를 홍보한다.

콘텐츠 생산에 압박감을 주는 '스토리' 기능

인스타그램은 브랜드와 콘텐츠 창작자 간 파트너십의 80% 이상이 체결되는 플랫폼으로, 점차 인플루언서 마케팅에 최적화된 공간으로 자리매김해왔다. 2010년에 탄생해 2년 뒤 페이스북(현재의 메타)에 인수된 이후, 인스타그램은 구독자와의 친밀감과 상호작용을 강화하기 위한 다양한 기능들을 꾸준히 추가해왔다. 예를 들어 투표, 퀴즈, 라이브 방송, 질문-답변 세션 등은 팔로워들과의 실시간 소통을 촉진하는 도구들이다.

특히 2016년에 도입된 '스토리(Story)' 기능은 인플루언서의 일상을 24시간 동안 짧은 이미지와 영상으로 보여주며, 팔로워들이 그들의 삶에 더 깊이 몰입하고, 일상의 일부처럼 느끼게 만드는 핵심 수단이 되었다. 이러한 스토리 형식은 콘텐츠 제작자에게 끊임없는 콘텐츠 생산을 요구하는 압박감을 만들어냈다. 하루라도 게시물을 올리지 않으면 그 공백은 즉각적으로 드러나며, 많은 인플루언서들은 이를 의식해 팔로워들에게 사과하거나 해명하며, "여러분이 그리웠어요"라고 말하기도 한다.

그러나 대부분의 인플루언서들은 잊히는 것, 팔로워를 잃는 것, 혹은 플랫폼 알고리즘에 의해 노출도가 떨어지는 것에 대한 두려움 때문에 자신의 부재를 가능한 한 줄이려 한다. 팔로워 18만 명을 보유한 피트니스 및 라이프스타일 인스타그래머 악셀 앙 브레는 다음과 같이 토로한다. "정말 불안해요. 계속 뭔가를 올려야 하죠. 경쟁자도 많고, 경쟁이 치열하니까요. 조회수가 많아야 협업 제안이 오고, 그래야 수입도 늘어나니까요."(19)

번아웃과 온라인 협박에 시달리는 인플루언서들

이처럼 '알고리즘 아래의 일상'에서, 항상 온라인에 머무르는 것은 인플루언서에게 핵심적인 생존 조건이 된다. 그들은 영상을 꾸준히 업로드하고, 팔로워들의 댓글에 일일이 답변하며, 다른 인플루언서들의 게시물에도 댓글을 달며 네트워크를 유지하고, 자신의 가시성과 영향력을 높이기 위한 활동을 끊임없이 이어간다.

그리고 조회수, 팔로워 수, 시청 시간, 수익 추정치와 같은 수치 중심의 지표에 집착하면서 많은 인플루언서들이 정신 건강 문제와 함께 직무 소진(번아웃)에 시달리고 있다.(20) 여성 인플루언서들은 여기에 더해 온라인 괴롭힘이라는 이중의 부담까지 안고 있다. 예를 들어, 페미니즘을 주제로 한 영상을 올린 유튜버 마리옹 세클랭은 단 두 달 만에 무려 4만 건의 욕설과 함께, 살해 협박과 성폭행 협박까지 받아야 했다.

프랑스인 네 명 중 세 명은 소셜미디어 계정을 보유하고 있으며, 이용자들은 평균적으로 하루 1~2시간을 이 플랫폼들에 할애한다. 매일 1억 장의 사진이 인스타그램(사용자 15억 명)에 업로드되고, 유튜브(사용자 25억 명)에서는 10억 시간 분량의 영상이 시청된다. 이러한 플랫폼에서 자리 잡는데 성공한 인플루언서는 그 자체로 엄청난 규모의 청중을 확보하게 된다. 예를 들어, 위고 데크립트는 모든 플랫폼을 합쳐 1,400만 명의 팔로워를 보유하고 있으며, 그중 절반인 700만 명이 틱톡 팔로워다. 그의 영향력은 프랑스 대표 일간지 〈르몽드〉보다 훨씬 크다. 한편, 세계 최대 인플루언서인 미스터비스트(MrBeast)는 유튜브 구독자 수 3억 9,600만 명을 자랑하며, 심지어 넷플릭스를 능가하는 영향력을 보이기도 한다.

저널리즘 교육에도 인플루언서 실습 포함돼

이는 당연히 많은 이들의 부러움과 모방 욕구를 불러일으킨다. 인플루언서들은 디지털 세계에서 가장 큰 주목을 받는 존재가 되었으며, 그만큼 많은 사람들과 기관들이 이들의 전략을 모방하고 있다. 특히 젊은 인터넷 이용자층의 관심을 끌기 위해, 모두가 인플루언서들의 콘텐츠 방식과 소통 전략을 벤치마킹하고 있는 실정이다. 자기 노출, 친밀감, 진정성, 소통, 무대 뒤편 공유, 짧은 형식의 콘텐츠…이러한 요소들은 이제 대학과 과학기관에도 영향을 미쳤다. 이들 기관은 틱톡에 유쾌한 영상 콘텐츠를 올리기도 하고, 박사과정 학생들이 1인칭 시점으로 이야기하도록 유도한다.

예컨대, "왜 내가 바이러스를 연구하게 되었는가?" 같은 주제의 영상이다. 또한 실험실의 이면, 과학 실험 과정의 뒷모습도 소개한다. 하지만 그 성과는 아직 미미하다. 프랑스국립과학연구센터(CNRS)는 인스타그램에 올린 콘텐츠로 '좋아요' 500개도 넘기기 어렵지만, 티보 인셰이프(Tibo InShape)가 시리얼을 먹는 영상 하나는 무려 3만 개의 '좋아요'를 받는다. 전통 언론과 인플루언서 문화의 경계가 뒤섞이는 현상은 이보다 더 분명할 수 없다. 쇠퇴하는 시장 속에서 판매를 다시 끌어올리려는 고민 속에서, 언론사들은 소셜미디어의 새로운 트렌드에 적극적으로 적응하고 있다. 프랑스 공영방송 〈프랑스 앵포〉 산하의 미디어 전문 사이트 〈Méta-Media〉는 이렇게 지적한다. "젊은 대중에게 다가가려는 언론에게 '인물 중심 콘텐츠'(incarnation)는 필수적이다."(21)

오늘날 저널리즘 교육 현장에서도 이런 변화가 체감된다. 언론학교 학생들은 휴대폰으로 자신을 촬영하는 법, 기사를 인스타그램 캐러셀이나 틱톡 영상 형식으로 재구성하는 법을 배우고 있다. 최근 파리의 한 언론학교에서 교육을 마친 클레망틴은 다음과 같은 시험을 경험했다고 말한다. "시험 당일, 진짜 기자처럼 행동해보라는 취지로 반나

절 시간이 주어졌고, '자신이 고른 주제로 1분 30초짜리 영상 하나를 만들어야 한다'는 과제가 주어졌어요. 페이스캠(직접 출연), 자료화면, SNS용 재구성본까지 포함해서요."

프랑스 언론사들, 유명 인플루언서들을 적극 활용

그녀는 촬영, 편집, 재촬영(소리가 나쁘거나 말이 꼬인 경우), 이미지 검색, 자극적인 문구 구상 등으로 많은 시간을 보냈고, 그 과정에서 실제 저널리즘 활동, 즉 정보를 찾고 취재하는 데는 채 1시간도 걸리지 않았다며 아쉬움을 토로한다. 그리고 다음과 같이 결론지었다. "우리는 정보를 전달하는 '사람'이 되는 법, 많은 사람들에게 공유되도록 자신을 연출하는 법을 배우고 있어요. 그러니까 정확한 정보를 만들기 전에, 먼저 '잘 팔리는 정보'를 만드는 법부터 배우는 셈이죠."

언론사들이 디지털 대중과의 접점을 넓히기 위해 인플루언서를 프로그램에 적극 활용하는 사례가 늘고 있다. 예컨대, 위고 데크립트는 〈프랑스 2〉, 레나 시튀아시옹은 〈카날 플뤼스〉, 파올라 로카텔리는 〈TF1〉에 출연하는 식이다. 반면, 그와는 반대 방향으로 기자들이 직접 자신만의 미디어 플랫폼을 구축해 소셜미디어에서 활동을 시작하거나, 유료 뉴스레터와 광고로 운영되는 팟캐스트를 개설하기도 한다.

일부 팟캐스트에서는 광고 멘트를 진행자가 직접 낭독하기도 한다. 이러한 개인 창작자로의 전환은, 디지털 상에서 이미 충분한 인지도를 쌓은 기자들이 자발적으로 선택한 경로일 수도 있다. 예를 들어, 샤를 빌라는 디지털 기반의 뉴스 미디어 플랫폼인 〈브뤼트〉를 떠나 자신의 유튜브 채널에 전념하게 되었고, 브누아 르 코르는 〈르몽드〉의 세로형 영상 부서에서 몇 년간 일한 뒤 독립했다.

이 밖에도 사무엘 에티엔, 위고 클레망 등도 유사한 행보를 걷고 있다. 그러나 이러한 1인 미디어로의 전환이 언제나 자발적인 것만은 아니다. 특히 최근 〈르푸앙〉, 〈르파리지앵〉, 〈마리안〉 등 주요 언론사들에서 정리해고가 잇따르면서, 고정적인 자리를 찾지 못한 기자들이 어쩔 수 없이

독립하는 경우도 늘고 있다.

"진짜 문제는 극우의 논리에
지배되는 미국산 알고리즘"

소셜미디어에서 영향력을 확보하려는 기자들은 인플루언서의 문법에 자신을 적응시켜야 한다. 즉, 자신을 전면에 내세우고, 카메라 앞에 서며, 팔로워들과 직접 소통하고, 때로는 상업적 콘텐츠, 즉 광고에도 기꺼이 참여해야 한다. 예컨대 〈RMC〉와 프랑스 〈텔레비지옹〉 출신 기자인 네스린 슬라우이가 리바이스에서 제공받은 옷을 인스타그램에 게시한다든가, 위고 클레망이 '프리미에르 시즌'이라는 브랜드 콘텐츠 전문 에이전시를 창업하거나, 위고 트라베르가 Frame55라는 마케팅 회사를 설립한 사례가 이에 해당한다.

또한 극우에 저항하는 내용을 담은 소책자 『저항하라 (Résister)』(파요, 2024)를 펴내 20만 부 이상 판매한 살로메 사케 기자는, 독립 언론 〈블라스트〉에서 활동하며 인스타그램 팔로워 수가 45만 6천 명에 이른다. 이런 성과를 이루기 위해 그녀는 자기 자신을 드러내는 전략, 즉 인물화 전략을 적극적으로 활용한다. 팔로워들은 그녀가 등산을 좋아하고, 선호하는 영화 장르, 친구들과 브런치를 즐기는 취향까지도 속속들이 알고 있다. 지난해 말에는 여러 콘텐츠 제작자들과 함께한 생일 파티 장면이 공개됐고, 그 가운데 등장한 그녀의 모습 또한 자연스럽게 다양한 이미지로 공유되었다.

"기자로서 우리는 이 플랫폼들에 가능한 한 적응하려 노력해요. 그래야 더 많은 사람들에게 우리의 이야기를 전할 수 있으니까요. 하지만 그게 진정한 해법은 아니라고 생각해요. 진짜 문제는 우리가 미국산 알고리즘, 특히 오늘날 대부분이 극우 성향의 논리에 지배되고 있는 그 알고리즘에 의존하고 있다는 거예요."라고 그녀는 설명한다.

그녀의 파급력은 엘리제궁(프랑스 대통령궁)도 주목했다. 엘리제는 그녀를 유튜버 티보 인셰이프와 함께 〈TF1〉 방송에서 에마뉘엘 마크롱 대통령을 인터뷰할 인물로 선

정했다. 2024년 5월 13일, 두 사람과 마주한 자리에서 마크롱 대통령은 마치 자신의 진영, 그 친근함 속에 있는 듯한 모습이었다. 스크린에 중독된 세대의 일원이자, 셀카와 스마트폰 영상 촬영에 능숙하며, '프랑스 브랜드'의 강점을 몇 마디로 간결하게 '피치(pitch)'해내는 커뮤니케이터. 인스타그램 팔로워만 450만 명에 이르는 마크롱 대통령은, 그가 즐겨 쓰는 프랑글레(프랑스어와 영어의 혼용어) 식 표현을 빌리자면, "프랑스 인플루언서계의 빅 보스(Big Boss)"라는 호칭도 어색하지 않을 정도다. **ID**

글 · **브누아 브레빌 Benoît Bréville**
〈르몽드 디플로마티크〉 프랑스어판 발행인

(1) 「베이비스토리 (에피소드 23): 두바이에서 싱글맘으로 사는 줄리아 파레데스」, 제렘 스타 인터뷰, 2023년 7월 2일, www.youtube.com

(2) 〈Coherent Market Insights〉가 파리 크리에이터 위크를 위해 수행한 연구 결과 (《리베라시옹》, 2024년 12월 10일 보도)

(3) 「인플루언서 마케팅: Reech 2025 보고서」, www.reech.com

(4) 「2019년 인플루언서와 브랜드 관계」, www.reech.com

(5) Fleur Bouron, 「85%의 인플루언서가 최저임금보다 적게 버는 이유는?」, 〈레제코〉, 파리, 2024년 11월 13일

(6) 'Footsprint와 1000heads' 에이전시가 계산한 수치 (《레제코》, 2023년 3월 9일)

(7) 클레망스 플로크, 에밀리 르 기니에, 「알고리즘 아래의 인플루언서 일상」, 로베르 라퐁(Robert Laffont), 파리, 2024년

(8) 「놀라운 인플루언서 마케팅 통계 20가지」, 2025년 4월 16일, digitalmarketinginstitute.com

(9) 에두아르 피아, 프랑수아-샤를 로하르, 『인플루언서 매뉴얼』, 엘립스(Ellipses), 파리, 2021년

(10) 어빙 고프먼, 『일상생활의 연출』, 미뉘(Minuit), 파리, 1973년

(11) 야스민 필랄리 안사리의 석사논문 「인플루언서의 발화: 자아 이미지와 브랜드 이미지 사이」 (Celsa, 소르본 대학교, 2022년)에서 인용. 패션 및 뷰티 인플루언서의 커뮤니케이션 기법을 다수 예시

(12) 크리스털 아비텡, 「#패밀리골: 가족 인플루언서, 조율된 아마추어리즘, 그리고 청소년 디지털 노동의 정당화」, Social Media + Society, 제3권 2호, 타우전드 오크스, 2017년 봄

(13) 사무엘 코아부, 노에미 로크, 「진정성의 직업: 트위치와 유튜브에서 비디오게임 중개자의 근접성 체제」, 〈Réseaux: 커뮤니케이션, 기술, 사회〉, 제224권 제6호, 파리, 2020년

(14) 스테파니 마르티, 「'스와이프 업'과 '할인코드': 인플루언서들이 브랜드를 위한 스토리리빙을 어떻게 실현하는가」, 〈커뮤니케이션 & 매니지먼트〉, 제18권 제1호, 파리, 2021년

(15) 위 (13)번 논문에서 재인용

(16) 시모나 드 이올리오 외, 「영향받는 식생활: 인스타그램의 마이크로 셀러브리티 6인 사례」, 〈커뮤니케이션과 조직〉, 제60권 제2호, 보르도, 2021년

(17) 위와 동일

(18) 위와 동일

(19) 위 (7)번 저서에서 인용

(20) 케빈 부셔-라페, 「유튜버 번아웃: 유튜브가 콘텐츠 창작자의 정신건강을 지키려는 방법」, 〈르파리지앵〉, 2023년 3월 19일

(21) 「기자의 자서전: 어떻게 자기 매체를 '인물화'해 독자의 참여를 이끌 것인가?」, 〈메타-메디아〉, 2024년 5월 18일, www.meta-media.fr

아마도 알파드니 – 「수단의 딸」, 2019년

독재 권력의 성폭행과 억압에 고통받았던 수단 여성들

작가 압바스, '이슬람' 수단사회의 여성학대 고발

작가 파틴 압바스(Fatin Abbas)는 수단의 수도인 하르툼에서 태어났다. 1990년 아버지가 원치 않았던 망명을 한 뒤, 그녀는 미국에서 성장했고 이후 영국에서 공부했다. 그녀의 작품은 수단에서 폭력이 발생하는 근원, 특히 가부장적 구조에 뿌리를 둔 폭력의 문제를 탐구한다. 이 글에서 그녀는 가족의 숨겨진 흔적을 따라가며, 수단을 황폐화시킨 네 번에 걸친 참혹한 내전과 노예제의 역사 사이에 얽힌 침묵의 관계를 밝혀냈다.

파틴 아바스 ❘ 수단 출신의 영미권 작가

내가 21살이었을 때, 가족의 비밀 하나가 내게 밝혀졌다. 외증조모는 노예 출신이었고, 외증조부는 노예상이었다. 이 사실을 어머니가 말해

준 건 어느 날 오후, 우리가 할아버지 집 앞에 주차해 둔 차 안에서였다. 장소는 하르툼, 시기는 2000년대 중반이었다. 우리 둘만 있었지만, 어머니는 말을 이어갈수록 목소리를

낮춰갔다. 외증조모는 1910년대, 수단 남부나 그 주변 지역에서 납치되었다고 했다.

비록 영국이 노예 무역을 종식시키겠다는 명분으로 그보다 10년도 더 전에 수단을 식민지화했지만, 그 지역은 여전히 납치가 빈번하게 자행되고 있었다. 사하라사막을 횡단하는 노예무역의 주요 공급지였기 때문이다.

외증조모는 그 당시 어린아이였다. 노예 사냥꾼들의 무리가 마을에 접근하자 경보가 울렸다. 그녀의 어머니는 아이들을 모아 함께 동굴 속에 숨었다. 그러나 노예 사냥꾼들이 총을 쏘기 시작했다. 총성이 너무나도 요란해 외증조모는 그것이 동굴 안에서 울리는 것처럼 느껴졌다고 한다. 겁에 질린 그녀는 어머니가 말릴 틈도 없이 밖으로 뛰쳐나갔다. 바깥에는 사냥꾼들이 기다리고 있었다.

그녀는 하르툼으로 끌려갔고, 결국 그녀를 '아내로 삼은'(그리고 아마도 성폭행한) 남자에게 넘겨졌다. 그는 바로 내 외증조부이자 그녀의 '소유자'였다. 그 후 그녀는 어머니도, 형제자매도, 가족 그 누구도 다시는 만날 수 없었다. 우리 가족 중 그 누구도 그녀의 본래 이름, 토착 이름이 무엇이었는지를 모른다. 우리가 아는 것은 오직 외증조부가 그녀에게 지어준 아랍 이름, '카리마'(Karima)뿐이다. 관대한 여자라는 뜻이다.

'시리야트'(siriyaat)로 불렸던 여인, 그 공공연한 비밀

그 외증조부는 나일강 상류 지역, 즉 이집트 남부 지방 출신이었다. 그는 20세기 전환기에 하르툼에 정착했고, 그곳에서 큰 재산을 일구었다. 그는 이슬람 율법이 허용하는 대로, 한때 최대 네 명까지 아내를 두었고, 수시로 아내를 바꾸었다. 또 첩들도 두었다. 그는 노예 여성들을 특별히 '좋아했다'고 알려져 있는데, 수단 아랍어로는 그런 여성을 시리야트(siriyaat)라고 불렀다.

이 단어는 '비밀'을 뜻하는 아랍어 어근 sir에서 파생된 말이다. 내 외증조모는 그의 수많은 '공공연한 비밀' 중 가장 오래 지속된 존재였다. 그는 그녀와 결혼했고, 그녀와의

사이에서 여덟 명의 자녀를 두었다. 그 어떤 경우와도 달리, 그는 그녀와 이혼하지 않았다.

나는 지금의 상황 속에서 내 외증조모의 이야기를 자주 떠올린다. 유엔의 추산에 따르면, 2024년 10월 현재 수단에서는 약 1,400만 명이 전쟁으로 삶의 터전을 잃었다. 전체 인구의 절반에 해당하는 2,500만 명이 굶주림에 시달리고 있으며, 최소 15만 명이 목숨을 잃었다. 나라 전체가 식량도, 식수도, 의료 서비스도 제대로 받지 못한 채 깊은 고통 속에 놓여 있다.

이 전쟁 속에서 신속지원군(FSR) 민병대는 물론, (비록 덜하긴 하지만) 수단의 정규군마저도 체계적으로 성폭력을 자행하고 있다. 수많은 피해 사례가 보고되고 있지만, 그것은 빙산의 일각일 뿐이다. 피해자들은 수치심과 낙인, 지역 사회와 가족으로부터의 거부감에 시달리며, 결국 침묵을 택할 수밖에 없다. 그 당시 하르툼에서는 성폭력으로 태어난 아이가 생모로부터 버림받는 일이 다반사였다.

"그녀가 그의 방탕한 젊음의 장난감이 되도록"

어머니가 내게 외증조모의 이야기를 들려준 날, 그녀는 또 다른 사실을 털어놓았다. 우리가 차를 세워둔 그 집, 곧 할아버지의 집 앞에서 말이다. 어머니는 할아버지가 어머니(즉 외증조모)가 노예로 끌려갔던 일을 주제로 시를 썼다고 말했다. 할아버지는 이미 오래전에 세상을 떠났지만, 그 시는 살아남아 있었다. 나는 그것을 1950년대에 그가 자비로 출간한 아랍어 시집에서 발견했다.

그 시의 제목은 「잃어버린 혼혈」이었다. 시는 외증조모가 납치당하던 순간을 다시 상상하며 그려냈다. 그 이야기 속에서 그녀를 납치한 남자는 그녀에게 성적으로 접근한다. "그는 그녀를 원했다, 자기의 침상에서 / 그녀가 그의 방탕한 젊음의 장난감이 되도록." 하지만 그 젊은 여자는 그의 접근을 거부하며, 자신의 명예와 정조를 지켜낸다.

그는 그녀와 결혼하기 전에는 그녀를 건드릴 수 없

다. 결국, 그는 그녀와 결혼한다. 이 시에서 말하고 있는 목소리는 바로 그 젊은 노예 여성과 그녀를 사로잡은 남자 사이에서 태어난 아들(할아버지)의 목소리다. 그는 부모의 첫 만남을 되짚으며, 스스로의 정체성, 그 '혼혈적' 존재에 대해 성찰한다. 아프리카계 어머니와 아랍계 아버지 사이에서 태어난 그는, 자신이 어디에 속해 있는지를 자문한다.

왜 내 할아버지는 자신의 어머니가 강간당했다는 사실을 숨겨야 했을까. 그녀는 아직 아이였고, 집에서 끌려 나와 자신을 '아내로 삼은' 남자의 소유물이 되었다. 할아버지는, 자신의 존재가 그런 폭력에서 비롯되었다는 사실을 부정하고 싶었던 걸까? 아니면, 결국 우리 모두의 존재가 뿌리내리고 있는 그 폭력을 외면하고 싶었던 걸까? 내가 읽은 시의 화자를 할아버지와 겹쳐보고, 강제로 끌려간 소녀와 그녀를 납치한 남자를 내 외증조부모로 착각한 건, 어쩌면 단지 내 상상이었을지도 모른다.

수단 사회의 깊은 상흔, '순수'와 '오염'

가족들과 이야기를 나누며 나는 한 가지 경향을 눈치챘다. 이 일이 강간이었다는 사실을 노골적으로 부정하지는 않지만, 보다 점잖고 그럴듯하게 포장하려는 기색이 역력했다. 아무도 '강간'이라는 단어를 입에 올리지 않았다. 대신 사람들은 '노예로 팔려간 일'이나 '첩'이라는 표현을 사용했다. 어머니의 사촌은 이 이야기를 남에게 절대 말하지 말라고 조언했다. 가족 중 누군가 결혼할 때 문제가 생길 수 있다는 이유였다.

하르툼의 상류층에서는 약혼한 두 집안이 서로의 가문을 조사하는 일이 종종 있다. 그 목적은 상대가 '이르크(irq)', 즉 '노예의 핏줄'을 지녔는지를 확인하기 위해서다. 그런 사실이 드러나면 결혼이 파탄에 이를 수도 있다. '순혈'을 중시하는 가문은 혈통이 '오염'되는 것을 꺼리기 때문이다. 이처럼 '순수'와 '오염'이라는 개념은 지금도 북수단 사회를 규정하고 있으며, 수단 사회의 폭력을 지속시키

는 깊은 분열의 유산을 반영하고 있다.

이전에 피해자를 양산했던 악습이 오늘날도 버젓이

오늘날의 전쟁 양상, 특히 (하지만 그것에만 국한되지 않는) 신속지원군(FSR) 민병대들이 벌이는 전쟁 방식은, 오스만-이집트 제국이 수단을 지배하던 시기까지 거슬러 올라가는 역사적 맥락 속에 놓여 있다. 역사적으로 성적 폭력과 성노예화는 여성들을 지배하고 통제하기 위한 핵심 수단이었다. 이는 내 외증조모의 이야기에서도 확인된다. 피해자들은 대체로 오늘날의 남수단 지역에 속한 소외된 민족 집단 출신이었다.

이 시스템은 계속 이어졌다. 수단이 1956년에 독립을 쟁취한 직후, 연이어 등장한 독재자들은 오스만-이집트와 영국 식민 통치자들이 보여준 약탈적 행태를 그대로 답습했다. 그들은 또한, 서로 다른 민족 집단들을 이간질하고 대립하게 만드는 영국 식민주의자들의 '분열 통치(divide and rule)' 전략을 그대로 따랐다. 이러한 분열은 영국 식민 통치 시절 시행된 '폐쇄 구역' 정책으로 더욱 심화되었다. 이 정책은 개발, 교육, 인프라를 이슬람화되고 아랍어를 사용하는 북부 지역에 집중시키는 반면, 아프리카계이며 비이슬람권·비아랍어권으로 간주된 남부는 철저히 고립시키고 차단하는 것이었다. 그 결과, 남수단 주민들은 독립이 선포되던 순간부터 이미 구조적으로 불리한 위치에 놓일 수밖에 없었다.

이러한 유산은 오마르 알-바시르(Omar Al-Bachir)의 30년 독재 통치 기간 동안 재앙적으로 되살아났다. 그의 통치 시기에 남북 간 내전은 한층 더 격화되었다. 이 전쟁은 수단의 독립 직후, 남부가 새로 구성되는 국가의 정치·경제 체제에서 정당한 몫을 요구하면서 처음으로 불붙은 바 있다. 1983년부터 2005년까지 이어진 내전의 두 번째 국면에서만도 약 200만 명의 수단인이 목숨을 잃은 것으로 추정된다. 이 전쟁은 결국 남부 수단 주민들에게 분리 독립 여부를 묻는 국민투표를 허용한 평화협정에 따라 중단되

었다. 주민들은 압도적인 다수로 분리 독립에 찬성표를 던졌고, 2011년 '남수단공화국'이 탄생했다. 그러나 남북 간 전쟁이 겨우 진정되려던 그 시점에, 또 다른 곳에서 새로운 위기가 불붙기 시작했다.

성폭력 악명높았던 잔자위드 민병대, 오늘날 신속지원군으로 변신

2003년, 수단 서부 다르푸르 지역에서 반란이 일어나자, 당시 정권은 반란을 지지하던 아프리카계 민족 집단을 공격하기 위해 아랍계 유목민 단체를 무장시켰다. 이 반란 진압 전략은 다르푸르의 악명 높은 민병대 '잔자위드(janjawid)'를 기반으로 했다. 2003년부터 2008년 사이, 이 민병대는 마살리트족(Masalit)과 포르족(Four)의 전통적 부족 영토('다르, dar')를 겨냥한 집단학살을 벌였다.

이 폭력으로 최소 30만 명이 목숨을 잃었고, 100만 명 이상의 실향민이 발생했다. 이 학살 과정에서 잔자위드 민병대는 성폭력도 자행했다. 아프리카계로 분류된 민족 집단의 남성들을 살해하는 동시에, 그 여성들에 대해서는 조직적으로 강간이 이뤄졌다. 이 민병대를 이끌었던 인물이 바로 무함마드 함단 다글로, 별명 '헤메티'(Hemetti)였다. 그는 이 반란 진압 작전에서 결정적인 역할을 했고, 오마르 알-바시르 정권의 유지에 없어서는 안 될 인물로 부상했다. 결국 2013년, 그는 자신이 이끄는 준군사조직에 대한 완전한 지휘권을 공식적으로 인정받았고, 그것이 오늘날 신속지원군(FSR), 즉 제도화된 형태의 '잔자위드'로 이어졌다.

참혹한 학살을 자행한 신속지원군과 수단군

2018년 12월, 정권이 생필품에 대한 보조금을 중단하면서, 하룻밤 사이에 빵값이 세 배로 뛰었다. 이에 항의하는 시위대가 수단 북부의 도시 아트바라(Atbara) 거리로 쏟아져 나왔고, 집권당 사무실을 불태웠다. 시위는 빠르게 전국 여러 도시로 확산되며, 정권 퇴진을 외치는 혁명적 움직임으로 번져나갔다. 2019년, 혁명이 계속되던 중, 신속지원군(FSR)은 시위대를 대상으로 잔혹한 탄압에 나섰다. 그러나 민중의 저항이 점차 거세지자, FSR 사령관 헤메티와 수단군 총사령관 압델 파타 알-부르한(Abdel Fattah Al-Burhane)은 2019년 4월, 오마르 알-바시르를 권좌에서 끌어내리는 데 동참했다. 그러나 시민사회는 이 두 장군이 과도정부에 참여하는 것을 거부했다. 그들은 알-바시르 정권 하에서 자행된 최악의 인권 탄압에 깊이 관여된 인물들이라는 점에서, 과연 이들에게 국가의 미래를 맡길 수 있는가에 대한 의문이 제기되었다.

실제로 알-바시르가 축출된 지 불과 몇 주 뒤, 신속지원군(FSR)과 수단군(FAS)은 손을 잡고 혁명 기간 중 가장 참혹한 학살을 자행했다. 2019년 6월 3일, 하르툼 군 본부 앞에서 평화적으로 연좌시위를 벌이던 시민들 가운데 최소 120명이 학살당했다. 그해 10월, 두 장군은 쿠데타를 일으켜 정권을 장악했다. 하지만 헤메티는 FSR을 수단군(FAS)에 통합하라는 요구를 거부했다. 2023년 4월, 수도와 그 주변 지역에서 FSR이 수단군의 거점을 공격하면서, 수단을 파괴하는 '끝없는 전쟁'의 새로운 국면이 시작되었다. 그 파괴와 살육의 강도는 2003~2008년 다르푸르 학살 당시를 능가하는 수준이었다.

알-바시르의 이슬람주의 독재 정권 시절, 남수단에 대한 전쟁은 이교도 아프리카인에 맞선 '성전(지하드)'의 형태를 띠었다. 2000년대 다르푸르 집단학살 당시에도 폭력은 강한 민족적 성격을 가졌으며, 오늘날 전쟁에서 자행되는 성폭력 또한 이러한 패턴을 반복하고 있다. 하지만 이번에는 그 대상이 '아프리카인'만이 아니다. FSR 민병대는 이제 북부의 '아랍계' 여성들에 대해서도 무차별적 폭력을 자행하고 있다.

국가 폭력의 가장 극단적인 피해자였던 수단 여성들

이러한 폭력의 규모는, 수단에서 권력과 지배가 언제

나 여성의 몸을 통해 행사되어 왔을 뿐 아니라, 동시에 그 몸을 통해 도전받아 왔다는 사실을 반영한다. 수단이 독립한 이후, 여성의 몸은 이슬람주의 독재자들의 직접적인 통제 대상이 되었다. 자아파르 알-니메이리(1969~1985)는 수단에 최초로 샤리아(이슬람 율법)를 도입한 인물이었다. 그 뒤를 이은 오마르 알-바시르 정권 역시 여성의 몸에 대한 규율과 처벌을 핵심 통치 전략 중 하나로 삼았다. 그의 정권은 '공공질서'를 담당하는 특별 경찰 기구를 설치해, 여성들의 복장, 이성 간 접촉, 공적 공간에서의 행동과 관계를 철저히 감시하고 통제했다. 이 시기, 공공장소에서 여성에게 태형 등의 신체적 처벌을 가하는 일은 일상적인 풍경이었다.

그렇기에 2018~2019년 민중 봉기에서 여성들이 전면에 나선 것은 결코 놀라운 일이 아니다. 연령, 계급, 직업을 불문하고, 수단 전역의 여성들이 시위에 앞장섰고, 저항 위원회 활동에도 적극적으로 참여했다. 차와 음식을 파는 거리의 여성 상인들은 연좌 시위 기간 동안 음식과 물자를 조직적으로 공급했고, 여대생들과 전업주부들은 거리 행진과 시위 대열에 함께했다.

다르푸르처럼 역사적으로 소외되고 전쟁으로 찢긴 지역들의 거리에서도, 국가 폭력의 가장 극단적인 피해자였던 여성들이 대규모로 봉기에 참여했다. 그들은 연좌시위 현장에서 남성들과 밤을 함께 지새웠고, 이는 오랜 시간 여성에게 강요되어온 침묵과 복종의 질서에 균열을 내는, 근본적인 도전이기도 했다. 30년간 이어진 이슬람주의 정권은, 혈연이나 혼인 관계가 없는 남녀 사이에는 엄격한 거리를 강요해왔었다. 그러나 봉기 기간 동안 시위자들은 이슬람 이전 수단의 '누비아 여왕'(Nubia, 오늘날 북수단과 남이집트에 걸친 고대 문명권. 여성 통치자인 칸다케 여왕들은 아프리카 여성 권력과 자주성을 상징한다 - 역주)을 여성 권력과 저항의 상징으로 삼았다.

오늘날 여성에게 가해지는 체계적 폭력은 단순한 전쟁의 부산물이 아니라, 2019년 혁명에 대한 반동이다. 이 전쟁은 군부와 민병대 체제를 복원하려는 동시에 성별 억압 질서를 재확립하려는 시도다. 여성의 몸은 다시 지배와 통제의 대상이 되었으며, 이는 노예제와 이슬람주의 독재의 연장선에 있다. 🄛

대규모 총파업 참여로 이슬람 독재권력에 저항

그렇기에 2018~2019년 민중 봉기에서 여성들이 전면에 나선 것은 결코 놀라운 일이 아니다. 연령, 계급, 직업을 불문하고, 수단 전역의 여성들이 시위에 앞장섰고, 저항 위원회 활동에도 적극적으로 참여했다. 차와 음식을 파는 거리의 여성 상인들은 연좌 시위 기간 동안 음식과 물자를 조직적으로 공급했고, 여대생들과 전업주부들은 거리 행진과 시위 대열에 함께했다. 중산층 여성 졸업생들은 법률적 지원을 제공하고 총파업에도 동참했다. 그리고 2019년 4월, 22세의 알라 살라(Alaa Salah)가 전통 수단 복장인 '투브(thoub)'를 입고 자동차 지붕 위에 올라 혁명가를 선창하는 모습이 사진에 포착되었다. 이 장면은 곧 그녀를 이 봉기의 상징적인 얼굴로 만들었다.

글 · 파틴 아바스 Fatin Abbas
수단 출신의 영미권 작가. 『고스트 시즌(Ghost Season)』의 저자, 자카란다 출판사, 런던, 2023년.

*이 글의 원문은 2025년 4월 〈베를린 리뷰〉에 처음 실렸다.

마일리스 키데르 & 티모테 드 로글로드르 | 언론인

경제력으로 훈장을 받는 금권국가

레지옹 도뇌르가 만드는 그들만의 '사회적 질서'

국가 공로 훈장, 학술 공로 훈장, 국가경찰 메달이나 관광 메달 등 프랑스에는 약 70개의 훈장이 있다. 가장 높은 서열은? 물론 '레지옹 도뇌르'다. 이 훈장은 공화국의 명예로운 인물들을 선별하기 위해 만들어졌다. 그러나 시대정신을 반영해야 할 이 상징적 메달이 기업 CEO들에게 수여되는 빈도가 점점 높아지면서, 특권층을 구별하고 그들의 지위를 공고히 하는 도구로 전락하고 있다.

엘리제궁 앞에 바리케이드가 세워졌다. 첫 번째 장벽을 (기적적으로) 통과했음에도 불구하고, 두 번째 장벽은 여전히 철통같이 버티고 있다. 경호원들은 엄선된 초대자들만 입장시키기 위해 철저히 감시하고 있다.

베르나르 아르노가 대통령 에마뉘엘 마크롱의 손에서 레지옹 도뇌르(Légion d'honneur, 프랑스의 최고 명예훈장으로, 1802년 나폴레옹 보나파르트가 창설. 공로가 있는 군인, 예술가, 과학자, 기업가, 정치인 등 다양한 분야의 인물들이 수상 대상-역주)의 최고 등급인 그랑-크루아를 받을 준비를 하고 있다.

난간 뒤에서 두 헌병이 대화를 나눈다. "일론 머스크가 10분 전에 도착했어! 베르나르 아르노와 그는 누가 더 부자인지를 놓고 몇 년간 다투었으니, 머스크가 그를 조롱하러 온 거지!"라며 한 헌병이 농담을 던졌다.

농담은 이쯤에서 끝났다. 돼지 꼬리 모양 이어폰을 끼고 나타난 경호책임자는 단호했다.

"오늘 밤에는 언론 출입 금지예요. 행사의 반은 개인적인 일입니다."

필자는 초대장을 꺼내면서, 정장을 차려입거나 하이힐을 신은 몇몇 참석자들에게 물었다.

"베르나르 아르노가 훈장을 받나요?" LVMH의 한 임원이 미소를 지으며 답했다.

"오늘 밤 기리는 것은 프랑스를 위한 공로와 업적, 그리고 프랑스의 국제적 영향력입니다."

누가 레지옹 도뇌르를 차지하는가

레지옹 도뇌르 규정에 따르면, 이 훈장을 받기 위해서는 "최소 20년 동안의 공공 서비스나 전문적 활동을 증명해야 하며, 두 경우 모두 탁월한 공적이 함께 있어야 한다"라고 규정되어 있다. 또는 최소한 "명확하게 드러나는 특별한 공로"가 필요하다.

오늘날 이 훈장의 10개 중 4개는 민간인에게 돌아가는데, 이는 1960년대의 10개 중 2개에 비해 증가한 수치다. 2023년에는 민간인 수훈자의 5분의 1이 비즈니스 세계 출신이었다. 아르노는 2024년 수훈자 중 한 명이다.

같은 해 1월 1일에 레지옹 도뇌르를 받은 352명의 민간인 중에는 장-미셸 다루아(수많은 대기업을 자문하고 2017년 마크롱의 선거 캠페인에 참여한 기업 변호사)와

콜레트 르위네르(EDF와 석유 서비스 그룹 CGG의 이사로, 두 번째로 높은 등급인 '그랑 오피시에'가 된 인물)도 포함되어 있다.

"이건 대령이 장군이 되는 것과 같아요." 그녀는 말했다.

"훈장을 받은 사람들의 세계(그들만의 특권화된 세계-역주)에서는 이런 일이 알려지고 눈에 띄죠. 그 이후로 축하 인사와 점심, 저녁 초대를 정말 많이 받았어요."

재계의 레지옹 도뇌르, 변화하는 명예의 얼굴

1995년부터 2019년 사이의 수훈자들 중에서는 고위 공무원, 예술가, 과학자들과 함께 민간 부문 경영진이 21.3%를 차지했다.(1) 파리 증권거래소 주요 시가총액 기업(CAC 40)에서 40명의 최고경영자 중 29명이 이 훈장을 받았다. 가장 높은 등급인 그랑-크루아는 누가 받을 자격이 있을까?

1804년부터 2006년 사이에는 압도적으로 군인이 다수를 차지했다. 산업인, 은행인, 사업가 등이 이 등급에 오른 경우는 단 12명에 불과했다.

2007년 이후로는 13명의 인물이 이를 달성했는데, 이는 203년 동안의 수치보다 더 많은 것이다. 레지옹 도뇌르는 자본주의를 기리는 것 외에도 그 진화를 보여준다. 경제 분야에서는 1990년대 경우 기업 대표나 은행 총재들을 선별했지만, 2021년에는 대상을 확대하여 컨설팅 회사 파트너, 투자 및 벤처 캐피털 펀드 대표들을 우대했다. 프랑스 국방부는 1990년에는 거의 군인들만 훈장을 수여했지만, 이제는 방위산업이나 항공우주 분야의 경영진들도 선정하고 있다.

프랑스 국회의사당과 외무부 근처에는 200년 동안 레지옹 도뇌르의 본부로 사용된 화려한 저택이 자리하고 있다. 다소(Dassault) 가문의 후원으로 복원된 대법관 집무실의 벽에는 레지옹 도뇌르 훈장단의 첫 번째와 마지막 '최고 수장'의 초상화가 나란히 걸려 있다. 바로 나폴레옹 보나파르트와 에마뉘엘 마크롱이다.

훈장단의 최고 수장이라는 직함은 항상 국가 수반에게 돌아간다. 프랑수아 르쿠앵트르 장군은 "훈장을 받는 것과 기사단의 일원이 되는 것은 구별해야 한다"라고 설명했다. 그는 레지옹 도뇌르가 "바로 이러한 개념을 바탕으로 탄생했으며, 프랑스 혁명 이후 모든 특권적 구별이 폐지되면서 과거 프랑스 왕들이 운영했던 기사단을 대신할 새로운 체계가 필요했다"라고 말했다.

구체제에서는 여러 기사단이 공존했으며, 그중에는 루이 14세가 설립한 생루이 기사단도 있었다. 이 기사단은 가입 조건으로 10년 이상의 군 복무와 가톨릭 세례 증명을 요구했지만, 귀족 작위는 필수 요건이 아니었다. 1789년 8월, 혁명가들은 왕실 기사단을 폐지했고, 1795년 공화력 3년 헌법은 그 누구도 이전에 수행한 직무나 세운 공로를 나타내는 어떤 구별의 표시도 착용할 수 없다고 선언했다. 그러나 제1통령 보나파르트는 국가의 엘리트들을 하나로 결집시키고자 했다.

그는 1802년 5월 8일, 자신의 계획에 회의적인 한 국무위원에게 이렇게 말했다. "고대든 현대든, 구분(차별, 서열, 명예 등)이 존재하지 않은 공화국이 있었다면 나에게 보여 보시오. 사람들은 그걸 '장난감'이라고 부르던데. 하지만 바로 그 장난감이 사람들을 움직이는 법이오!"(2) 그리고 그해 5월 19일, 그는 레지옹 도뇌르를 창설했다.

"현재의 서훈 방식은 경제계를 보다 잘 반영"

훈장의 이름은 고대 로마에서 유래했다. 로마에서는 군인을 레지오네르(légionnaires)라 불렀고, 오노라티(honorati)는 특권을 지닌 관료 계층을 의미했다. 새로운 훈장 제도는 전통과 혁명 원칙이 절충된 형태로 운영된다. 훈장 수여식에서의 포옹부터 등급 체계(기사, 장교, 사령관, 대장교, 대십자)에 이르기까지 기사도의 전통은 여전히 그 안에 남아 있다.

"이것은 새로운 엘리트를 창출하는 것이지만, 긍정적인 의미에서의 엘리트, 즉 공로에 기반한 엘리트입니다. 과거에는 귀족이 있었다면, 이제는 모범적인 인물들이 새로운 엘리트를 구성하게 됩니다."

레지옹 도뇌르 박물관의 부관장인 톰 뒤퇴유는 이렇게

설명했다.

지난 200년 동안 약 100만 명이 레지옹 도뇌르 훈장에 서훈되었으며, 이는 '국가가 수여하는 가장 높은 영예'라고 1962년 드골 장군의 주도로 채택된 훈장 규정에 명시되어 있다. 그러나 생존한 수훈자의 수는 급격히 줄어들었다. 1960년대 초반에는 32만 명 이상이었으며, 이들 중 다수는 두 차례의 세계대전에 참전한 군인이었다. 현재는 8만 명 이하로 감소했다.

오늘날 서훈자의 수를 줄이는 방향으로 정책이 조정되고 있으며, 특히 민간 부문의 서훈이 축소되고 있다. 이는 훈장의 가치를 높이기 위한 조치로, 2018년 에마뉘엘 마크롱 대통령의 주도로 개혁이 시행되었다.

한편, 니콜라 사르코지는 대통령 재직 당시 민간 부문 서훈에서 성별 균형을 도입했다. 이에 따라 1960년에는 10.17%에 불과했던 여성 수훈자가 2010년에는 49.9%로 증가했다.(3) 직업군의 다양성을 반영하려는 시도도 이루어지고 있다. 레지옹 도뇌르 공식 웹사이트는 "현재의 서훈 방식은 경제계를 보다 잘 반영하고, 기업가, 엔지니어, 연구자, 기술자, 자유직업인, 디지털 경제 분야 종사자 등을 포함하는 방향으로 조정되고 있다"라고 명시하고 있다.

현실성이 없는 레지옹 도뇌르 사무국의 변명

2017년 경제부의 추천으로 레지옹 도뇌르 기사 작위(Chevalier)를 받은 파스칼 뒤부아는 당시 항공기 제조업체 사프랑(Safran)의 커뮤니케이션 담당 이사였다. 그녀는 전년도에 훈장 수여 신청서를 작성했다고 설명했다.

"매년 그룹 내 대외관계 담당자가 후보자를 선정해 그룹 회장에게 추천합니다. 이후 회장이 최종 결정을 내리고, 선정된 후보자들에게 연락해 신청서를 작성하도록 요청합니다." 사프란의 두 명의 전직 임원도 같은 절차를 거쳤다고 확인했다. 이는 "레지옹 도뇌르는 요청하는 것이 아니다"라는 훈장 사무국의 공식 입장과 대비된다. 이러한 절차가 항공 산업 그룹에만 국한된 것인지에 대한 의문도 제기된다. 이에 대해 뒤부아는 확신에 찬 어조로 말을 이었다.

"부이그(Bouygues)도 같은 방식을 사용할 것이고, 토탈(Total)도 마찬가지일 겁니다." 그러나 부이그 측은 이에 대해 "공식적인 정책은 없다"라고 주장하면서도, "그룹의 직원이나 경영진이 직무를 통해 공익과 프랑스의 국제적 위상에 기여했다면, 정부가 그들을 레지옹 도뇌르 수훈자로 선정하는 것은 자연스러운 일이다"라고 답했다. 한편, 토탈에너르지(TotalEnergies)는 해당 질문에 응답하지 않았다.

사르코지와 마크롱, 대선 후원자들에게도 수여

기업 경영진이나 고위 임원들은 자신들의 네트워크를 활용할 수 있는 이점을 갖고 있다. 특히 명망 높은 그랑제콜을 졸업했다면 훈장을 받을 가능성이 더 높아진다. 한편, 니콜라 사르코지 대통령과 그의 정부는 2007년 대선 캠페인 후원자 다수를 레지옹 도뇌르로 서훈했다.

또한, 베르시(재무부)에서 근무하던 에마뉘엘 마크롱은 훈장 수여에 매우 관대했다. 그는 2년 동안 약 400개의 훈장을 수여했으며, 이들 중 일부는 2017년 대선에서 그의 지지자였다. 특히 그는 '스타트업 네이션'의 신흥 인재들에게 훈장을 수여했다. 대표적인 인물로는 사물인터넷 분야의 선두주자인 뤼도빅 르 모앙과 블라블라카 창립자 프레데리크 마젤라가 있다.

"훈장을 받은 사람 중에는 군인, 예술가, 공무원의 비율이 높고, 프랑스 전체 인구에 비해 노동자나 사무직 근로자는 적습니다."

2016년 당시 사무국의 간부였던 장-루이 조르젤랭 장군도 이러한 불균형을 인정했다. 이러한 계층적 불평등은 레지옹 도뇌르의 기원부터 존재했다.

19세기 초, 가사 노동자는 훈장 수여 대상에서 배제되었으며, 당시의 징계 기록을 보면 "가사와 관련된 직무는 본질적으로 격이 낮은 것으로 간주하며, 훈장을 받을 자격이 없다."라고 명시되어 있다.(4)

제 2제정 시기, 나폴레옹 3세가 빈곤 문제에 대한 관심을 표명하기 위해 '노년 근속자 훈장'을 제정했으며, 이는 1886년에 '노동 훈장'으로 개편되어 현재까지 유지되고 있다. 그러나 150여 년이 지난 지금도 상황은 크게 달라지지 않았다.

빈곤 퇴치를 목표로 하는 ATD 카르몽드 운동(Quart Monde-브레젱스키 신부는 1957년 자신이 성장한 빈곤 경험을 바탕으로, 사회적으로 완전히 소외된 극빈자들의 목소리를 대변하고, 이들과 함께 사회적 존엄을 회복하기 위한 운동을 시작했다-역주)의 대표인 마리-알레트 그라르는 이를 직접 경험했다.

그녀 자신도 레지옹 도뇌르 기사 작위를 받았으며, 2019년에는 훈장 심사위원회(Conseil de l'Ordre) 입회를 제안받았다. 그녀는 20~30년간 빈곤 퇴치 단체에서 활동한 자원봉사자들을 훈장 심사위원회에 추천했다. 이들은 극도로 어려운 삶을 살면서도 다른 사람들의 권리를 위해 목소리를 내고 행동한 이들이었다. 이들은 종종 불안정한 삶을 살아왔으며, 오랜 실업 상태를 경험했지만, 사회적 헌신만큼은 일관되게 지속한 인물들이었다. 그러나 그녀가 추천한 이들 중 훈장을 받은 사람은 단 한 명도 없었다.

"단순 노동자는 레지옹 도뇌르 받을 가능성 전혀 없어"

레지옹 도뇌르에서 노동 계층을 거의 찾아볼 수 없는 현실에 대한 질문을 받자, 프랑수아 르쿠앵트르 장군은 2021년 1월, 코로나19 대응 공로로 서훈된 간호사와 간호보조사들을 예로 들었다. 그러나 이들이 모두 사후(死後) 서훈되었다는 사실은 언급하지 않았다.

니콜라 사르코지 대통령은 2008년, 50명의 일반 시민이 직접 추천할 수 있는 '시민 참여형 서훈 제도'를 도입하여 수훈자의 사회적 다양성을 확대하려 했다. 그러나 2015년 기준으로 이 제도를 통해 수여된 레지옹 도뇌르는 단 18건에 불과했다. 이후의 공식 통계는 존재하지 않는다. 사무국 간부는 "자원봉사 활동과 관련하여, 최소한 국가 또는 지역 단위에서 책임을 맡아야 레지옹 도뇌르를 받을 수 있는 자격이 주어진다"라고 설명했다.

"예를 들어, 여러분이 단순히 엠마우스(Emmaüs. 제2차 세계대전 이후 프랑스에서 심각한 빈곤과 주거난에 직면한 이들을 돕기 위해 출범된 단체-역주)에서 자원봉사를 한다면, 우리는 그 사례를 검토하지 않을 것입니다. 그 봉사가 충분히 탁월하다고 간주하지 않기 때문입니다."

그는 또한 학교의 단순한 감독관, 동네 술집 주인, 공장 노동자, 가사 도우미가 직업적 이유만으로 이 훈장을 받을 가능성은 없다고 덧붙였다. "스탈린주의 체제에서라면 가능할지도 모르겠습니다. 그러나 일반적으로 노동자의 공헌은 기업주나 산업 부문의 지도자보다 덜 분명합니다. 단순히 노동자라는 이유만으로는 레지옹 도뇌르를 받을 가능성이 전혀 없습니다. 그것은 명확합니다

서훈된 기업의 주가 수익률 상승 혜택

대총장은 훈장을 받은 이들을 "사회에 봉사하는 엘리트"라고 묘사하며, 그들은 "다른 사람들을 짓누르거나, 내려다보는 존재가 되어서는 안된다"라고 강조했다. 또한, "레지옹 도뇌르는 단순히 존경과 명예를 부여할 뿐, 그 외의 어떤 혜택도 제공하지 않는다"라고 설명했다.

그러나 레지옹 도뇌르 수훈자 모임의 회원들은 생제르맹앙레에 위치한 고성호텔인 샤토 뒤 발(Château du Val)에서 할인된 가격으로 숙박할 수 있다. 또한, 훈장 수훈자의 딸들은 생드니에 위치한 명문 중·고등학교에 독점적으로 입학할 수 있는 권리를 갖고 있다.

더 나아가, 연구자 스테판 벤베니스트, 르노 쿨롱, 마르크 상니에는 기업 경영자가 레지옹 도뇌르를 받으면, 서훈이 발표된 후 7일간 해당 기업의 주가 수익률이 평균 0.5% 상승하는 경향을 보인다는 연구 결과를 발표했다.(5) 21세기에 들어, 금융 시장은 공화국이 새롭게 '성인(聖人)'을 만들어내는 방식이 되었다. **ID**

글 · 마일리스 키데르 Maïlys Khider,
티모테 드 로글로드르 Timothée de Rauglaudre
두 사람은 각각 기자로 활동중이다.

---

(1) 테판 벤베니스트, 르노 쿨롱, 마르크 상니에, 『국가 훈장의 (시장) 가치』, 엑상프로방스-마르세유 경제학교, 2022.01.
(2) 안 드 셰프드비앵, 베르트랑 갈리마르 플라비니, 『레지옹 도뇌르: 국가를 위한 훈장』, 갈리마르(Gallimard), 2017.
(3) 장-루이 조르젤랭, 『레지옹 도뇌르』, 달로즈(Dalloz), 2016.
(4) 브루노 뒤몽, 질 폴레(편집), 『명예의 창조: 프랑스의 훈장과 메달』, 렌대학교 출판부, 2009.
(5) 스테판 벤베니스트, 르노 쿨롱, 마르크 상니에, 앞의 책(op. cit.).

한나 아렌트가 "부족"이라고 불렀던 난민 공동체

카를로스 파르도 | 저널리스트

1933년 2월 27일 밤에 발생한 독일 국회 의사당(Reichstag) 방화 사건은, 총리로 정권을 잡은 아돌프 히틀러가 독일 바이마르 공화국의 민주주의 제도를 해체하고, 반대자들을 탄압하며, 유대인들을 공격하는 전환점이 되었다. 극작가 베르톨트 브레히트는 그해 5월 10일 나치 당국에 의해 자신의 저서들이 불태워지고 체포마저 되는 비극을 겪어야 했다. 브레히트와 가까운 사이였던 귄터 슈테른(Günther Stern)—후에 귄터 안더스(Günther Anders)라는 이름으로 더 잘 알려진 인물—은 파리로 망명했다.

그의 아내이자 젊은 철학자였던 한나 아렌트는 베를린에 남아 자신의 아파트를 친구들에게 내어주었는데, 이는 곧 망명으로 이어지는 전 단계였다. 아렌트는 많은 지식인들이 나치즘에 동조하는 모습을 보며 깊은 배신감을 느꼈다. 그중에는 한때 스승이자 연인이었던 마르틴 하이데거

도 있었는데, 그가 철학부 유대인 교수들의 해임에 찬성하자 아렌트는 결별을 선언했다. "우리 주변엔 허탈감이 감돌았다"라고 그녀는 적었다.(1) 그녀 역시 곧 게슈타포의 감시 대상이 되어, 탄압을 피해 파리로 향했다. 그곳에서는 유대인들을 비롯한 난민을 돕기 위한 여러 구호위원회들이 형성되고 있었다.

1933년부터 1941년까지, 한나 아렌트와 그녀가 '부족(tribu)'이라 불렀던 망명자 공동체는 프랑스에서의 경험을 통해 정치적 박해와 집단적 연대가 교차하는 복합적 현실을 드러냈다. 당시 프랑스는 경제 위기와 함께 극우 세력이 급속히 확산되고, 인종차별과 반유대주의가 심화되는 가운데, 이민자와 난민에 대한 억압적 법률들이 연이어 제정되고 있었다.

이런 상황 속에서 파리 15구에서는 아렌트를 중심으로, 우정과 동지애에 기반한 하나의 난민 공동체가 형성되

었다. 이 '부족'에는 귄터 슈테른의 사촌이며 아렌트의 친구였던 문예비평가이자 철학자 발터 벤야민, 스페인 내전에서 사형 직전 탈출한 헝가리 출신 작가 아서 쾨슬러, 공산주의자 출신으로 1940년 아렌트의 남편이 된 하인리히 블뤼허, 정신분석학자이자 중독 치료 전문가였던 프리츠 프랑켈, 그리고 유대계 망명자로 이후 1968년 학생운동가 다니엘 콘-벤디트의 부모가 되는 코언-벤디트(Cohn-Bendit) 부부 등이 있었다. 이들은 대부분 유대인이었고, 나치뿐 아니라 스탈린주의자들에게도 쫓기는 이중의 망명자들이었다.

그러나 프랑스 정부는 이들을 반나치 투사로 대우하기보다 위험 요소로 간주했고, 경기장과 수용소에 가두었다. 이 수용소는 이미 국제여단 참전자들과 스페인 공화주의자들을 가둬두던 장소였다. 1940년 프랑스군의 패배로 인해 국가 전체가 혼란에 빠지자 아렌트와 블뤼허는, 바리안 프라이(Varian Fry)라는 미국 언론인이 조직한 망명 네트워크를 통해 리스본으로 탈출, 거기서 배를 타고 1941년 5월 미국으로 망명할 수 있었다. 반면 벤야민은 스페인 국경에서 출국비자를 거부당한 뒤 자살했고, 그의 죽음은 20세기 유럽 지식인 망명사의 비극을 상징하는 사건으로 남게 되었다.

한나 아렌트에게 유대인은 단 두 부류뿐이었다. 하나는 사회 동화를 위해서라면 무엇이든 감수하는 '출세한 유대인', 다른 하나는 자신의 배제된 처지를 인식하고 국제적 유대인 연대를 위해 노력하는 '의식 있는 추방자'였다. 아렌트는 자신을 '가까이하기 까탈스러운 추방자'로 정의하며, 자신의 '부족'에 충실했고, 친구인 벤야민의 저작을 세상에 알리기 위해 싸웠다.

베를린, 모스크바, 나폴리, 그리고 19세기의 수도로 여겼던 파리에 관한 글들을 남긴 벤야민은 마르세유에 대해서도 다양한 언어와 형식을 빌려 단편적인 기록들을 남겼다. 마르세유는 그에게 매혹적이면서도 결코 붙잡을 수 없는 도시였다.(4) 문예지 〈르 마트리퀼 데 장르〉의 평론가 제롬 들클로는 이 철학적 수수께끼를 산뜻하게 해석해내며, 이 천재적 산책자의 모습을 새롭게 조명하는 인상적인 에세이를 선보였다.(5) **LD**

글 · 카를로스 파르도 Carlos Pardo
저널리스트

(1) 한나 아렌트, 『숨겨진 전통, 이어서 파리아로서의 유대인』, 크리스티앙 부르고아 출판사, 파리, 1993년.
(2) 마리나 투예즈, 『파리아들, 한나 아렌트와 프랑스의 "부족" (1933~1941)』, 레샤페 출판사, 파리, 2024년.
(3) 바리안 프라이, 『요청 시 인도』, 아곤 출판사, 마르세유, 2017년.
(4) 크리스틴 브르통, 실벵 마에스트라기 엮음, 『그들은 무엇을 그토록 두려워했는가? 1926년 9월 8일 마르세유의 발터 벤야민, 에른스트 블로흐, 지크프리트 크라카우어』, 에디시옹 코뮌 출판사, 마르세유, 2016년.
(5) 제롬 델크로, 『발터 벤야민과 마르세유의 수수께끼』, 키에로 출판사, 포르칼키에, 2024년,

7월의 〈르몽드 디플로마티크〉 추천도서

『당신은 하마스를 모른다』

헬레나 코번 외 지음 | 이준태 옮김 | 동녘

팔레스타인의 역사적 맥락을 조망하는 책들은 국내에도 몇몇 출간되었지만, 하마스를 본격다루는 책을 출간한 것은 이 책이 처음이다. 하마스를 가까이서 지켜봤거나 오래 연구해온 세계 최고 전문가들의 대담을 통해 간단히 압축될 수 없는 하마스의 사상·역사·조직과 작동 방식 등을 샅샅이 소개한다.

『다시 만난 민주주의』

시사인 IN 편집국 | 페이퍼백

12.3 비상계엄부터 4.4 대통령 파면까지 123일간 '위기의 민주공화국'에서 벌어진 주요 장면들을 촘촘하게 재구성한 책이다. 비상계엄 선포에 이어 계엄사 포고령이 발동된 '그날 밤', 여의도 국회의사당을 시작으로 남태령과 광화문 광장, 헌법재판소와 한남동 관저 등에서 포착한, 한국 현대사에 또렷이 남겨질 목소리와 증언들을 꼼꼼하게 기록했다.

『동물과의 전쟁』

디네시 J. 와디웰 지음 | 조꽃씨 | 두번째테제

저자 와디웰은 인간의 동물 지배의 연원을 인간의 걸맞은 자격과 능력이 아닌 단순한 우발성으로 설명한다. 더불어 근거 없이 전제된 인간 주권을 문제 삼지 않고 전개되었던 지금까지의 동물 윤리, 동물권, 동물 철학 담론을 해체한다.

『둠스데이 프린세스』

김영리 지음 | 에이플랫

장르를 넘나드는 스토리텔러로 활약 중인 김영리 작가가 좀비와 인공지능 기계가 인류를 위협하는 절망적인 세상에서의 소녀의 분투를 그린 장편 SF 〈둠스데이 프린세스〉로 다시 한번 독창적인 세계를 선보인다.

『광장이후』

신진욱·이재정·양승훈·이승윤 지음 | 문학동네

이책은 '우리'와 '저들'이라는 편 가르기나 진보와 보수의 진영 갈등을 넘어, 광장 안팎에서 생생하게 움직이던 주체들을 면밀하게 읽어보려는 노력의 일환이다. 사회학자 신진욱,사회복지학자 이승윤, 사회학자 양승훈, 활동가 이재정 등 네 저자가 이번 12·3 광장을 만든 이들부터 광장에서 지워진 이들까지, 광장 주체들을 입체적으로 살폈다.

『플라톤 중국에 가다』

샤디 바취 지음 지음 |심규호 옮김 | 언더스탠드

고대 그리스 철학이 오늘날 중국에서 어떻게 새롭게 해석되고, 현실 정치의 언어로 작동하는지 정밀하게 추적하는 책이다. 저자는 플라톤과 아리스토텔레스, 투키디데스와 같은 고대 철학자들의 개념이 중국 지식인들에 의해 어떻게 선택되고 재구성되어 통치 이념을 정당화하는 도구가 되었는지 면밀히 살핀다.

『사이렌스 콜』

헬레나 코번 외 지음 | 이준태 옮김 | 동녘

미국 MSNBC 앵커이자 뉴욕 타임스 베스트셀러 저자인 크리스 헤이즈는 인간의 주의력을 상품처럼 사고파는 현시대를 '주의력 시대 (attention age)'로 명명하며, 상품화된 주의력이 우리 시대를 어떻게 바꾸고 있는지를 분석한다.

『기술은 우리를 구원하지 않는다』
박승일 지음 | 사월의 책

기술문화연구자 박승일은 기술을 한낱 중립적 도구나 수단으로 여기는 익숙한 관점에서 벗어나, 기술 자체를 깊이 사유하고 현재의 기술 환경에 질문을 던질 것을 제안한다. 인공지능이라는 새로운 기술이 삶 한복판에 들어선 지금, 우리는 그 어느 때보다 기술을 성찰하는 '철학'이 필요하다.

『비상계엄을 이겨 낸 대한민국 이야기』
배성호 외 지음 | 철수와영희

대통령 탄핵은 어떻게 이루어지는지, 고대 아테네에서도 탄핵 제도가 있었는지, 대한민국 국회가 국민에게 왜 감사의 글을 보냈는지 등 27가지 다양한 질문과 답변을 통해 더 나은 세상을 만들기 위해 꼭 알아야 할 살아 있는 민주주의에 관한 이야기를 담았다.

『심문실의 한국전쟁』
모니 카 김 지음 | 감학재, 안중철 옮김 | 후마니타스

"새로운 통찰을 제시하는 역사학자"로 평가받고 있는 모니카 김은 반공주의 대 공산주의라는 기존의 냉전 이분법으로 한국전쟁을 바라보는 것은 매우 불충분하다고 말한다. 그에 따르면 "한반도에서 등장한 갈등의 핵심은 단순히 영토주권과 국민국가라는 통상적인 문제가 아니었다.

『우리 일의 미래』
김봉찬·박진영 외 지음 | 메멘토

6인의 필자가 제시하는 시대 흐름과 전망은, 막연한 불안을 밀어내고 미래에 대한 기대와 지적 흥분을 불러일으키기에 충분하다. '자연주의 정원', '시민 과학', '아날로그의 힘', '솔루션 저널리즘', '디지털 페미니즘', '1인칭 과학'은 현재 각 분야에서 가장 뜨겁게 논의되는 개념들로, 분야별 전문가들이 시대의 도전에 어떻게 응전해 왔는지를 보여준다.

『장애인 차별을 다시 생각하다』
아라이 유키 지음 | 문민기 옮김 | 두번째테제

일본에서 과격한 반차별 투쟁으로 사회에 충격을 안긴 장애인 단체 '일본뇌성마비자협회 푸른잔디회'의 이야기를 통해 '차별'이라는 말이 지닌 의미와 내용을 우리가 함께 공유하기가 얼마나 어려운지, 차별을 극복하기란 얼마나 어려운 일인지 생생하게 꺼내 보여준다.

『지극히 사적인 일본』
나리카와 아야 지음 | 틈새책방

전 아사히신문 기자로, 10년 넘게 한국에서 활동하며 일본에 한국 문화를 소개해 온 나리카와 아야가 전하는 가까운 이웃 일본과 일본인에 대한 이야기. 한국에 대한 애정과 언론인 특유의 균형 잡힌 시선으로 풀어 낸 그의 진심 어린 기록은 요즘 일본이 궁금한 우리에게 꼭 필요한 일본 안내서다.

『뱀과 양배추가 있는 풍경』
강보라 | 문학동네

2021년 단편 「티니안에서」로 한국일보 신춘문예를 통해 데뷔한 후 4년 만에 펴내는 첫 단행본이지만, 수록된 7편의 작품은 이 작가의 기량이 신인 수준을 훌쩍 뛰어넘어 있음을 보여준다.

『그림자 왕』
마자 멩기스테 지음 | 민은영 옮김 | 문학동네

남동생을 대신해 전쟁에 나간 증조모의 실화에 착안해 소설을 집필한 작가는 수년에 걸친 자료 조사를 바탕으로 역사의 격동기를 뚫고 지나온 여성의 삶을 생생하게 소환한다. 소설은 히루트뿐만 아니라 총사령관의 아내와 첩자로 활동하는 매춘부, 자유를 꿈꾸는 요리사 등 다양한 여성의 목소리를 더해 계급과 젠더 문제, 역사와 개인의 관계에 대해 이야기한다.

『오픈 엑시트』
이철승 지음 | 문학과 지성

한국 사회에 불평등과 세대론에 관한 새로운 시각을 제시했다는 평을 받으며 언론과 학계, 정계, 일반 대중에게까지 뜨거운 반응을 불러일으킨 사회학자 이철승(서강대 사회학과)의 신작이 문학과 지성사에서 출간되었다.

『한국에 남자가 너무 많아서』
민지형 외 지음 | 라우더북스

실질적 성비와 사회적 성비 모두 기울어진 한국 사회를 함께 살아내고 있는 6인의 여성 창작자들이 '한국에 남자가 너무 많다'는 젠더 현실의 균열을 주제로 여섯 개의 이야기를 선보인다.

『제자리에 있다는 것』
클레르 마랭 지음 | 황은주 옮김 | 에디투스

자리 옮김의 사유의 거의 모든 측면을 섬세히 다루면서, 위압적인 훈계가 아니라 한 사람 한 사람에게 말을 걸어오듯 대화를 제안하는 그녀의 철학적·문학적 에세이가 존재의 자리를 찾는 여행에서 길 잃기를 두려워하지 않을 독자들에게 도움이 될 것이다.

『명랑주교』
김민희, 한동일 지음 | 조선뉴스프레스

차기 교황 후보로 거론된 유흥식 추기경의 여정과 생각. 유흥식 추기경의 성장과정부터 프란치스코 교황과의 일화, 한국 교회가 나아갈 길, 정치인들에게 전하는 말, 우리가 끝끝내 지켜야할 가치, 앞으로의 소망 등이 담겨 있다.

『십대에게 들려주는 어른 김장하』
김주완 지음 | 내일을여는책

진주의 한 약방에서 평생을 일하며, 조용히 거름을 뿌리듯 선한 영향력을 퍼뜨린 사람. 『십대에게 들려주는 어른 김장하』는, 이름 없이 흘러간 시간 속에서 세상을 아름답게 만든 한 어른의 이야기를 십대들의 눈높이로 들려준다.

영화평 〈살인마 잭의 집(The House That Jack Built)〉

잭이 잭을 들어 잭을 침으로써
그가 잭이 되는 이야기

라스 폰 트리에 감독의 2018년작 〈살인마 잭의 집(The House That Jack Built)〉은 논란의 영화다. 이 영화에 대해 평단뿐 아니라 관객 사이에 호오가 극명하다. 기본적인 반감은 표현방식에 관한 것에서 발견된다.

영화의 주인공 잭(맷 딜런)은 연쇄 살인범으로, 잭이 여러 사람을 잔혹하게 살해하는 장면을 트리에 감독이 적나라하게 카메라에 담아 논쟁이 일었다. 비판자들의 논지대로 폭력성이 꽤 심각한 수준이다. 쟁점은 영화가 전달하려는 전언과 이 폭력성이 얼마나 관련이 있느냐이다.

안치용 | 영화평론가

불쾌한 영화?

비판적으로 보는 평론가들은 자극적 요소를 극대화하기 위해 잔인한 장면을 배치했을 뿐이며 영화의 주제와 폭력성 사이에서 관련성을 발견할 수 없다고 지적한다. 폭력과 고통을 합당한 근거 없이 미화했다는 목소리다.

또한 만일 그러한 불쾌한 설정이 모종의 주제 의식을 대변한다고 해도 주인공 잭이 살인을 저지르며 실존과 구원 등 인간적 가치를 추구한다는 구상이 겉돈다고 비판한다. 관객보다는 감독의 단순한 자아도취에 불과하며 어떠한 도덕적 경종도 포함되지 않았다고 쏘아붙인다. 특히 금기라고 할 수 있는 아동 살해가 많은 사람을 충격으로 몰아넣었다. 유방 절개 장면 또한 혐오 장면으로 지적된다.

역사성?

이 극단적인 폭력성이 호오를 떠나 납득할 만한 것이

되려면 비판의 대상이 된 그 불쾌가 최소한 다른 불쾌를 드러내기 위한 장치로 작동해야 한다.

트리에 감독에게는 '나치 옹호자'라는 낙인이 따라다

닌다. 이래저래 악명으로 치면 당대 정상급 감독이다. 하지만 그가 히틀러를 이해한다고 말한 맥락을 살펴보면 부주의했을 뿐 나치 옹호자라는 낙인은 부당하다는 생각이 든다. "그(히틀러)가 마지막에 벙커에 앉아있는 모습이 머리에 그려져요"라고 밝히기에 앞서 히틀러가 분명 잘못한 일들을 행했다는 전제를 달았고, 이어 "히틀러라는 사람이 이해가 된다는 거죠. 그가 우리가 말하는 좋은 사람은 아니지만, 그에 대해 많은 걸 이해할 수 있고, 그에 대해 조금은 측은함이 들어요"라고 말했던 것이다.

어떤 중요하고 사악한 인물에 대한 역사적 평가와, 예술가가 그 평가를 왜곡하지 않으면서 행하는 그 인물 개인에 대한 인간적 이해 사이에는 간격이 존재할 수 있다. 우리 논의를 위해 '악의 평범성'이란 개념을 빌려오면 악이 평범하다기보다 악인이 평범하다는 얘기가 된다. 비범한 악을 저지르는 데에 비범한 인간이 필요한 건 아니다. 또 악인이 평범하다고 말한다고 악을 옹호하는 것이 되는 것도 아니다. 개인적으로, 트리에 감독의 인터뷰 중 실언으로 알려진 "히틀러 이해"가 〈살인마 잭의 집〉에 반영됐다는 생각이다.

도도한 여인으로 그려진 우마 서먼의 도발로 잭이 자동차용 도구 잭으로 그녀의 얼굴을 찍어서 살해하며 잭이 연쇄살인범의 길에 접어든다. 이어 살인에 점점 익숙해지고 무덤덤해지며, 더불어 잡혀도 그만이란 식의 자포자기가 등장한다. 때맞춰 내린 비가 살인 흔적을 지워주면서 일종의 과대망상 같은 것이 싹 튼다. 마지막에 엽기적이고 기념비적인 살인을 준비하다가 자신이 살해한 사람들로 만들어진 집을 통해 지옥으로 떠나는 모습까지, 잭을 히틀러의 삶에 대입해 보면 어떨까. 지하로 내려가는 모습과 히틀러가 자살하기 위해 벙커로 내려가는 모습이 겹쳐진다.

잭이 연쇄살인범이라면 히틀러는 희대의 살인 대마왕이다. 잭이 계속 집을 짓는데, 집과 관련하여 중간에 나치가 만든 부헨발트 강제 수용소가 대표적인 집으로 제시된 것을 주목해야 한다. 영화는 독일 인문주의의 상징인 '괴테 오크'가 부헨발트에 서 있었다는 사실을 언급함으로써 역사의 아이러니를 보여준다.

부헨발트(Buchenwald) 강제 수용소는 1937년 나치에 의해 독일 바이마르 근교 에터스베르크 숲에 세워졌다. 요한 볼프강 폰 괴테가 이 숲을 산책하며 사색에 잠기기도 했던, 그 숲 한 참나무(오크) 아래에서 괴테가 글을 썼다는 얘기가 전해진다. 나치가 수용소를 건설하면서 '괴테 오크'를 "괴테가 글을 쓰던 나무"라며 베지 않고 수용소 한가운데 남겨 두었다. 수용소를 지으며 '괴테 오크'를 살린 것이나, 독일의 인문주의 유산인 그 나무 아래에서 공개 처형이 이뤄진 것이나 모두 괴이하기 짝이 없다. '괴테 오크'가 독일 교양(Bildung)과 야만을 동시에 상징하는 괴기한 우연을 영화가 포착한 셈이다.

수미상관으로 잭을 이끄는 저승사자 격인 버지(브르노 간츠)를 통해 르네상스의 인문주의와 관련한 단테의 『신곡』을 빌린 것 또한 묘한 아이러니를 산출한다. 버지는 고대 시인 베르길리우스를 뜻하지만, 트리에는 역사적 인물이 아닌, 단테 『신곡』의 지옥 편을 안내한 문학 속의 베르길리우스를 초대했다.

과도한 폭력성은 객관적으로 냉정하게 그리되, 폭력을 행사하는 인물은 내면으로 들어가 심리 변화와 몰락을 주관적으로 묘사했다. 마지막에 사탄이 있는 지옥의 심부, 즉 맨 아래인 9원(지하 9층)으로 떨어진 것 또한 『신곡』의 지옥 편을 차용했다. 원래 잭이 있을 곳이 2개 층 위라는 버지의 대사는 이 영화가 단테의 『신곡』을 참고했음을 명시한다. 두 개 층 위인 7원엔 폭력과 살인을 저지른 예컨대 '잭 더 리퍼' 같은 이들이 가는 곳인데, 잭은 7원을 마다하고 사탄이 직접 자리하여 유다 등을 씹어대고 있는 더 아래 9원으로 추락한다. 영화는 대미에 해당하는 이 대목을 지옥 탈출 욕망을 취한 자발적 추락으로 그린다.

정리하면 계획성과 편집증, '살인 미학'의 태도에서 나치의 본성을 연상할 수 있으며 폭력을 예술로 미화하는 태도는 합리성의 이름으로 폭력을 은폐한 파시즘의 광기를 떠올리게 한다. 희생자에 대한 냉담과 공감 결여, 피살자를 수치화하는 방식은 강제 수용소 시스템, 지옥으로의 추락은 나치의 2차 세계대전 패망과 역사적 파산으로 연결된다. 잭이 괴테적인 독일 인문주의 질서를 숭상하는 독일 문명의 타락한 후손이라는 해석 또한 가능하다. 그렇다면, 단

고백을 임종하는 어머니한테서 듣는다. 33세까지 유대인으로 살다가 갑자기 독일계가 돼 버린 어이없는 상황이 어떤 식으로든 그의 정체성 형성과 작품 세계에 영향을 미쳤을 법하다. 그것도 스웨덴인에서 노르웨이인이 된 게 아니라, 유대인에서 독일인이 됐으니 만만한 이야기가 아니다.

잭이 나치나 히틀러를 상징했다고 보면 비교적 작품을 이해하기 쉽지만, 만일 잭의 정체성에 트리에 감독을 투사해 유사 나치와 거짓 유대인 사이의 분열을 투입하면 간명한 그림은 아니다. 인생 마지막에 벙커로 내려간 히틀러와 달리 그림이 쉽게 떠오르지 않는다.

피해자 진영에 속했다가 가해자의 일원이 된 상황은 양쪽으로부터 배제됨을 뜻한다. 그가 끊임없이 짓는 집이 종국에 피살자로 쌓아 올린 괴물의 집이 된 결말은 정체성의 파괴와 실존의 붕괴를 뜻한다. 나치의 악을 내면화한 존재이며, 동시에 그것을 응시하며 파멸하는, 분열된 자아로 형상화한다.

'잭이 지은 집(The House That Jack Built)'은 영국의 전래 동요로 맥아, 쥐, 고양이, 개, 소, 처녀, 누더기 입은 사내, 삭발한 신부, 수탉, 농부 등이 차례로 등장하여 각 요소가 이전 것과 연결되는 구조를 취한다. 변용이 이루어지기도 해 맥아 대신 치즈를 넣고 치즈를 쥐가 먹고 고양이가 쥐를 먹는 식으로 이야기가 전개된다고 생각하면 영국 전래 동요지만 우리도 아는 내용이다.

'카드 가드야(Chad Gadya, 히브리어로 '한 마리의 새끼 염소')'는 유대교 동요로, 유월절 예전(禮典)에 포함된 노래다. '카드 가드야' 또한 염소를 시작으로 고양이, 개, 막대기, 불, 물, 소, 도살자, 죽음의 천사, 그리고 신까지 등장하여 각 요소가 이전 것을 극복하는 구조를 취하는 누적형 노래여서, 두 노래 사이에 연관을 지적하기도 한다. 트리에가 어릴 때 유대교 문화에서 성장했음을 감안하면 그가 이 연관을 알았을 확률이 높다.

〈살인마 잭의 집〉이란 한국 영화 제목의 원제는 '잭이 지은 집'이다. 한국어 어순이 어려워 표시나지 않지만 '집'이 더 강조된다. 연쇄와 누적의 구조를 통해, 영국 전래 동요를 거쳐 유대교 유월절과 연관된다는 사실이 흥미롭다. 유월절의 핵심은 출애굽, 즉 해방이다. 영화는 반대로 누적

테의 베르길리우스를 시작과 끝에서 심판관으로 내세운 건 보편적 유럽 인문주의에 의한 타락한 독일 교양의 심판을 뜻한다고 할 수 있다.

단테의 『신곡』을 끌어왔지만, 〈연옥〉과 〈천국〉은 제외하고 〈지옥〉만을 가져온 데서 트리에의 비판 정신은 확고하다. 이 영화를 보면 트리에에 붙어있는 '나치 옹호'라는 낙인이 얼마나 잘못된 것인지 알 수 있다. 단 이 영화만으로 판단하면 그렇다는 얘기다.

반유대주의?

과거 반유대주의가 유럽에서 보편적이긴 했다. 현대의 반유대주의는 인종주의 개념보다는 문명사적 충돌과 국제 정치와 관련돼 주로 이스라엘을 지목한다. 트리에 감독이 '실언'하며 반유대주의 뉘앙스를 풍겼는데, 팔레스타인을 지지하며 이스라엘의 폭력을 비난하는 세계 진보 진영의 입장과 크게 다르지 않아 보인다.

여기서 트리에 출생의 비밀을 살펴보아야 한다. 트리에 어머니는 덴마크계 비유대인이고 아버지는 유대계였다. 아버지 쪽이 확고한 유대인 집안이어서 트리에도 자신의 정체성을 유대인으로 받아들였다. 본래 유대인 결정은 모계를 따르지만, 사회적이고 개인적인 규정 또한 중요하기에 트리에가 자신을 유대인으로 믿은 게 이상하지는 않다. 트리에는, 자신의 생물학적 아버지가 독일인이라는 충격적

적 구조로 추락을 도출한다. 베르길리우스와 함께 마지막에 그리스/로마신화에서 말하는 천국 '엘리시온'을 바라보며 잭이 눈물을 떨구고, 그 엘리시온이 어릴 적 본 풀 베는 들판이었다는 처리는, 죽음의 맥락에서 파악한 흥미로운 존재의 배제와 텍스트 간의 감각적인 연관을 보여준다.

누적형 구조의 영국 전래 동요가 영화 제목으로 사용되었고, 그 전래 동요는 유대인의 해방과 관련한 유대 동요와 연결된다. 아주 독특한 의미로 트리에가 유대인에서 해방되었다고 할 수 있는데, 그것이 업(業, 카르마)의 사슬을 탈출했다는 의미는 아닐 것이다. '잭의 집'이 허구였고, 잭은 자신의 집을 짓지만 '잭이 지은 집'은 잭 자신의 떠남을 의도한 집이었다는 함의를 제목에서 유추할 수 있다.

잭 대 잭

33살이라는 상징적인 나이에 유대인에서 독일인으로 '강등'된 트리에에게 반유대주의가 있었을까. 반이스라엘주의 정도가 아니었을까. 유대인이었던 자신에 대한 혐오나 반감과 같은 개인적이고 실존적인 반유대주의가 있었을 개연성은 있다. 반감과 혐오는 출생과 관련되고 모성과 성장기의 부정으로 자연스럽게 연결된다.

그렇다면 유방이 포유류에게 대표적인 모성 기관인 만큼 유방 절개와 유아를 포함한 모자 살해는 일반적 의미가 아닌 트리에만의 독특한 관점의 '반유대주의'에서 설득력 있는 영화적 전개가 된다. 일반 관객에게도 설득력이 있을까? 관객 나름일 테니 전혀 없다고 할 수는 없겠다.

도입부에 이어진 영화 시작은 잭이 연쇄살인범으로 입문하는 모습을 다룬 '사건 1'이다. 거만하고 예의 없는 우마 서먼이라는 여자가 등장해 잭의 본능을 끄집어낸다. 중의적 대사가 향후 전개를 거의 보여주었다고 할 수 있다. 잭이 고장난 차 앞의 우마 서먼에게 묻는다.

"왜 잭을 들고 여기 서 있어요?"

철수란 사람이 있어서 "왜 철수를 들고 서 있어요?"하

고 묻는 모습을 떠올리니 좀 우습다. 잭이 고장 났기에, 잭에게 잭을 빌려달라고 하지만, 잭은 잭이 없어서 잭을 빌려줄 수 없다고 한다. 누구나 잭이 있지 않냐고 묻자 "나는 없다(I don't.)"라고 대답한다. 누구에게나 있는 잭이 잭에겐 없는 것이다. 그래서 두 사람은 잭을 고치러 철공소에 간다. 부서진 잭을 고쳐서 자동차를 들어 올리던 중에 잭이 다시 부서진다.

결국 차 안에서 잭이 잭을 들어 옆의 여자 면상을 후려치는 것으로 첫 사건이 완성된다. 나를 '나'이게끔 하는 게 잭에겐 연쇄살인이었다는 셈인데, 현실이 아닌 예술 창작의 범주에서는 허용되는 상상일까. '잭 대 잭'의 구도는 감독 개인의 배경과 무관하게 인간 누구에게나 적용 가능한 이야기이나, 너무 과격해서 여기서 실존적 메시지를 끌어내기가 쉬워 보이지 않는다.

결론적으로 이 영화의 전언이나 영화적 형식을 받아들이고 말고는 관객 개인마다 다를 텐데, 아무런 근거 없이 막무가내로 잔혹한 폭력을 사용했다는 혐의는 이 영화에서 거두어도 좋겠다. ⒹⒹ

글·안치용
아주대 융합ESG학과 특임교수·전 경향신문 기자, 한신대 M.div 및 신학박사 과정 수료. 협동조합언론 〈가스펠투데이〉 기고자

감시와 연출 사이에서 모색되는 윤리적 상상:

Z세대는 무엇을 진짜라고 믿는가

이윤진 | 문화평론가 · ESG비즈니스리뷰 편집인

컵라면을 먹으며 무표정하게 천장을 바라보는 브이로그가 '진짜 같다'라는 찬사를 받는다. 메이크업도 하지 않은 유튜버의 영상이 연출 없는 날것의 감성, 꾸미지 않은 진정성으로 해석되지만, 실상은 여러 번의 리허설과 고민 끝에 완성된 장면이었다. 우리가 '진짜'라고 감탄하는 그 순간조차 치밀하게 기획된 결과물임을 보여준다.

브이로그란 본질적으로 일상을 '보이기 위해' 기획된 기록이다. 카메라를 켜는 순간 자연스러운 삶이 관찰되고 연출되며 '선택된 이미지'가 된다. 단지 콘텐츠 제작자의 고충을 드러내는 것이 아니라 오늘날 '진정성(authenticity)'이라는 윤리적 가치가 어떻게 구성되는지를 보여준다.

이 시대의 진정성은 연출 없는 자연스러움이 아니다. 연출과 기획, 타인의 시선을 인식한 상태에서 선택되고 구성된 '보이기를 원하는 나'가 만들어내는 새로운 진정성이다. 철학자 찰스 테일러는 『자아의 원천들』에서 현대인의 정체성이란 고립된 실체가 아니라 타인의 인정과 사회적 규범, 문화적 가치 속에서 끊임없이 형성된다고 본다. 즉 진정성이란 내면의 본질을 단순히 꺼내는 것이 아니라 사회적 맥락과 상호작용 속에서 '자기다움'을 실천적으로 만들어가는 과정이다.

사회학자 어빙 고프만 역시 『자기 연출의 표현』에서 진정성을 고정된 본질이 아니라 다양한 사회적 맥락 속에서 협상되고 연기되는 것으로 이해했다. 우리는 일터에서는 책임감 있는 동료, SNS에서는 감성적인 친구나 유쾌한 소통자의 역할을 수행한다. 정체성은 하나의 고정된 본질이 아니라 다양한 상황과 맥락에 따라 바뀌는 '연기된 자아'의 집합이다. 진정성 역시 다양한 '자기 연출' 가운데에서 무엇이 '더 진짜처럼 보이는가?'를 끊임없이 협상하고 실천하는 과정에서 드러난다.

누군가의 감정 고백이 진정성 있어 보이는 이유는 그 고백이 '적절한 맥락'과 '공감 가능한 언어'로 전달되어 진정성으로 인식되기 때문이다. 전혀 연출되지 않은 고백이 오히려 당혹스럽고 낯설게 느껴지는 경우가 많다. 우리는 진짜를 원하면서도 진짜로 보이기 위한 장치를 요구한다. 완전한 무연출은 오히려 비현실적으로 느껴지고 일상의 허술함 속에도 일정한 미적 구도와 편집의 리듬이 필요하다. 오늘날의 진정성은 연출과 자연스러움이 뒤섞인 결과물이며 Z세대는 바로 이 '혼종적 진정성' 속에서 자신을 표현하고 타인을 판단한다.

감시와 자기 연출: 일상화한 타인의 시선

이러한 현상을 이해하기 위해서는 현대의 감시 구조를 들여다볼 필요가 있다. 미셸 푸코는 『감시와 처벌』에서 판옵티콘(Panopticon)을 통해 현대 권력의 작동 방식을 설명했다. 감시는 이제 '삶의 조건'이며 우리는 늘 타인의 시선을 의식하며 살아간다. 스마트폰, SNS, CCTV, GPS, AI 등은 우리를 언제 어디서든 추적한다. 자신의 표정, 말투, 감정 표현마저도 '기록될 수 있는 것'으로 구성된다.

이런 환경 속에서 진정성이란 본질이라기보다 감시와 연출을 의식한 실천적 선택이자 사회적 퍼포먼스가 된다.

Z세대는 디지털 환경에서 태어나고 성장한 '디지털 네이티브' 세대다. 스마트폰, SNS, 유튜브, 인공지능 등을 일상처럼 사용하는 첫 세대다.

통계청 '통계플러스 2024년 봄호'에 따르면 Z세대의 90% 이상이 SNS를 주요 소통 수단으로 사용하고 절반 이상이 온라인 콘텐츠를 통해 정보를 습득한다. 85%는 "브랜드가 사회적 책임을 실천해야 한다"라고 생각하며 76%는 "윤리적 소비를 실천하고자 한다"라고 답했다. 진정성을 단순한 감정 표현으로 받아들이는 데 머물지 않고 사회적 실천의 윤리로 받아들이는 인식이 이 세대 전반에 확산하고 있음을 시사한다.

공감의 경제와 감정의 자산화

Z세대는 감시와 연출 속에서 자라난 최초의 세대다. 이들은 유튜브로 정보를 얻고 틱톡으로 놀고 인스타그램으로 일상을 공유한다. SNS는 자아 표현의 공간이자 사회적 관계를 맺는 무대다. '무보정 셀카', '지루한 일상 브이로그', '감정 토로 게시물'은 솔직함과 우연함의 기표처럼 보이지만 실제로는 정교하게 구성된 외피로 자신을 더 부각하려는 기의의 전략적 결과물이다. 연출을 통한 진정성이라는 새로운 미학의 도래를 뜻한다. 최근 '포토덤프(photo dump)' 트렌드처럼 허술함조차도 연출된다. 완벽한 셀카와 깔끔한 브이로그에 대한 피로감 속에서 사람들은 오히려 덜 다듬어진 이미지

에서 '진짜'의 흔적을 찾으려 한다.

이러한 트렌드는 진정성을 단지 '감정 표현'에 국한하지 않는다. Z세대는 진정성을 윤리적 태도로까지 확장한다. 어니스트앤영(Ernst & Young) 보고서(2022)에 따르면 Z세대의 92%가 '진정성 있게 자기 자신에게 충실한 삶'을 중시한다고 응답했다. 이들은 미닝아웃(meaning-out) 소비, 즉 자신의 신념과 사회적 가치를 드러내는 소비를 실천한다. 단순히 제품을 구매하는 것이 아니라 친환경·윤리적 브랜드, 사회적 책임을 강조하는 기업을 선택하는 '가치소비'가 일상화되고 있다.

ESG소비, 윤리적 소비, 친환경 소비는 Z세대의 소비 트렌드를 대표한다. 밀레니얼 세대와 함께 Z세대는 '엠제코세대(MZ+ECO)'로 불릴 만큼 환경과 기후변화에 민감하며 친환경 소재, 동물실험 반대, 탄소중립 실천, 인권 및 노동환경 중시 등 ESG를 실질적으로 실천하는 브랜드에 지갑을 열지만 반대의 경우 불매 운동에 앞장선다.

2022년 한국 스타벅스가 리유저블 컵을 일시적으로 배포하면서 환경 보호를 내세운 캠페인을 진행했지만, 플라스틱 일회용 컵 대란과 직원의 노동환경 문제가 불거지며 불매 운동의 역풍을 맞았다. 당시 Z세대는 #그린워싱 #보이콧스타벅스 등의 해시태그를 퍼뜨리며 불매운동을 주도했다. 2023년 무신사의 일부 마케팅 콘텐츠가 인종차별적 이미지로 논란이 되자 많은 Z세대가 SNS를 통해 불매운동과 함께 대체 플랫폼 소개로까지 이어졌다. '안 산다'가 아니라 다른 대안을 추천하는 선순환적 소비로 연결된 것이 특징이다.

사회적 책임을 다하거나 선행을 한 기업에 대한 '바이콧(Buycott)' 운동, 즉 착한 기업을 적극적으로 소비로 응원하는 문화도 확산한다. 대표적으로 사회적 약자 고용에 앞장선 브랜드인 오뚜기는 '갓뚜기'로 한국의 Z세대의 지지를 받고 있다.

이렇듯 Z세대에 SNS는 자기 치유의 공간이자 타인의 인정과 소비를 기대하는 경제적 장치로 작동한다. 감정과 경험은 공유되고 소비되며 '진짜 같은 것'은 곧 교환 가능한 감정 자산이 된다. '좋아요'를 받기 위해 슬픔을 말하고, '공감'을 얻기 위해 불안을 드러낸다. 타인의 공감은 내 감정의 진정성을 증명하는 장치가 되고, 감정의 사회적 가치는 디지털 공간에서 일종의 교환 수단이 된다. '공감의 경제'란 바로 이러한 구조 위에 세워져 있다.

소비와 윤리: 잘파세대가 만들어내는 새로운 진정성

Z세대는 이미 소비 시장의 강력한 주역이다. 이 소비 집단은 전통적인 마케팅 공식에 의문을 던지고, 브랜드의 '진정성(Authenticity)'을 무엇보다 중시한다. 브랜드가 동떨어져 존재하는 게 아니라 실제 사용자와 함께 있고 사용자들이 중요하게 생각하는 가치를 반영하길 원한다. 제품을 직접 사용해 본 친구의 추천, 나와 성향이 비슷한 리뷰어의 후기가 때로는 유명 인플루언서보다 더 효과 있을 수 있다.

디지털 네이티브인 Z세대들은 무엇이 진정성 없는 '단순 광고'이고 무엇이 '진짜 사용기'인지 잘 분별한다. 스폰서 게시물에 민감하고 진정성 없는 협업을 발견하면 브랜드를 떠난다. 브랜드를 구매할 때 제품이 아닌 '가치와 태도'를 산다. 이러한 흐름 속에서 브랜드는 자신이 무엇을 말하고 어떻게 행동하는지를 끊임없이 증명해야 한다. 진정성 없는 광고, 스폰서십, 마케팅 전략은 소비자의 날카로운 눈을 피할 수 없다.

대표적으로 미국 잘파세대(Z세대+알파세대) 사이에 필수품이 된 '스탠리(Stanley)' 텀블러 사례가 있다. 한 틱톡커가 차량 화재를 겪은 후에도 차 안에 있던 텀블러가 그대로 남아 있는 영상을 공유했고, 스탠리 CEO가 해당 틱톡커에게 새 텀블러와 새 차를 선물하겠다는 화답 영상이 화제가 되었다. 이처럼 기업의 반응 속도와 태도 즉 '어떻게 말하고 행동하는가'는 Z세대의 감시와 평가의 대상이 된다.

2024년 스프라우트 소셜 설문조사에 따르면 MZ세대의 90%가 인플루언서가 사회적 이슈에 대해 입장을 표명할 것을 기대한다고 답했다. 브랜드가 사용자 가치와 맞지 않는 인플루언서와 협업할 경우 해당 브랜드를 언팔로우할 의향이 있다고 답한 비율도 42%에 달한다. 진정성 없는 광고, 스폰서십, 마케팅 전략은 소비자의 변절을 초래할 수 있다.

진짜를 향한 새로운 윤리적 상상력

오늘날 진정성이란 결국 '윤리적 상상력'의 문제다. 진정성은 고정된 실체가 아니라 감시와 연출이라는 조건 속에서도 의미 있는 관계와 감정을 실천하려는 태도다. Z세대는 진정성을 의심하고 구성하며 실험한다. 감시와 연출이 일상이 된 시대에 진정성은 완전한 본질이 아니라 유동적인 협상 과정이며 불완전한 실천이다.

진정성이란 결국 완벽하지 않기 때문에 진짜일 수 있다. 연출된 무표정 속에서도 진심을 찾으려는 시도, 허술한 사진 속에 감정을 투사하려는 욕망, 감시의 구조 속에서도 타인과 연결되고자 하는 노력. 이것이 오늘날 진정성의 윤리다. Z세대는 바로 이 불안정한 진정성을 살아내고 있다.

우리는 여전히 진짜를 원한다. 다만, 그 진짜는 더 이상 단순히 있는 것이 아니라 감시와 연출, 연기와 실천 사이에서 만들어지고 있다. 오늘날의 진정성은 솔직함 그 자체가 아니라 그 솔직함을 연출하는 '진실한 태도'에 달려 있다.

진정성을 구성하는 시대에 우리는 그것을 믿는 방식 또한 새롭게 배워야 한다. 진짜는 더 이상 단순히 존재하지 않는다. 진짜는 끊임없이 구성되고 의심받지만, 여전히 필요하다. 감시사회 속에서 진정성은 진실의 종말이 아니라 진실을 향한 새로운 질문이다. **ID**

이윤진
문화평론가 · ESG비즈니스리뷰 편집인

자유와 연대, 그리고 사랑을 노래한 이방인 조르주 무스타키

1968년 5월. 낡은 사고와 가치관에 항거하며 사회의 모든 것을 바꾸고자 했던 당시의 혁명은 샹송계도 크게 뒤흔들었다. 5월 정신에 영감을 받은 많은 가수들은 성의 해방, 평화, 환경, 인권 등 새로운 가치를 노래에 담아냈다. 시대와 호흡하며 탄생한 이 노래들은 대중으로부터 큰 공감을 얻었고, 그중 하나가 조르주 무스타키의 〈이방인(Le Métèque)〉이다. 이 노래는 그때까지 별로 얘기되지 않았던 인종차별 문제를 무스타키 특유의 유유자적하고 온화한 멜로디와 리듬으로 전달하면서 특히 젊은 층에게서 인기를 끌었다.

강은영 | 가수 & **강혜영** | 작가

내 외국인다운 얼굴은
떠돌이 유대인에 그리스 목동
도둑놈에 방랑자 같지
나는 가려네, 내 다정한
영혼의 동반자에게로, 내 살아있는 원천이여
그대의 스무 해를 마시러 가려네
그러면 나는 왕자의 혈통이 되겠지
아니면 몽상가 아니면 십대 풋내기
그대가 좋을 대로 선택해
그리고 우린 날마다
영원한 사랑을 하겠지
사랑하다 죽을 때까지

Avec ma gueule de métèque

De Juif errant, de pâtre grec

De voleur et de vagabond

Je viendrai, ma douce captive

Mon âme sœur, ma source vive

Je viendrai boire tes vingt ans

Et je serai prince de sang

Rêveur ou bien adolescent

Comme il te plaira de choisir

Et nous ferons de chaque jour

Toute une éternité d'amour

Que nous vivrons à en mourir (〈이방인〉 중에서)

'메테크(métèque)'는 본래 고대 그리스에서, 해당 도시의 출신이 아닌 외국인 거주자를 가리키는 말이었지만, 프랑스에서는 외국인, 특히 아랍계 이민자를 멸시하는 명칭으로 사용되었다.

"떠돌이 유대인에 그리스 목동"의 얼굴을 지닌 이 노래의 화자처럼, 무스타키 자신도 유대계 그리스인 부모에게서 이집트 알렉산드리아에서 태어나 열일곱 살 때 프랑스로 건너온 이방인이었다. 유대와 알바니아와 터키, 이탈리아, 아랍, 프랑스 문화 등등이 섞인 다문화적 배경에서 성장한 그가 파리의 카바레에서 자신이 만든 노래를 직접 기타를 치며 부르는 모습은 〈이방인〉의 낭만적인 몽상가와 다를 바 없었던 것이다.

이 곡으로 무스타키는 국제적으로 큰 성공을 거두며 예술가로서 새로운 커리어를 시작한다. 그전에도 에디트 피아프가 부른 명곡 〈밀로르(Milord)〉의 가사를 쓰고 이브 몽탕(Yves Montand), 바르바라(Barbara), 세르주 레지아니(Serge Reggiani) 등 유명 가수들의 노래를 만들면서 훌륭한 경력을 쌓았지만, 유능한 작곡가에서 수도권의 가장 큰 공연장을 채울 수 있는 가수로 전환한 데는 〈이방인〉의 뜨거운 인기 덕이 컸다.(1)

'메테크'란 멸칭(蔑稱)을 쓰며 도둑놈, 떠돌이 등으로 화자 자신을 부르지만 〈이방인〉의 멜로디와 가사는 공격적이거나 거칠지 않고 부드러우며 여유롭기만 하다. 어디에도 얽매여 있지 않아 자유로운 이방인은 왕족이든 몽상가든 철부지든 뭐라 불려도 개의치 않는다. 그는 마주한 상대와 영원한 사랑을 나누고 싶어 하고 그 바람은 자신과 마찬가지로 자유를 바라는 모든 이들과의 연대로 이어진다. 세계 각국의 독재에 저항하는 가수들과 협업하기 시작한 것이다.

1971년에 나온 앨범 〈정원이 있었다(Il y avait un jardin)〉에서 무스타키는 그리스 음악의 거장 미키스 테오도라키스(Mikis Théodorakis)와 함께 만든 노래 두 곡을 실었다. 그는 그리스에서 1967년 극우 군부의 쿠데타로 시작되어 1974년까지 이어진 군사독재에 깊이 분노했고 그에 항거하기 위해 테오도라키스와 손을 잡았다.

미키스 테오도라키스는 그리스의 현대사와 뗄 수 없는 음악인이다. 제2차 세계 대전 당시 레지스탕스의 일원으로 나치에 대항했고, 그리스 내전 때는 그리스 공산당에 연루되었다는 이유로 투옥되어 고문을 당했다. 1967년 군사 쿠데타로 성립된 '대령들의 정권' 치하에서도 가택 연금과 투옥을 겪으면서 군사 정권에 대한 저항의 상징이 되었다. 셀 수 없이 많은 노래와 오페라, 발레, 교향곡, 영화 및 무대 음악을 작곡했는데, 특히 영화 〈그리스인 조르바(Zorba the Greek)〉(1964)의 음악으로 유명했고 영화의 주제곡인 〈조르바의 춤(Zorba's Dance)〉은 그리스 음악의 상징으로 전 세계에 널리 알려져 있다. 군사 정권의 탄압에 테오도라키스는 1970년 프랑스로 망명했는데 그 해 11월 파리에서 열린 그리스인 환영 집회에서 조르주 무스타키와 함께 노래를 부르기도 했다.

〈정원이 있었다〉에 실린 두 곡 중 〈상처 입은 남자(L'Homme au cœur blessé)〉는 테오도라키스의 곡에 무스타키가 가사를 붙였다. 친구도, 친구와 함께 했던 시간도 사라지고 폐허 같은 공간에 홀로 남은 이의 고통과 외로움을 이야기하는 무거운 내용임에도 멜로디는 가볍고 잔잔하다. 노래하는 목소리가 담담해서 더 허망하고 슬픈 느낌마저 든다.

날마다, 세월은 흘러가고,
삶은 버려진 채로 남아있네.
상처 입은 남자의 정원에는,
풀은 불타버리고, 꽃 한 송이 없네.
죽은 나무 위에는 아무것도 자랄 수 없고,
오직 그의 고통의 열매뿐.
그의 집 사방의 벽은
오직 부재만을 품고 있네.
친구들은 어디로 떠났을까?
그들의 웃음과 노래와 함께

Jour après jour, les jours s'en vont,
Laissant la vie à l'abandon.
Dans le jardin de l'homme au cœur blessé,
L'herbe est brûlée. Pas une fleur.
Sur l'arbre mort, plus rien ne peut pousser.
Rien que les fruits de sa douleur
Les quatre murs de sa maison
N'abritent que l'absence
Où sont partis les compagnons

Avec leurs rires et leurs chansons? (〈상처 입은 남자〉 중에서)

또 다른 노래 〈우리는 둘(Nous sommes deux)〉은 미키스 테오도라키스가 만든 곡에 테오도라키스와 무스타키가 함께 가사를 썼다. 테오도라키스는 자신이 그리스의 감옥에서 겪었던 고문 장면을 묘사하면서 음악으로 국제 여론 앞에 독재 정권의 폭력과 그에 맞서는 그리스인들을 증언하고 싶어 했다.(2)

그는 두 번을 내리치고
세 번을,
천스물세 번을 내리치네
너, 너는 아프고,
그리고 나, 나 역시 아파
우리 둘 중 누가 더 아플까?
그건 미래가 말해주겠지.
우리는 둘
우리는 셋
우리는 천스물셋
시간과 함께, 비와 함께
말라버린 피와 함께
그리고 우리 안에 살아 있는 고통과 함께
우리를 꿰뚫고 우리를 못 박는 고통과 함께
우리의 고통이 우리를 이끌리라
우리는 둘
우리는 셋
우리는 천스물셋
Il frappe deux
Il frappe trois
Il frappe mille vingt et trois
Tu as mal, toi
Et j'ai mal, moi
Qui de nous deux a le plus mal?
C'est l'avenir qui le dira
Nous sommes deux
Nous sommes trois
Nous sommes mille vingt et trois

Avec le temps, avec la pluie
Avec le sang qui l'a séché
Et la douleur qui vit en nous
Qui nous transperce et qui nous clou
Notre douleur nous guidera
Nous sommes deux
Nous sommes trois
Nous sommes mille vingt et trois (〈우리는 둘〉 중에서)

테오도라키스와 함께한 작업은 조르주 무스타키가 가장 분명하게 자신의 정치적 입장을 드러낸 활동이었다. 그는 자신의 다면적인 정체성 중 하나였던 그리스인으로서 예술 활동을 통해 군부 독재에 맞섰던 것이다. 이후 무스타키는 연대의 영역을 확장하며 코즈모폴리턴다운 면모를 보이는데 1974년에 발표한 앨범 〈조르주의 친구들(Les Amis de Georges)〉에 수록된 노래 〈포르투갈(Portugal)〉이 그 한 예다.

〈포르투갈〉은 브라질의 유명 싱어송라이터 치코 부아르케(Chico Buarque)의 노래 〈트로피컬 파두(Tropical Fado)〉에 무스타키가 프랑스어 가사를 붙여 만든 곡이다. 〈트로피컬 파두〉는 1964년 쿠데타 이후 지속된 브라질 군사 정권 아래서 1973년에 제작된 한 뮤지컬의 삽입곡이었다. 검열로 인해 뮤지컬 상연이 금지되고 간신히 허가받은 음반에만 수록되었던 이 곡은 이후 브라질에서 금지곡의 상징이 되었다. 브라질 쿠데타 10년 후인 1974년 4월, 포르투갈에서는 좌파 청년 장교들이 주도한 카네이션 혁명으로 독재 정권이 무너지면서 민주화의 계기가 만들어졌다. 무스타키는 〈트로피컬 파두〉를 개사한 〈포르투갈〉에서 "포르투갈에서 피어나는 이 새로운 꽃은/어쩌면 식민 제국의 끝을 알리는 것일지도(Et cette fleur nouvelle qui fleurit au Portugal/C'est peut-être la fin d'un empire colonial)"라며 어두운 시기를 겪고 있는 브라질이 거대한 포르투갈로 변모하리라 노래했다.(3)

무스타키의 관심은 스페인으로도 뻗어갔다. 그의 정체성에는 세파르디(Sépharades: 스페인·포르투갈 등 이베리아

반도에 정착한 유대인과 그 후손)도 포함돼 있었다. 1975년 독재자 프랑코가 사망하자 무스타키는 스페인에 변화의 바람이 일기를 기대하며 〈플라멩코(Flamenco)〉를 썼다.

누가 가장 먼저 부를 수 있을까?
자유의 화음을?
누가 플라멩코를 노래할 수 있을까?
프랑코 없는 스페인에서?
그날은 축제가 될 거야
나는 그곳에 있고 싶어
플라멩코를 듣기 위해
역사의 바람이 바뀌었어
지중해 근처에서
역사의 바람이 바뀌었어

Qui le premier pourra chanter les

Accords de la liberté?

Qui chantera le flamenco dans

Une Espagne sans Franco?

Ce sera fête ce jour-là

Et moi je voudrais être là

Pour écouter le flamenco

Le vent de l'Histoire a tourné

Près de la Méditerranée

Le vent de l'Histoire a tourné (〈플라멩코〉 중에서)

알렉산드리아에서 태어나 청소년기를 보내고 이후 프랑스로 건너간 그는 다양한 정체성을 '무스타키'라는 하나의 그릇에 담아내며 삶의 대부분을 그곳에서 보냈다. 그리고 그는 파리에 발을 들인 지 34년이 지나서야 비로소 프랑스 국적을 얻었다. 이방인이었던 그는 특정 국적에 얽매이지 않고 방랑하는 보편주의자, 세계시민으로서 참여와 연대 그리고 자유를 노래했다. 너그럽고 평화로운 목소리로 노래하는 그의 자유는 언제나 사랑으로 귀결된다. 사랑을 만나 비로소 자유의 진정한 의미를 얻는 것이다. 그의 노래 〈나의 자유(Ma Liberté)〉에서 "나는 너(자유)를 등지고, 사랑이라는 감옥과 그 고운 간수의 포로가 되었네(Et je t'ai trahi pour une prison d'amour et sa belle

geôlière)"라고 고백하듯 자유인 메테크는 사랑에 자유로이 구속된다. 그리고 1968년 5월이 모든 것을 바꾼 세상에서도, 평화와 연대를 위해 분주했던 무스타키에게 자유로운 삶이란 여전히 사랑하는 삶이었다.

이리로 와요, 귀 기울여 봐요
5월의 벽에 울려 퍼지는 이 말들을 들어봐요
우리에게 확신을 전하는 말들
언젠가 모든 것을 바꿀 수 있다고
이리로 와요, 내가 여기 있어요, 당신만을 기다려요
모든 것이 가능하고, 모든 것이 허용돼요
우리는 삶을 그려나갈 거예요
자유로운 삶을요, 내 사랑
계획도 없이 습관도 없이
우리의 삶을 꿈꿀 수 있을 거예요

Viens, écoute ces mots qui vibrent

Sur les murs du mois de mai

Ils nous disent la certitude

Que tout peut changer un jour

Viens, je suis là, je n'attends que toi

Tout est possible, tout est permis

Nous prendrons le temps de vivre

D'être libres, mon amour

Sans projets et sans habitudes

Nous pourrons rêver notre vie (〈살아가는 시간(Le temps de vivre)〉 중에서)

강은영
프랑스에서 재즈보컬을 전공했고, 대학에서 강의하며 가수로 활동 중이다.

강혜영
프랑스에서 연극학을 전공했고, 작가로 활동중이다.

(1) Pierre Sintès, 「Georges Moustaki, «La Marseillaise» et l'air du Pirée」, Editions Mélanie Seteun, 2015.
(2) 로베르 만툴리스(Robert Manthoulis) 감독의 다큐멘터리 〈우리는 둘(Nous sommes deux, 1970)〉
(3) Adriana Coelho-Florent, 〈Fado tropical de Chico Buarque et Portugal de Georges Moustaki. De la dictature de Salazar à la Révolution des œillets au Portugal〉, Cahiers d'études romanes, 2011.